幕末志士の履歴書

時代劇ではわからない意外なプロフィール

クリエイティブ・スイート 著

誰もが日本の未来を憂えていた激動の幕末期

江戸幕府はおよそ260年にもわたって、日本に鎖国体制を敷いてきた。対外貿易を禁止し、海外諸国との関わりを最小限に抑えていたのだ。

その鎖国体制は1853年（嘉永6年）、ペリーが黒船と呼ばれる軍艦4隻を率いてやってきたことで、終焉を迎える。引きこもり状態だった日本は、外国の強大な力を見せつけられ、「このままでは自国が危ない」と考えるようになった。ここから激動の幕末期となる。

幕府を補佐し、より強大な力をつけてもらおうとする佐幕派。幕府から政権を奪還しようとする討幕派。討幕のためには天皇を擁立して、外国人を打ち払う必要があるとする尊王攘夷派。朝廷と幕府の絆《きずな》を深め、外国に対抗しようとする公武合体派……。さまざまな思想をもつ者たちが現われては、思想の違いからそれぞれ衝突していった。

しかしいずれの思想のもち主でも、日本の行く末を憂いていたのは同じだった。彼らはみんな、自分が信じる未来のために命をかけて戦ったのだ。

本書では、そんな先人たちを「履歴書」という形を用いて紹介している。履歴書を見ることで、それぞれの人たちの思想だけでなく、生い立ちや家族構成、趣味といった人物像が、ひと目でわかる。歴史を動かしたのは、有力武士やエリート公家ばかりではないことも、より理解してもらえるはずだ。

また履歴書では人物年表も抑えているので、重大事件を起こしたときの年齢や、その後の人生が、どのようなものだったかまで知ることができる。「あの事件に関わった時点で、こんなに若かったのか」「この人物が、維新後の新政府で重要なポストに就いているなんて」などなど。これによって、各人物の全貌が見えてくるだろう。

もちろん交友関係も抑えている。いずれの人たちも、かならずどこかで誰かと関わっているため、芋づる式に興味をもった人物順で読んでいくことが可能だ。こうすることで、幕末維新のストーリー全体が見えてくる。

取り上げている人物も幅広い。本書では「幕府側」「公家側」「新政府側」という分類で紹介しているが、「そのほかの志士たち」という項目も用意した。ここでは福沢諭吉や渋沢栄一など、維新に直接関与していない人びとや、坂本龍馬の姉や木戸孝允の妻など、偉人たちを影で支えた女性たちにもスポットを当てている。また、ペリーを始めとした外国人も紹介しているため、海外から見た当時の日本の状況も把握できるだろう。

履歴書以外の本文部分にも、いろいろと工夫を凝らしてある。なるべくトンデモエピソードを盛り込み、ツッコミを入れた軽快なノリで読みやすくしている。本書を読めば、幕末にくわしくない人でも、その全容がすんなり頭に入るはずだ。かつて日本が最も熱かった時代、幕末。そこで己の信念を貫いた偉人たちの生き様をのぞいてみよう。

幕末志士の履歴書

時代劇ではわからない意外なプロフィール

目次

第二章 公家側

第三章 新政府側

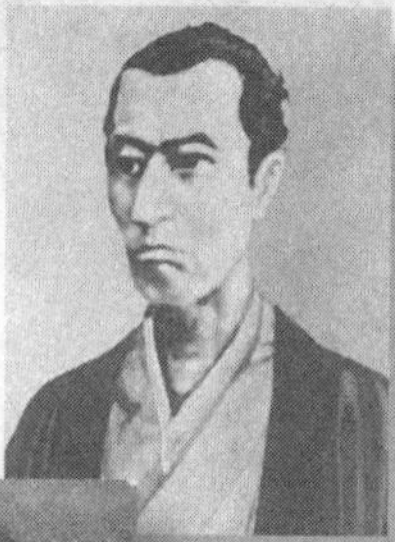

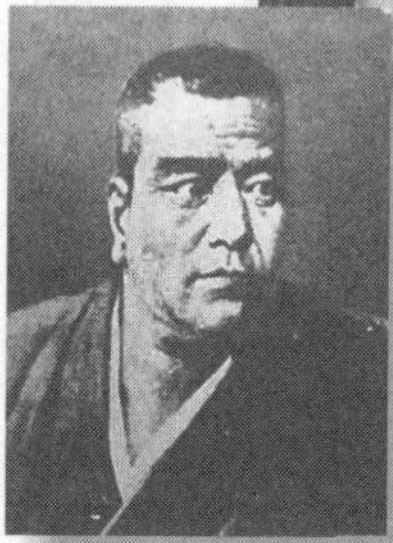

第四章　そのほかの志士たち

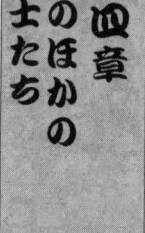

※履歴書にある「歳」は、一般的な履歴書の書き方に則り、事件などが起こった時点での年齢ではなく、示した年に迎える年齢を示しています。

第1章 幕府側

容姿 端正な顔立ちの有能な官吏タイプ。蟄居中と江戸城落城時にはひげも月代も伸び放題で憔悴しきっていました。	
性格 酒癖が悪く不意のトラブルに弱くてキレやすいところもあります。	
幼少期の様子 気が強く、父親からお灸をすえられて指がただれても「つまらない読書よりも痛いほうがましだ」と暴言をはいたことがあります。	
金運 蟄居中は貧乏でしたが基本お金持ち。引退後も手当が出ていました。	交遊関係 松平春嶽、勝海舟、孝明天皇、ほか旧幕臣たち
トラウマ 児童虐待の可能性？	趣味 カメラ、狩猟、釣り、囲碁、謡曲など多趣味。
家庭環境 12人兄弟の７男だが、序列では長男の次。養子に出されてからも父子の仲はよかったです。	仕事ぶり 攘夷思想をもっており、朝廷との関係を保ってきました。就任前の仕事ぶりは評価されます。
恋愛関係 正妻は一条美賀子。ほか複数の側室がいました。	家族 明治になってから側室との間に10男11女をもうけました。
人生の目標 「なんとか徳川家を存続」	死因 肺炎による心臓麻痺と老衰。

特技・趣味・得意科目等

酒癖が悪く、兵庫開港のときに雄藩と参預会議を行ないましたが、事前の示しあわせを無視して鎖国を主張。二条城で家茂らと酒宴中に、会議がなかったことになったと聞かされ島津久光、松平慶永、伊達宗城ら参預を引き連れて公家の中川宮の邸に押しかけて散々に罵倒したことがあります。

本人希望記入欄

最初から僕のいうとおりにしていれば、こんなことにはならなかったのに……。

履歴書

ふりがな　とくがわ　よしのぶ 氏名　**徳川 慶喜**		
生年月日 1837年10月28日	没年月日 1913年12月22日(満76歳)	※ 男・女
出身 茨城県水戸市		
立場 第15代将軍	あだ名 ケイキ様、ネジアゲ	

概要

水戸藩主・徳川斉昭と正室・吉子女王の間に生まれました。一橋家に養子に入り一橋慶喜となり、一時失脚するが将軍後見役となって幕政改革を行ないました。30歳で15代将軍となると、大政奉還を行ない、約260年にわたる徳川政治を終わらせました。

年	歳	学歴・職歴(各項目ごとにまとめて書く)
1847	10歳	一橋家を相続し、名を一橋慶喜とする。
1855	18歳	一条忠香の養女・美賀と結婚して参議になる。
1859	22歳	前年の将軍継承争いに敗れ、失脚。隠居謹慎を命じられる。
1862	25歳	一橋家を再相続し、将軍後見役となる。
1863	26歳	朝議参預就任。禁裏御守衛総督などを歴任し、御所の守護の統括に当たる。
1866	29歳	将軍家茂が薨去したのに伴い、15代将軍に就任。
1867	30歳	大政奉還し征夷大将軍を辞職。
1868	31歳	薩摩藩の挑発により鳥羽・伏見の戦いを始める。薩長の近代化した軍制と、錦の御旗を前に苦戦し、将兵を置いて一人だけ江戸に逃げ帰る。解任されて駿府(現在の静岡県)で謹慎。
1869	32歳	明治政府から謹慎解除。その後叙勲されるも静岡で隠棲。
1898	61歳	皇居と名を変えた江戸城で、30年ぶりに明治天皇に拝謁し名誉回復。
1913	76歳	11月22日に死去。勲一等旭日桐花大綬章を授与。

記入上の注意　1:数字はアラビア数字で、文字はくずさず正確に書く。　2:※印のところは、該当するものを○で囲む。

江戸城で執政したことがない最後の将軍

徳川慶喜

Tokugawa Yoshinobu

●虐待スレスレのスパルタ教育を受ける

徳川御三家の一つ、水戸藩の徳川斉昭《とくがわなりあき》の7男として生まれた徳川慶喜は、幼名を七郎麿《しちろうまろ》といった。父の斉昭は尊王思想を推進する開明的な名君で、息子を江戸ではなく国許《くにもと》の水戸で育てた。幼いころから英才教育を受け、利発で聡明な君主になると期待されていたが、5歳のころは武芸の稽古ばかりして読書などはいっさいしなかった。勉強嫌いの七郎麿を、斉昭は座敷牢に閉じ込めて食事抜きにした。また、寝相が悪かったため、枕の両脇にカミソリの刃を立てて寝かせられたという。現代なら間違いなく児童虐待だ。親権を取り上げられかねないが、斉昭にとっては「しつけですから！」という理屈だろう。

そんなスパルタ教育の甲斐あってか、勉強にも励むようになった七郎麿は、聡明な子として成長。長男の次に後継者候補として名前が挙げられるほどになった。しかし、10歳になったときに、御三卿の一つ一橋家の養子に入ることとなった。じつは、斉昭は水戸藩から将軍を輩出するという野望に燃えていた。代々水戸家は、尾張・紀州より一段低い立場に甘んじ、将軍を輩出することがなかった。しかも、8代将軍吉宗以降、新たに設けられた御三卿により将軍位継承の可能性は遠のくばかりだった。

そんななかで、ときの将軍徳川家慶《とくがわいえよし》みずから「利発な七郎麿を養子に欲しい」とリクエストがあったのだ。斉昭にとっては渡りに船だろう。こうして七郎麿は一橋慶喜へと名前を変えた。一橋家を継いだ慶喜は、幕政改革の旗手として周囲からもおおいに期待された。誰もが次の将軍には慶喜をと考えていたようだ。しかし、じつは慶喜の将軍就任に反対する一派もいた。その代表が、大老の井伊《いい》直弼《なおすけ》、そして13代将軍の徳川家定《とくがわいえさだ》だった。

●口では遠慮するが、じつはやる気満々の性格

家定は病弱で才能にも乏しかった。ただ、まだ次の将軍を決めてもいないのに、慶喜ばかりがもちあげられるのはおもしろくない。そこで、井伊直弼を大老に任じて、反慶喜派の推す紀州藩主・徳川慶福《とくがわよしとみ》に肩入れした。そして、結果的に慶喜は将軍継承争いに敗れ、慶福が14代将軍徳川家茂《とくがわいえもち》となり、慶喜は蟄居《ちっきょ》を命じられてしまうのだ。

そもそも、慶喜は才走ったところがあった。17歳のときに出した建白書を、まず家臣に書かせてから、子供らしい文章にわざと直している。小賢しいというかいやらしいというか、成績は優秀な分、それを鼻にかけるようなところがあったようだ。

この慶喜の性格を端的に表現したのが「ネジアゲの酒飲み」だ。いったのは徳川一門の越前藩主・松平春嶽《まつだいらしゅんがく》だという。ネジアゲというのは、お酒を勧められたときに「もう飲めません」と断るが、結局注いでもらって全部飲んでしまうような人のこと。次の将軍にと周囲から期待され、本人もその気がありながら「私のような未熟者ではとても無理です」と一応断るという、計算高さが見えてしまうのだ。

一度失脚した慶喜は、蟄居中は完全にひきこもっていた。ひげも伸び放題で月代《さかやき》も剃らず、読書ばかりしていたという。こういうエリートは少しくらい苦労したほうがいいだろう。しかし、井伊直弼が暗殺され、将軍後見役として返り咲くと、ふたたび才能を鼻にかけた言動が目立ち始める。そして、1866年（慶応2年）7月27日、ネジアゲぶりを発揮して天皇からも命じられ、さもみんなから望まれたかのように15代将軍の座についた。

●敵前逃亡したくせに悠々自適の老後

ようやく将軍の座に就いたものの、当時は尊王攘夷派が力を伸ばしていた時期。将軍後見職として朝廷工作にあたることが多かった慶喜は、京と大坂で徳川幕府の勢力維持の方向性を探っていた。幕府の軍制もフランス式に改めて強力な軍隊を準備した。ただ、そういった改革が実を結ぶ前に、薩長連合に押され1867年（慶応3年）には、政権を朝廷に返す大政奉還を行なった。悲願の将軍になった途端に、権力を手放さなければならなくなったのは痛恨の極みだったろう。

それでも、まだまだ徳川家に従うという者は多かった。1868年（慶応4年）の鳥羽・伏見の戦いは、幕府側の兵力が1万5千、薩長側が5千なので負けるはずがない。ところが、緒戦でちょっと不利になると、慶喜は早々に榎本武揚《えのもとたけあき》の船で江戸に引き揚げてしまうのだ。総大将の敵前逃亡で幕府軍は総崩れとなる。テストの点だけはいいが実戦に弱い、予想外のことが起きるとパニックに陥るタイプだったようだ。これも親から無理矢理勉強させられた弊害かもしれない。もちろん、慶喜ばかりを責められない。平時なら名君として名を残したかもしれないが、なまじ優秀だっただけにかえって事態を混乱させたともいえるのだ。外では外国の圧力、なかでは諸藩の反乱という、時代の転換期に将軍になったのが間違いだった。

その後、慶喜追討令が出され、朝敵となってしまった慶喜は、上野の寛永寺で蟄居。将軍在位中に江戸城に入ることはついになかった。そして、幕臣らが奔走した結果、なんとか助命されて徳川家発祥の地である静岡に移された。

明治に入ると、慶喜は政府から十分な隠居手当をもらって、カメラや狩猟、囲碁や謡曲など趣味に没頭した。政治的野心さえなければよい人だったので、地元の人から「ケイキ様」と呼ばれ親しまれた。そして、1898年（明治31年）に皇居となった旧江戸城で明治天皇に拝謁し名誉回復を果たした。のちに公爵・貴族院議員として返り咲いている。

容姿 色白で長身の美青年。オシャレには気を遣います。防具もシャレたものにこだわり、洋装もいち早く取り入れました。	
性格 合理主義者で柔軟な思考をもちます。便利なものはまず試してみます。	
幼少期の様子 幼少時には風呂から上がると、よく裸のまま家の柱で相撲の稽古をしていました。美少年な顔に似合わず乱暴な少年だと周囲にいわれていました。	
金運 少年期は不運。新撰組発足後はボチボチです。	交遊関係 近藤勇、山南敬介ら新撰組隊士。
トラウマ 不明。	趣味 俳句。
家庭環境 多摩の豪農、土方家10人兄弟の末っ子。	仕事ぶり 公私ともに隊士の手本になるように、上に立つものとして厳しくありたいと思っています。
恋愛関係 とにかくモテます。	家族 生涯未婚。姉ののぶと仲良し。
人生の目標 「武士になりたい」	死因 戦死。死期を悟り、戦地箱館から自分の髪の毛を多摩の家族の元へ届けさせました。

特技・趣味・得意科目等 天然理心流道場、中極意目録などさまざまな流派のクセがあり、実戦では滅法強かったです。斬り合いのとき、足下の砂を相手にぶつけてひるんだすきに斬り伏せたり、首を絞めて絞殺したり。とにかく、勝てば官軍でしょう。

本人希望記入欄 前世は織田信長の生まれ変わりだと信じています。

履歴書

ふりがな　ひじかた　としぞう

氏名　**土方 歳三**

生年月日	没年月日	※
1835年5月31日	1869年6月20日（満34歳）	㊚・女

出身
東京・多摩郡石田村（現東京都日野市石田）

立場	あだ名
幕末期の幕臣、新撰組副長。	鬼の副長

概要
多摩の豪農、土方家10人兄弟の末っ子として生まれました。実家は裕福でしたが両親が早くに亡くなったため次兄の喜六と、その妻・なかによって養育されたため、経済的に苦しい少年期を送りました。少年時代から武士になりたいと周囲に語っていました。

年	歳	学歴・職歴（各項目ごとにまとめて書く）
1845	10歳	江戸上野の「松坂屋いとう呉服店」（現在の松坂屋上野店）へ奉公に上がる。
1851	16歳	松坂屋上野店の支店である江戸伝馬町の木綿問屋に奉公に上がる。このころ天然理心流に入門し、近藤と知り合う。
1859	24歳	天然理心流に再入門。
1863	28歳	新撰組が発足する。近藤勇と共に局長を務めた、水戸藩の芹沢鴨らを暗殺。副長に就任。
1864	29歳	池田屋事件で功績をあげる。
1867	32歳	新撰組元隊士・伊東甲子太郎の結成した御陵衛士にスパイとして斎藤一を送り、近藤暗殺計画を未然に防ぎ、仲間であった伊東、藤堂平助を暗殺し御陵衛士を壊滅させる。
1868	33歳	鳥羽・伏見の戦いに惨敗。箱館政府陸軍奉行並に選出される。
1869	34歳	蝦夷に上陸し、数名残った新撰組隊士とともに新政府軍と戦い、絶命。

記入上の注意　1：数字はアラビア数字で、文字はくずさず正確に書く。　2：※印のところは、該当するものを○で囲む。

五稜郭に散った新撰組のケンカ番長

土方歳三

Hijikata Toshizou

●武士になるため、薬売りつつ道場破り

幕末の佐幕派人気者の代表といえば土方歳三だ。しかし、土方はもともとの幕臣ではなく、武士ですらなかった。多摩にある石田村の豪農の家に生まれ、10歳で奉公に出されたのだ。ところが、奉公して1年もたたないうちに店を飛び出し、姉ののぶが嫁いでいた佐藤彦五郎のところに転がり込んだ。佐藤も裕福な農家で天然《てんねん》理《り》心流《しんりゅう》という武術を学び、自宅に道場ももっていた。じつは幼少時から土方には夢があった。それが侍になるということ。佐藤の家に出入りするようになった土方は、そこで出稽古に来ていた試衛館の若先生に稽古をつけてもらうようになった。この若先生がのちの試衛館当主であり、ともに新撰組を設立することになる近藤勇《こんどういさみ》だ。近藤と土方は意気投合し、年齢も一つしか違わないため「歳」「勝っちゃん（近藤の前の名前は嶋崎勝太《しまざきかつた》）」と呼び合う仲だった。農民上がりの自分にも親しく接してくれる近藤に、土方は心酔しきっていたといえるだろう。

しかし、正式な入門前だったため、土方は石田家に伝わる「石田散薬」を売り歩いていた。石田散薬は骨折や打ち身、筋肉痛に効くという薬で、昭和初期まで販売されていた。ただ、河童明神のお告げでつくり始めたという伝説があり、熱燗《あつかん》の日本酒と一緒に服用するというちょっとあやしい薬だった（原材料は多摩の河川に生える牛革草といわれている）。あまり真剣に売る気になれない土方は、行商には剣術道具一式をもって出かけていた。理由は、行商の名目で横浜や甲府に出かけ、ついでに道場破りをしていたのだ。道場破り先で、倒した相手に石田散薬を売りつけていたらなかなかの商売人だが、その記録はない。そのうちに近藤に認められ、24歳のときに試衛館に正式入門する。この当時の師範代は沖《おき》田総司《たそうじ》だったが、土方はすぐに目録までいき、試衛館四天王に数えられるようになった。これが武士への第一歩だった。

●女にはモテモテでも近藤さんひと筋

1863年（文久3年）、幕府の募集に応じ、試衛館の面々は浪士組（のちの新撰組）に入って京にのぼった。晴れて武士となった土方は「鬼の副長」と恐れられる。土方の恐ろしさが垣間見えるのが、古高俊太郎《ふるたかしゅんたろう》への拷問だ。尊王攘夷派が、京都襲撃のための密談を池田屋で行なっていることを白状させたのが土方だった。土方は古高を逆さづりにすると、足の裏に五寸釘を打ち付けてロウソクを乗せた。ロウソクのロウがゆっくりと溶けて、足の裏から膝のほうに垂れてくる。身の毛のよだつ拷問だが、古高が白状したことで計画が発覚し、1864年（元治元年）の池田屋事件につながった。

残酷なことは確かだが、土方にもいい分はあっただろう。計画が実行されれば御所だけでなく京都市民にも多数の犠牲者が出る。しかも、土方はこの拷問を一人で行なっている。「手を汚すのは自分一人でいい」。そんなことを考えていたのかもしれない。

そんな土方歳三は、女性にモテたことでも有名だ。一説には10歳で奉公に出された松坂屋を逃げたのは、年上の女中に手を出したためともいわれている。10歳でそれでは早熟すぎるので、17歳のときという話もあるが、女に手が早かったのは事実のようだ。

京都でも土方のモテモテぶりは変わらず、新撰組の屯所には若い女性からのラブレターが絶えなかった。土方もまんざらでもないようで、残してきた天然理心流の門下生に、そのラブレターを転送して自慢している。しかも、新撰組人気を2分していた沖田総司がアイドル的人気だったのに比べ、土方はいいよる女に片っ端から手を出すプレイボーイだった。「報国の　こころわするる　婦人かな」と、多摩にいたころ世話になった恩人に、なじみの女の名前を書き連ね、モテ過ぎて報国の志を忘れそうですと手紙を送っている。

ただし、方々に女をつくっても妾はつくらなかった。土方にとっては、新撰組と近藤勇だけが一番だったのだ。相手は男だが意外と一途。でも、遊ばれた女たちはどう思っていたのだろうか。

●最後まで刀を捨てず、五稜郭に籠城

そんな土方と新撰組も、やがては薩長連合に追い込まれる。近藤が銃撃を受けて代わりに指揮をとった鳥羽・伏見の戦いでは、多数の鉄砲を前に次つぎと隊士が倒された。「もう刀の時代は終わった。鉄砲にはとてもかなわない」。のちに戦いの様子を聞かれて、土方はこのように答えている。

しかし、刀の時代が終わったとしても、土方は戦いを捨てなかった。盟友の近藤勇、沖田総司を失い、幕府が倒れても、土方は残った新撰組をまとめて北上。千葉の流山、宇都宮、そして会津と転戦を重ねる。新撰組は各地で善戦するが、全体的に幕府軍の劣勢は変わらず、その後は仙台を経て蝦夷に渡った。

ちなみに、土方と蝦夷で共闘した榎本武揚《えのもとたけあき》とは性格が合わなかった。榎本と会ったときの第一印象は「オランダかぶれのすかした野郎」というものだ。ただ、一緒に戦うとなれば好き嫌いは別だ。土方は、榎本と松前藩が守っていた箱館（函館）の五稜郭を落とし、共に蝦夷共和国の樹立を目指した。しかし、官軍の包囲網がじりじりと狭まってきた。土方は、元新撰組隊士たちと難所の二股口だけは守り抜いていたものの、もはや限界だった。

これを最後とみた土方は、1869年（明治2年）5月11日、総攻撃が始まると官軍本陣に突撃。官軍の銃撃の前にあえなく散ることとなった。

容姿
色黒で健康的です。

性格
頑固なところがあり一度決めたら動こうとしない性格です。

幼少期の様子
幼少時から学問を習って覚えが早かった。家臣の子供とも一緒に遊ぶような男勝りなところがありました。

金運 分家出身のため浪費家ではないものの、金銭感覚はずれているかもしれません。	交遊関係 家定、家茂、和宮、幾島、瀧山
トラウマ 薩摩からのスパイだと疑われること。	趣味 ペットを飼うこと。 ペリー提督からミシンを贈られ、日本で初めてミシンを使いました。
家庭環境 じつの両親は島津家分家の今和泉領主。その後政略結婚のため島津斉彬、近衛忠熙の養女に。	仕事ぶり 実家の薩摩の意向を無視して、徳川家存続のために動きました。幕府が滅んでも大奥関係者の面倒を見ました。
恋愛関係 そんなものはありません。	家族 夫の家定とは2年で死に別れ、子供はなし。
人生の目標 「私は徳川家の妻」	死因 脳溢血

特技・趣味・得意科目等
元々は犬を飼っていたが、家定が犬嫌いなので大奥では猫を飼いました。名前はサト姫。猫の世話係に３人も女中を置き、年間25両もかけました。 大奥を出る前の晩、仲の悪かった瀧山と語り合って夜を明かしたとき、深夜になって、かつて家康に滅ぼされた豊臣秀吉の妻・淀君の笑い声が聞こえた気がします。

本人希望記入欄
最後まで徳川家に尽くす！　それが薩摩おごじょ（女）の心意気！

履歴書

ふりがな　てんしょういん　あつひめ

氏名　**天璋院 篤姫**

生年月日	没年月日	※
1835年2月5日	1883年11月20日（満48歳）	男・㊛

出身
薩摩藩鹿児島城下（現鹿児島県鹿児島市城山）

立場	あだ名
第13代将軍徳川家定正室	篤姫、一、藤原敬子

概要
島津忠剛と幸の間に生まれ、叔父の島津斉彬の養女となり、続いて近衛忠熙の養女となり、徳川13代将軍・徳川家定の御台所となりました。結婚2年目で夫が急死し、未亡人となっても大奥で存在感を示し、江戸城に最後まで留まりました。

年	歳	学歴・職歴（各項目ごとにまとめて書く）
1853	18歳	薩摩藩主・島津斉彬の養女となって源篤子を名乗る。
1855	20歳	公家の近衛忠熙の養女となって藤原敬子と改名。
1856	21歳	徳川家定の正室となり、篤姫と呼ばれる。
1858	23歳	夫の家定と、義理の父である島津斉彬を亡くし、落飾して天璋院を名乗る。薩摩との関連が薄くなったため、次の将軍には慶喜ではなく家茂に味方する。第14代将軍が家茂に決定。
1862	27歳	家茂（義理の息子）の妻として天皇家から皇女和宮が大奥入りする。大奥のしきたりに従わない和宮との間で嫁姑戦争勃発。
1866	31歳	家茂死去。15代将軍慶喜即位。仲よくなった和宮とともに慶喜の大奥改革に反対する。
1868	33歳	江戸無血開城が決定。大奥の女性もすべて江戸城から出なければならなくなったが、昔いじめられた瀧山と最後まで抵抗する。
1883	48歳	脳溢血で倒れる。意識が回復しないまま病死。

記入上の注意　1：数字はアラビア数字で、文字はくずさず正確に書く。　2：※印のところは、該当するものを○で囲む。

徳川家の終焉を見届けた大奥のトップ

天璋院篤姫

Tenshouin Atuhime

●島津家の傍流から将軍家への嫁入り

天璋院篤姫は、13代将軍徳川家定《とくがわいえさだ》の正室であり、幕府側女性の代表といえる。大奥から時代を見つめ、最後まで江戸城にとどまった人物だ。薩摩藩の分家の家に生まれた篤姫は、幼名を一《いち》といった。幼いころから聡明かつ利発で、父親の島津忠剛《しまづただたけ》は「この子が男だったらなあ」と残念がったそうだ。そして、18歳のときにその利発さを買われて、薩摩藩主島《しま》津《づ》斉彬《なりあきら》の養女に迎えられた。

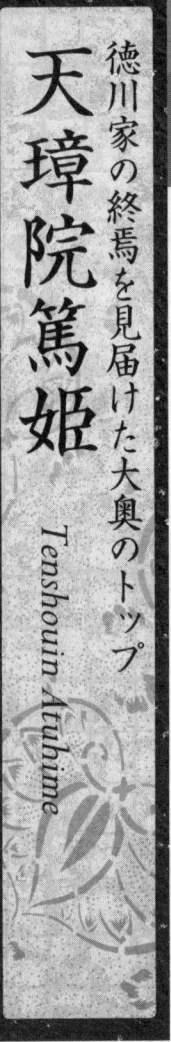

この養子縁組は、13代家定との政略結婚のためだった。それまで、公家から迎えた家定の正室が二人とも亡くなり、次の妻はとにかく丈夫で健康な女性を求めていた。そこで、薩摩藩から迎えた11代将軍・家斉の正室が長寿だったため、島津家から迎えようという話になったのだ。ただ健康なだけで選ばれたというのも、失礼な話だ。

ただ家斉の正室だった廣大院茂姫《こうだいいんしげひめ》は、島津宗家の娘だったが一は分家の娘だ。養女を正室にというわけにもいかないので、まず島津斉彬は一を実子として届け出て島津篤子にする。それから、公家の近衛家の養女となって藤原敬子《ふじわらすみこ》となる。面倒な手続きを踏んだため、結婚するまでに2年もかかった。篤姫と呼ばれるのは、君号を篤子からとったためだ。

また、一説には島津斉彬が次の将軍候補に推す一橋慶喜《ひとつばしよしのぶ》を擁立するために、大奥に送り込んだ工作要員ともいわれている。大奥では、慶喜よりも紀州藩主の慶福《よしとみ》の評判のほうが高かった。そこに単身乗り込んだとしても、篤姫が苦労するのはわかりきっていた。この説は否定されているが、仮にこちらが本当の理由だったとしてもやはり失礼な話だ。

●23歳で未亡人となり将軍継承問題に悩む

さて、1856年（安政3年）の11月、21歳で輿入れした篤姫だが、1858年（安政5年）には、夫の家定が病死してしまう。健康を買われて結婚したものの、家定のほうはとても病弱だったようだ。わずか1年9カ月の結婚生活だった。

23歳の若さで未亡人となってしまった篤姫は、落飾（髪を剃って仏門に入ること）して天璋院となる。それから次の将軍選びが始まったが、家定が死んだ10日後に島津斉彬も病死してしまう。残された慶喜派の大物は水戸藩の徳川斉昭《とくがわなりあき》だが、この斉昭が大奥ではとても評判が悪かった。斉昭は、将軍だけに仕える大奥の女性に手を出したことがあったのだ。

また、慶喜派は何かと金がかかる大奥の予算を削ろうとしていた。このころの幕府の財政は窮迫していて、財政再建は急務だった。しかし、女にはとかくお金がかかるものだ。家定の母の本寿院《ほんじゅいん》、乳母《めのと》の歌橋《うたはし》、年寄頭の瀧山《たきやま》など、大奥で発言力をもつ者のほとんどが慶喜擁立に反対し、紀州の慶福を推していた。篤姫の味方は一緒についてきた老女の幾島《いくしま》くらい。結局、次の将軍は慶福に決まり、14代将軍家茂となった。

ただ、天璋院自身も、あまり積極的に慶喜擁立に動いていない。慶福のほうに将軍の素質を認めたためというが、果たしてそれだけだろうか。じつは、天璋院は輿入れしてから猫を飼っていて、その餌代が一年で25両もかかっていたという。大奥に入ると金銭感覚が崩れるようだ。予算が削られると猫を飼えなくなると心配していたのかもしれない。

●嫁姑戦争と江戸城明け渡し

将軍が決まると次は嫁選び。下り坂の幕府は、朝廷を味方につけるために「公武合体」を推し進め、皇族を天皇の正室に迎えることになった。そこで選ばれたのが皇女和宮《かずのみや》だ。和宮は300人もの官女を連れて、宮中のやり方をそのままもち込んだ。元から大奥にいる女たちは、大奥の決まりを無視する和宮に反発する。天璋院は大奥代表として対立の矢面に立った。名目上は和宮の 姑《しゅうとめ》 ということになる天璋院は27歳、和宮17歳の嫁姑戦争だ。このとき、大奥にいた家茂の生母・実成院《じつじょういん》もが毎日お酒を飲んでは騒いでいた。和宮も実成院も浪費家だったので、大奥を維持するには天璋院ががんばるしかなかったのだ。「江戸に来たから江戸風に直しなさいよ！」という天璋院に、和宮は「輿入れするときから御所風でよいというお話でしたのに」と突っぱねる。両者の仲は相当に悪かったようだ。それでも、将軍家茂との関係が良好だったのは救いだった。しかし、1866年（慶応2年）に家茂が大坂城で病死すると事態は急変する。15代将軍となった慶喜は、容赦なく大奥の予算削減を断行した。これに天璋院も和宮も反発して、両者は和解している。

ただ、討幕の流れは大奥にいて止められるものではない。1868年（慶応4年）、鳥羽・伏見の戦いに敗れ、慶喜は江戸に戻ったが大奥には一度も入らなかった。天璋院や静寛院《せいかんいん》（和宮）は、慶喜助命の嘆願書をそれぞれ薩摩軍の西郷隆盛と朝廷に出している。その甲斐あって慶喜は助命され、江戸城は無血開城することになった。

大奥も解体されることになったが、天璋院は大奥引き渡しに最後まで抵抗した。困った老中たちは「では三日間だけでも」と頼み込んで、一橋屋敷に移ってもらった。このとき、天璋院は「これから来る薩長の軽輩どもに、将軍家の御威光を見せつけてくれよう」と、珍品貴品を整然と並べ、自分はわずかな着替えだけをもって大奥を出た。そして、二度と戻ることはなかった。明治に入り、そのまま東京の徳川邸で暮らした天璋院には、新政府からわずかな手当が出ていた。ただ、その手当から、生活苦の大奥関係者の支援もしていた。天璋院が1883年（明治16年）に亡くなったとき、所持金はわずか3円（現在でいう約6万円）だったという。

容姿 幕末の3大美男子の一人ともいわれております。京都守護職時代、私が宮中に参内する日は女官がそわそわしていたといううわさを聞きました。	
性格 真面目で正直。が、怒らせると怖いです。	
幼少期の様子 小さなころから利発で将来を期待されました。	
金運 堅実でしたが、京都守護職になったことで新撰組の維持費など出費がかさみました。	交遊関係 孝明天皇、徳川家定、徳川家茂、徳川慶喜、高須4兄弟、新撰組などと交遊がありました。
トラウマ 会津家訓十五箇条	趣味 和歌
家庭環境 父の松平義建と義父の松平容敬は兄弟。自身も兄弟と仲がよかったです。	仕事ぶり 真面目ながらも周囲に流されやすい。
恋愛関係 正室の敏姫を失ってから、加賀前田家の禮姫を後妻に迎える予定でしたが、その後の戦争でタイミングを逸して婚約解消。ほかに複数の側室がいました。	家族 正室との間に子供はなく、二人の側室が7男2女を生みました。また、水戸の徳川斉昭の息子喜徳を養子として家督を継がせました。
人生の目標 「徳川家を守るのが会津の使命」	死因 肺炎をこじらせて死亡。

特技・趣味・得意科目等

明治に入ってから政治への参加を呼びかけられたこともありましたが、「余のために死んでいった者たちは数千人はくだらず、家族は数万人にもなる。その彼らを差し置いて、自分だけが栄達することなどできない」と断わりました。ただ、華族になっても困窮していたため、昔の家臣のカンパで生活していました。

本人希望記入欄

孝明天皇とは本当に仲がよかったのに。朝敵呼ばわりって本当に失礼だと思います。

履歴書

ふりがな　まつだいら　かたもり		
氏名　**松平 容保**		
生年月日 1836年2月15日	没年月日 1893年12月5日（満57歳）	※ ㊚・女
出身 江戸・四谷高須藩邸（現東京都新宿区四谷）		
立場 会津藩第9代藩主	あだ名 会津侯、芳山（号）	

概要

美濃高須藩主・松平義建の6男として生まれました。会津藩主になっていた叔父の容敬に請われて養子となり、会津藩の家督を継ぎました。京都守護職として京の治安を守り、新撰組を支援。徳川家に忠節を尽くすいっぽうで天皇からの信頼も得ました。

年	歳	学歴・職歴（各項目ごとにまとめて書く）
1852	16歳	会津藩主となる。
1862	26歳	再三辞退したにもかかわらず京都守護職となる。
1863	27歳	浪士隊として集まった近藤勇ら13名を「壬生浪士組」として支援。八月十八日の政変で薩摩藩と共に長州藩を京都から追い出す。
1864	28歳	京都守護職を辞めて陸軍総裁となるも、ふたたび京都守護職に復帰。京都に侵攻してきた長州軍を撃退する（禁門の変）。
1867	31歳	鳥羽・伏見の戦いから逃げ出す将軍慶喜につきあって大坂から江戸に。大政奉還。
1868	32歳	東北25藩による奥羽越列藩同盟の盟主となって会津戦争に参加。その後降伏して鳥取藩預かりとなる。
1871	35歳	東京に移住。
1880	44歳	日光東照宮の宮司となる。のちに上野東照宮祠官、二荒山神社宮司も兼務。
1893	57歳	肺炎で死亡。正三位に昇叙される。

記入上の注意　1：数字はアラビア数字で、文字はくずさず正確に書く。　2：※印のところは、該当するものを○で囲む。

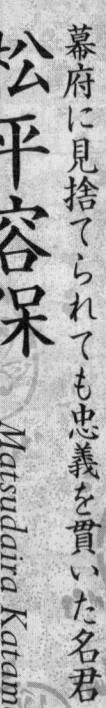

幕府に見捨てられても忠義を貫いた名君

松平容保

Matsudaira Katamori

●徳川に最後まで従う運命の会津藩

会津藩というのは特殊な藩で、幕府が開かれた初期には、上杉・蒲生・加藤と藩主が変わった。定着したのは3代将軍徳川家光《とくがわいえみつ》の異母弟である保科正之《ほしなまさゆき》が、会津松平家となってからだ。保科正之は、2代将軍徳川秀忠《とくがわひでただ》が愛妾に生ませた子だが、正室の江姫《ごうひめ》の嫉妬を恐れ、信濃高遠藩の保科家に預けていた。やがて、家光の代になって抜擢された正之は、異母兄の名補佐役として活躍。家光が亡くなるときには「徳川家をたのむ」と遺言されるほどの人物になっていた。このため、保科正之が残した『会津家訓十五箇条』の第一条には、「会津藩たるは将軍家を守護すべき存在であり、藩主が裏切っても家臣は従ってはならない」と記された。

そんな徳川家ひと筋の会津藩を継ぐことになったのが、松平容保《まつだいらかたもり》だ。容保は、美濃の高須藩主・松平義建《まつだいらよしたつ》の6男として生まれた。将軍家の血筋とはいえ3万石の小大名の子だったが、12歳のときに系統が同じだった会津藩主・松平容敬《まつだいらかたたか》の娘婿に選ばれる。こういった養子縁組はよくあることで、1852年（嘉永5年）に家督を継ぐと、容保は突然実高40万石の大大名となったのだ。なかなかの美少年だったようで、江戸藩邸で迎えた会津藩士は、「なるほど、お子柄がいい」と褒め称えた。領民にも慕われる君主だった。

そんな容保を、幕府は新設した京都守護職につけようとした。じつは、容保は最初この就任を渋っていた。家臣も反対しており、自身も病気などを理由に再三辞退しているのだ。会津から京都までは遠い。しかも、京都の治安は乱れに乱れていた。そんな命がけの仕事は嫌だと思ったのかもしれない。ただ、そこで藩祖の『会津家訓十五箇条』をもちだされると嫌とはいえない。1862年（文久2年）、容保は会津兵1千を率いて京都に入った。

●討幕派に新撰組を投入し、武力行使

容保の仕事は、討幕をたくらむ不逞浪人の摘発と京都御所の警護、および京の治安維持だった。容保自身は、幕府と朝廷がしっかりと手を握り、攘夷を行なわなければならないという「公武合体」派で、幕府内では穏健派だったといえる。御所にいる孝明天皇《こうめいてんのう》も同じように考えていたため、容保をことのほか信頼した。

また、容保は当初は融和的で、最初から武力に頼るようなことはせず、尊王攘夷派とも話し合いで解決しようとしていた。ところが、室町幕府の足利将軍家を祀《まつ》る等持院で、足

利尊氏をはじめとした歴代将軍の木造の首が引き抜かれるという事件が発生した。

徳川将軍ではないが、将軍の首を抜くというのは、幕府を討つという意味になる。「天誅！」などといって行なわれる暗殺も、ただの人殺しだ。激怒してキレまくった容保は、ついに尊王攘夷派に対して実力行使に出るようになった。

この容保のために働いたのが新撰組だ。幕府が浪士隊として江戸から集めた浪人たちは、当時空中分解して行き場を失っていた。そこで、近藤勇《こんどういさみ》ら京に残った隊士を会津藩預かりとして援助したのが新撰組だ。それまで、京都の警察組織としては、幕臣で構成された京都見廻組があった。新撰組はいわば非正規部隊だが、容保の期待に応え、次つぎと攘夷派を血祭りに上げていった。ちょっとやりすぎのきらいはあったが……。

そして、1863年（文久3年）に起こった「八月十八日の政変」で、会津藩と新撰組は、薩摩藩と協力して長州藩を京都御所から追い出すことに成功した。この功績により、容保は孝明天皇から直筆の手紙と和歌を下賜されている。

●家訓を守り、若松城で徹底抗戦

ところが、容保が築いた幕府と朝廷の信頼関係も、孝明天皇が崩御すると瓦解してしまう。ふたたび長州藩が勢力を盛り返すと、協力関係にあった薩摩藩まで討幕派に鞍替えした。しかも、将軍の15代将軍徳川慶喜はさっさと江戸に逃げ出してしまった。京に取り残された容保と会津藩、そして新撰組は、いつの間にか最大の朝敵とみなされるようになっていた。大政奉還して、徳川慶喜が隠居しても、討幕派の武力行使の動きは止まらなかった。とくに容保は、京都守護職時代の弾圧で相当に憎まれていた。このとき容保は会津に戻って家督を養子に譲って謹慎していた。自分の役目は終わったとでも思っていたのだろう。しかし会津藩の内部でも、このとき主戦派と恭順派で意見が対立していた。そこでも持ち出されるのがまた『会津家訓十五箇条』だ。家訓では、藩主が徳川家を裏切った場合は、家臣もいうことを聞かなくてよいことになっている。これでは容保がいくら講和を考えても、聞いてもらえるはずがない。結局容保は会津藩士とともに若松城（鶴ヶ城）に籠城し、徹底抗戦の構えをとることになった。

とはいえ、近代兵器で武装した官軍は大軍にふくれあがっていた。防衛線は次つぎに破られ、白虎隊など若い藩士の命が散っていく。家老の西郷頼母の家では、妻子ら21人が集団自決した。そして城内の兵糧も少なくなり、籠城も限界となってしまう。籠城は1カ月近くも続いたが、ついに容保は全面降伏を余儀なくされた。その後、次席家老の萱野《かやの》長修《ながはる》が切腹することで、容保の命は救われて江戸に蟄居《ちっきょ》することになった。

明治に入って、容保は罪を許されて華族となり、日光東照宮の宮司として徳川家の墓を守った。かえすがえすも口惜しいのは、会津藩と容保が朝敵の汚名を被ったことだったのだろう。晩年は、孝明天皇から下賜された手紙と短歌を手放さなかったという。

第一章 幕府側
第二章 公家側
第三章 新政府側
第四章 そのほかの志士たち

容姿	
小柄でなで肩。月代を剃らず髷を結っていたため、明治に入って髷を落としてもあまり変化に気付いてもらえませんでした。	
性格 飄々としてテキトー。細かいことにはこだわらないがつねに大局を見つめているタイプ。	
幼少期の様子 11代将軍家斉の孫の初之丞の遊び相手として一橋家に呼ばれたことがあります。	
金運 金銭には無頓着。資金難でも龍馬に金策させました。	交遊関係 佐幕派、討幕派共に顔が広いです。
トラウマ 9歳のときに狂犬に睾丸をかまれて高熱に苦しんで以来の犬嫌い。	趣味 剣術、禅、操船、蘭学、酒、女。
家庭環境 7歳まで父の実家の男谷家で育ちました。破天荒な父親の放任主義で自由な考えをもつようになりました。	仕事ぶり やるべきことはやるが文句が多いかな。自慢も多いです。
恋愛関係 正妻の民子のほか、世間にバレた妾が5人。	家族 民子との間に2男2女、妾との間に2男3女をもうけ、総勢4男5女の面倒を民子に見させました。
人生の目標 「自分の価値は自分で決める」	死因 入浴後のブランデー一気飲みによる脳溢血。

特技・趣味・得意科目等
咸臨丸でアメリカに渡ったとき、最上位は軍艦奉行の木村喜毅だったのに、木村がアドミラル（提督）、私がキャプテン（艦長）と紹介されたためそのままになってましたけど、アレ、よかったんですかね？

本人希望記入欄
敵は多ければ多いほどおもしろい。 コレデオシマイ(亡くなるときの最後の言葉)。

履歴書

ふりがな　かつ　かいしゅう

氏名　**勝 海舟**

生年月日	没年月日	※
1823年3月12日	1899年1月21日（満75歳）	㊚・女

出身
江戸・本所亀沢町（現東京都墨田区両国）

立場	あだ名
幕臣	鱗太郎、氷川の大ホラ吹き

概要

無役の貧乏旗本から抜擢され、海軍伝習所で航海術を学んで渡米。帰国して海軍の増強に力を入れるが更迭されました。薩長の進軍を止めるために交渉役に選ばれ、江戸無血開城を成し遂げ、最後まで徳川家の存続に奔走しました。明治に入ってからも新政府に登用されました。

年	歳	学歴・職歴（各項目ごとにまとめて書く）
1855	32歳	異国応接掛附蘭書翻訳御用（オランダ語通訳）となる。
1860	37歳	咸臨丸の教授方取り扱いとして渡米。日本人乗組員による初の太平洋横断。
1862	39歳	軍艦奉行並に昇進。
1864	41歳	神戸海軍操練所を設立し、同時に私塾を開いて広く操船術を教える。作事奉行次席軍艦奉行に昇進。従五位下安房守に任官。
1865	42歳	神戸海軍操練所閉鎖。軍艦奉行を更迭される。
1866	43歳	復帰して長州征伐の停戦交渉を担当。長州の説得に成功したものの、慶喜が勅命による停戦を強行したため、怒って江戸に引きこもる。
1868	45歳	復帰して軍事総裁として全権を委任され、薩摩の西郷隆盛と会談。江戸無血開城を成し遂げる。
1869	46歳	名前を安芳に改める。新政府の外務大丞、兵部大丞に任官。
1899	75歳	風呂上がりにブランデーを飲んで脳溢血。翌々日の1月21日に死去。

記入上の注意　1：数字はアラビア数字で、文字はくずさず正確に書く。　2：※印のところは、該当するものを○で囲む。

無血開城を成し遂げた幕府の交渉人

勝海舟

Katsu Kaishuu

●貧乏旗本がアメリカに渡る

幕末には有名な三舟がいる。勝海舟、山岡鉄舟《やまおかてっしゅう》、高橋泥舟《たかはしでいしゅう》の3人で、それぞれ幕臣として滅びゆく徳川家の存続のために奔走した傑物だ。なかでも勝海舟の名は大きい。海舟とは号で、本来の名は勝義邦《かつよしくに》、幼名から麟太郎《りんたろう》と呼ばれることもある。1823年（文政6年）、江戸本所亀沢町の旗本・勝小吉《かつこきち》の長男として生まれた。

父親の勝小吉というのがかなり破天荒な男だった。男谷《おだに》家から旗本・勝家に養子に入ったが、吉原遊びが好きでケンカが大好き。そんな父親だから、勝海舟も江戸っ子らしくべらんめえ調に育つ（越後出身の曾祖父が男谷家の株を買って旗本になったので、厳密な江戸っ子ではない）。ちなみに勝海舟は犬嫌いだったが、小さいころ野犬に睾丸をかまれたのがトラウマになっていた。じつは、父親の小吉も野宿中に崖から落ちて睾丸を片方つぶしたという変な共通点がある。やがて16歳で家督を継いだが、旗本としては最下層。蘭学に興味があっても貧乏で塾には入れなかった。そこで、蘭学医からオランダ語辞典『ヅーフ・ハルマ』を借りると、自作のペンとインクで2冊筆写。1冊を売って蘭学医に借り賃として支払い、もう1冊を手本に置いて勉強した。そのころ兵学家の佐久間象山《さくましょうざん》に師事し、2年後には妹を象山に嫁がせている。

そんな勝海舟の転機は、32歳のときに訪れる。1853年（嘉永6年）、ペリーが浦賀に来航すると、勝は海軍の増強を訴える意見書を出した。これが海軍総督の大久保一翁《おおくぼいちおう》の目にとまって通訳に採用されると、その後長崎の海軍伝習所で航海術と操船を学んだ。また、日米修好通商条約が締結されると、勝海舟は伝習鑑・咸臨丸の艦長としてアメリカに渡る。ただ、実際の操船はアメリカ人の乗組員が行ない、勝海舟はひどい船酔いでほとんど部屋から出てこなかったという。それでも、同乗していた福沢諭吉《ふくざわゆきち》とともに「日本人の手で初めてサンフランシスコに到達したぜ」と大喜びだった。勝海舟はもともとはったり好きだ。アメリカに行くときも、妻に「ちょっと品川までいってくらぁ」といい残し、品川の港からサンフランシスコまで行き、帰って来たのは3カ月後だった。

●坂本龍馬《さかもとりょうま》を弟子にして海軍操練所を設立

1862年（文久2年）、勝海舟は軍艦奉行並に任命され、念願の海軍増強に着手した。このとき出会ったのが坂本龍馬だ。のちに「最初龍馬は俺を殺しにきたんだ」と語っているが、回想録の『氷川清話』などでもホラを吹いている（というか記憶違いが多すぎる）ので、どこまで信じていいのかわからない。龍馬は北辰一刀流千葉道場の塾頭、勝海舟も直心影流の免許皆伝なので、いい勝負になったかもしれない。ただ、勝海舟は人を斬るのが嫌いで、刀も結わえて抜けないようにしていた。

勝は将軍家茂の許可を得て、神戸海軍操練所を開設。同時に操船術を教える私塾も開いた。土佐脱藩浪士の龍馬でも分け隔てなく指導し、操練所でも薩摩や土佐など雄藩出身者を採用した。国内で争っているひまはないという意識があったのだろう。ただ、こうした行動が幕府上層部から批判を浴びて、勝海舟は罷免されてしまう。神戸海軍操練所も閉鎖され、日本海軍の創設は遠のいた。そのころに西郷隆盛とも出会うが「もう幕府には力がねえ。雄藩が連合して政治をおやんなさい」といい放ち、西郷を驚かせている。

●明治新政府でも重鎮となるが私生活はグダグダ

勝海舟がふたたび幕府に呼び出されたのが1868年（明治元年）のこと。大政奉還し、弟子の龍馬は殺され、15代将軍慶喜は江戸に逃げ帰ってきて、幕府は風前の灯《ともしび》だった。「だからいわんこっちゃない」と皮肉の一つもいっただろうか。それでも民を戦火に巻き込むわけにはいかないと、勝海舟は軍制の全権を任されて、和平交渉に乗り出した。

そして、かの有名な江戸無血開城となる。予備交渉は三舟の一人山岡鉄舟が済ませていた。勝が担当したのは水面下での準備だ。勝海舟は、薩長を支援していたイギリス公使のパークスに働きかけた。「江戸が戦場になると、横浜も危ないぜ」といわれて、パークスは薩長に攻撃をやめるように圧力をかける。交渉が決裂した場合には、江戸の民衆を千葉に避難させ、官軍が入ったところで市中に火を放つという焦土作戦を計画していた。こうした準備を整えて、3月13日、14日と西郷隆盛と会談。翌15日には総攻撃という直前になって攻撃を中止させ、江戸城無血開城を取り決めたのだ。

明治に入り、勝海舟は「安芳」と改名した。本人は「あほう」と読めるといっていたが、官位の安房守からとったものだ。外務大丞、兵部大丞に任じられ、1872年（明治5年）には、海軍大輔となり、元老院議官、枢密顧問を歴任し、伯爵号も贈られた。仕事らしいことはあまりせずに、慶喜の名誉回復に奔走。その甲斐あって、慶喜は明治天皇拝謁に成功する。ただ、幕府の幕引きをしたことで、慶喜にはうらまれていたらしい。

要職にあっても新政府を容赦なく批判するなど、相変わらずの野放図ぶりだったが、私生活ではとくにだらしがなかった。正妻のほかにも多数の妾と隠し子がいて、同じ家に住まわせたりしていた。そして、1899年（明治32年）、ブランデーで死に水をとって病死。正妻の民子は、自分の子だけでなく妾の子も分け隔てなく育て、子供たちからは慕われていた。ただ、臨終の間際に「勝と一緒のお墓だけは嫌だ！」とごねて、積年のうらみをぶちまけた。

容姿 男らしくガッシリ体型。口は大きく目はつぶら。人前に出たときの迫力とカリスマ性は十分といわれております。	
性格 知勇兼備で冗談も飛ばす。頼まれると断れない親分肌の性格です。	
幼少期の様子 深夜に盗賊が押し入ったとき、うまく捕らえたことから、冷静で度胸があると思います。	
金運 道場主で出稽古による収入も多いが、食客が多く基本的には経営難。新撰組になってからも同様。	交遊関係 試衛館の門弟・食客たち、松平容保。
トラウマ 赤穂浪士にあこがれていたため、新撰組の羽織を忠臣蔵風に。	趣味 剣術ひと筋。
家庭環境 実家の宮川家、近藤家の実家の嶋崎家、そして近藤家と3家の世話になりました。	仕事ぶり 経営手腕に優れ、統率力も高いです。
恋愛関係 妻のつねとは3年だけの結婚生活。京都では複数の妾を囲っていました。	家族 正妻つねとの間に娘たま。複数の妾との間に2男1女。ほかに隊士の谷三十郎の末弟を養子にして周平を名乗らせました。
人生の目標 「将軍様を守るのが武士の勤め」	死因 斬首。

特技・趣味・得意科目等

げんこつを口のなかに出し入れする芸をもっています（尊敬する加藤清正がやっていたらしい）。妻のつねとは見合い結婚で、ひと目見て気に入りました。美人は不貞が多い。彼女は美人ではないが性格がよさそうです。

本人希望記入欄

「今宵の虎徹は血に飢えておるわい」なんて、さむいセリフいってません。

履歴書

ふりがな　こんどう　いさみ 氏　名　近藤　勇		
生年月日 1834年11月9日	没年月日 1868年5月17日（満33歳）	※ ㊚・女
出身 武蔵野国・多摩上石原村（現東京都調布）		
立場　新撰組局長、甲陽鎮撫隊隊長	あだ名　局長、勝ちゃん、近藤さん	

概要
多摩の豪農・宮川久次郎の３男として生まれました。15歳で天然理心流の試衛館に入門し、盗賊退治を師匠の近藤周助に認められ養子となり道場を継ぎました。その後、将軍警護の浪士組に道場の門人など７名を連れて参加するも、分離して新撰組を創設。

年	歳	学歴・職歴（各項目ごとにまとめて書く）
1849	15歳	試衛館に入門。近藤周助の養子となる。
1860	26歳	清水徳川家家臣・松井八十五郎の娘つねと結婚。
1861	27歳	天然理心流４代目を襲名。府中六所宮にて野試合を行なう。
1863	29歳	清河八郎の呼びかけに応じて浪士組に参加するため京に上る。しかし、浪士組が江戸に帰ることになり、芹沢鴨ら13名と協力し「壬生浪士組」を結成。八月十八日の政変で活躍し「新撰組」と改名。
1864	30歳	池田屋事件発生。20名以上の志士が集まる池田屋に４人で斬り込んで殲滅する。
1867	33歳	分離独立した伊東甲子太郎ら御陵衛士を油小路事件で粛清。その後、伏見街道で御陵衛士の残党に狙撃され負傷する。
1868	34歳	甲陽鎮撫隊長として組織再編。甲州へ出陣するも敗北して多数の脱退者を出す。その後、新政府軍に包囲されて降伏。偽名を使うも看破され、板橋刑場で斬首される。首は京に運ばれてさらされた。

記入上の注意　1：数字はアラビア数字で、文字はくずさず正確に書く。　2：※印のところは、該当するものを○で囲む。

時代に逆行した佐幕派の新撰組局長

近藤勇

Kondou Isami

●イモ道場を大きくした抜群の経営手腕と求心力

幕末に勤皇の志士たちを恐れさせた新撰組局長近藤勇。多摩の豪農・宮川家の3男に生まれた近藤は、幼名を勝五郎といった。幼いころから剣術が好きで天然理心流《てんねんりしんりゅう》を学んだ。15、16歳のころに、裕福な宮川家に賊が忍びこんだことがあった。家にいたのは勝五郎少年と兄の久米二郎だけ。勝五郎は飛び出そうとする兄を止め、賊が仕事を終えて帰ろうと警戒心を解いたところを襲撃し、見事に打ち破った。これを聞いた天然理心流試衛館《しえいかん》3代目近藤周助《こんどうしゅうすけ》が、勝五郎をぜひ養子に欲しいと望んだという話がある。その後、近藤は試衛館4代目を継ぐことになる。

そのころ、江戸では千葉周作《ちばしゅうさく》の玄武館、斎藤弥九郎《さいとうやくろう》の練兵館、桃井春蔵《もものいしゅんぞう》の士学館が3大道場と呼ばれていた。「技は千葉、力は斎藤、位は桃井」といい、武士のほとんどはいずれかの道場に通っていた。近藤勇で4代目という歴史の浅い天然理心流は、江戸に進出する余地がなく、多摩まで出向いて農民に剣術を教えたため「イモ道場」などと呼ばれていた。しかし、近藤は4代目を襲名すると江戸に道場を開いた。これは、江戸に道場を開くことで箔をつけつつ、地方の豪農相手の出稽古で収入を得るためだった。

いっぽうの江戸では人脈づくりをしていた。もともと天然理心流は実戦向きで竹刀での立ちあいには弱かった。最初から道場を大きくする気もないようで、道場破りが来たときは、近くの練兵館の師範代を呼んで相手をしてもらい謝礼を払っていた。また、優れた人物と見れば招き入れ、真摯に教えを請うこともいとわなかった。そんな近藤だが、4代目襲名披露のときに野試合を行ない、沖田総司《おきたそうじ》や土方歳三《ひじかたとしぞう》らが参加した。終わってからは府中の街でどんちゃん騒ぎをくり広げ、朝まで飲み歩いたという。

●新撰組誕生！ 武士道に背くものは斬る！

1863年（文久3年）、近藤は上洛する将軍の警護のために募集された浪士隊に一門を引き連れて加わった。ところが、京につくと浪士隊を集めた清河八郎は、尊王攘夷のための浪士隊と演説。異論を唱えた近藤は、芹沢鴨《せりざわかも》らと京に残留することにした。壬生の八木源之丞《やぎげんのじょう》の屋敷を屯所とした近藤らは、会津藩からの援助を受けて「壬生浪士組」を名乗る。新撰組となるのは、八月十八日の政変での働きを認められてからだ。ところで新撰組は「新選組」とも書かれる。近藤自身も「新撰組」と「新選組」の両方を使っているので、どちらも間違いではないらしい。「新鮮組」と書いたら完全に間違いだ。

浅黄色にだんだら模様の羽織をなびかせて、京都市中をパトロールする新撰組はあこがれの的となった。新撰組のモテ男といえば沖田総司と土方歳三だが、近藤も結構モテていた。げんこつが入るほど大きな口に鋭い目。どちらかといえば武骨なイメージの近藤だが、いつの世にも「マッチョな方が男らしくてステキ」という女性はいるのだ。

多摩には4代目を襲名したときめとった妻がいたが、新撰組では幹部にだけ「休息所」と呼ばれる妾宅をもつことが許されていた。近藤は島原の深雪《みゆき》太夫《たゆう》を身請けして囲っていた。しかも、なんとその妹にまで手を出してしまう。姉の深雪に知られて修羅場になったらしいが、そもそもどっちも愛人だ。近藤の愛妾はわかっているだけで5人にもなる。

ただ、女にはやさしいが男には厳しいのが新撰組。土方とともに「局中法度」をつくり、「士道に背きまじきこと」「局を脱するを許さず」「勝手に金策いたすべからず」「私の闘争を許さず」という鉄の掟で、違反した隊士を次つぎ粛清した。新撰組の隊士は、元町人や元農民という者が多かった。近藤としては、身分を越えて武士になった以上、その責任は命がけのものだということを伝えたかったのかもしれない。

●わずか2年で絶頂からの転落

新撰組の名を知らしめのが１８６４年（元治元年）の池田屋事件だ。松平容保《まつだいらかたもり》を暗殺し、天皇を長州へ連れさるというクーデターを企てていた尊攘派志士たちが集まる宿を近藤は2件に絞り込み、1件には土方歳三を向かわせた。しかし、池田屋が正解だとわかると、沖田総司、永倉新八《ながくらしんぱち》らわずか5名で襲撃を実行。愛刀の虎徹《こてつ》をふるって大活躍を見せた。この虎徹には偽物説が強いのだが、近藤は本物と信じて疑わなかった。「乱戦で沖田や永倉の刀は欠けたが、自分のは虎徹だったので平気だった」と述懐している。池田屋事件と、次の「禁門の変」の功績により、近藤は正式に幕臣に取り立てられた。旗本となった近藤にとっては人生最高の瞬間だったといえよう。

しかし、1867年（慶応3年）、かつて粛清した伊東甲子太郎《いとうかしたろう》一派の残党に銃撃されて重傷を負うと転落が始まる。近藤抜きで臨んだ鳥羽・伏見の戦いで惨敗し、意見対立から脱退者が続出する。その後「甲陽鎮撫隊《こうようちんぶたい》」となって各地を転戦するが、ほとんどが退却戦。ついには、千葉の流山で薩摩藩の有馬藤太《ありまとうた》の軍に降伏した。

投降したとき、近藤は大久保大和という偽名を使っていた。しかし、板橋に護送されると、顔を知っている者がいてすぐに近藤勇だと見破られてしまった。有馬は武士らしく切腹を求めたが、強硬派は打ち首を主張。さらに問い合わせ先の幕府からは「近藤は脱走した者なので当家とは関係ない」と切り捨てられてしまう。1868年（慶応4年）4月25日、近藤は板橋の馬捨て場で斬首。首は塩漬けにされて京に運ばれ、三条河原にさらされた。忠節を尽くした幕府に見捨てられるという、哀れな最期だった。

容姿

容貌清秀とあり、さわやか好青年と周囲から好評でした。

性格

広い視野をもちながらも性格は温厚。大名第一の人格者と評されました。

幼少期の様子

曾祖父・重豪と共にオランダ文化に触れ、シーボルトが江戸に来たときは曾祖父と一緒に面会しました。

金運

父が祖父の借金を返し、蓄えた金を産業振興のため湯水のように使いました。

トラウマ

曾祖父の影響でオランダかぶれかもしれません。

家庭環境

母とは16歳で死に別れ。義母のお由羅とはそりが合わなかったですが、義弟の久光とは円満でした。

恋愛関係

正室は一橋家の恒姫。ほか4人の側室。

人生の目標

「君主は愛憎で人を判断してはならない」

交遊関係

松平慶永、伊達宗城、山内容堂、西郷隆盛、大久保利通など。

趣味

蘭学、科学、写真、造船。

仕事ぶり

前例にとらわれずに産業に力を入れ、幕府からも改革の手腕を期待されました。

家族

同母弟妹が4人。岡山藩主・池田斉敏、妹の候姫は山内豊熙の正室。義弟に久光。正室・側室合わせて6男5女。さらに養女の篤姫がいます。

死因

練兵中の日差しで水を飲みすぎたためコレラに感染。暗殺説などもあり。

特技・趣味・得意科目等

日本で一番早く写真撮影を行なった大名といわれています。さらに自分でも写真を撮るようになり、城の写真などを撮影しました。

本人希望記入欄

十人が十人とも好むような人材は、急のときに対応できないので使わないほうがいいと思いますよ。

履歴書

ふりがな	しまづ　なりあきら
氏　名	**島津 斉彬**
生年月日	1809年4月28日
没年月日	1858年8月24日（満49歳）
※	男・女（男に○）
出身	江戸・薩摩藩藩邸（現・東京都港区）
立場	第28代島津家当主・薩摩藩11代藩主
あだ名	邦丸、島津侯

概要

薩摩藩10代藩主・島津斉興の嫡男として生まれました。40歳を過ぎるまで家督を継げませんでしたが、世子時代から知識人と交わり、有力大名や幕閣からその英明さを知られました。薩摩藩主となってからは富藩強兵に努めて数々の産業を振興。

年	歳	学歴・職歴（各項目ごとにまとめて書く）
1820	11歳	薩摩藩の次期藩主として世子となる。
1825	16歳	11代将軍・徳川家斉より1字賜り斉彬と改名。
1849	40歳	お由羅騒動が始まり、斉彬派がお由羅の方と弟の久光殺害を計画したとして弾圧を受ける。
1851	42歳	弾圧から逃れるために脱藩した斉彬派家臣が幕府に訴え問題発覚。父の斉興が隠居して、家督を斉彬が継ぐことで収束。
1854	45歳	海軍力を増強。初の国産蒸気船「雲行丸」を建造。西郷隆盛らを抜擢して朝廷工作などに使う。
1856	47歳	養女の篤姫を13代将軍・家定の正室として嫁がせる。
1857	48歳	将軍継嗣問題で井伊直弼と対立。
1858	49歳	「安政の大獄」が始まる。次つぎと粛清が行なわれるなかで、抗議のために藩兵5000を率いての上洛を決意。西郷を派遣して朝廷工作にあたらせた。しかし、練兵の観覧中に倒れてそのまま病死。

記入上の注意　1：数字はアラビア数字で、文字はくずさず正確に書く。　2：※印のところは、該当するものを○で囲む。

維新の種をまいた開明派の藩主

島津斉彬

Shimazu Nariakira

●父に疎まれながらも家督を継ぐ

江戸末期、領内をまとめながら広く世界を見据え、開明的な政策を推し進めたのが、江戸から最も遠い薩摩藩の藩主・島津斉彬だ。越前藩の松平慶永《まつだいらよしなが》、宇和島藩の伊達宗城《だてむねなり》、土佐藩の山内容堂《やまうちようどう》と並んで「天下の四賢侯」に数えられている。ちなみに、妹は山内容堂の義母。ただ、薩摩藩主となったのは42歳とかなり遅咲きだった。

1791年（寛政3年）、斉彬は島津家27代当主・島津斉興《しまづなりおき》の嫡子として生まれた。幼名を邦丸《くにまる》、元服して忠方《ただかた》、16歳のときに11代将軍・徳川家斉《とくがわいえなり》から一字をもらい斉彬となる。母は鳥取藩主・池田治道《いけだはるみち》の娘・周子《かねこ》で、嫁入り道具に『四書五経』や『史記』を持参するほどの才女だった。この時代の大名家には珍しく、周子は乳母《めのと》をつけず自分で子供を育てた。「賢夫人」と呼ばれた母の教育よろしく、賢く育った斉彬は、さらに曽祖父の島津《しまづ》重豪《しげひで》にかわいがられる。先代当主の重豪は、斉彬が25歳のときまで元気で生きていた。早くから異国の文化に傾倒していた重豪は、曾孫の斉彬にも西洋の学問を教えた。オランダ商館シーボルトと会談したときには、斉彬も同行させている。ただ、蘭癖大名と呼ばれるほど異国かぶれで、絵画や美術品なども大量に買い求め、藩の財政を悪化させていた。後を受けた父の斉興は、祖父の尻拭いのために砂糖を専売にして農民に恨まれ、密貿易にも手を染めてどうにか藩の財政を建て直した。そんな斉興にとって、祖父の影響を受けた斉彬はかわいくない。側室のお由羅《ゆら》が生んだ久光《ひさみつ》のほうを世継ぎにしたいと考えていた。

これが派閥争いに発展し、「お由羅《ゆら》騒動《そうどう》」と呼ばれる斉彬派の弾圧につながった。斉彬派は幕府に訴え、斉彬と親しかった伊達宗城、老中の阿部《あべ》正弘《まさひろ》らが介入し、斉興に隠居を迫った。このため、斉興は1851年（嘉永4年）、ついに家督を斉彬に譲った。ここに、「島津にばか殿なし」といわれた歴代薩摩藩主のなかでも、傑出した名君が誕生した。

●西郷隆盛《さいごうたかもり》を重用して薩摩の近代化を進める

藩主となった斉彬は、「君主は愛憎で人を判断してはならない」と、敵対していたお由羅派を粛清せずに、むしろ重用して藩内をまとめた。異母弟の久光との仲も悪くはなかったようだ。さらに、優秀であれば身分に関係なく抜擢。下級武士の西郷隆盛や大久保《おおくぼ》利通《としみち》らを側近として取り立てている。

斉彬の改革の目玉は軍備増強と産業革命だった。集成館という物理・科学研究所を建設し、反射炉、溶鉱炉をつくり、ガラス製品の薩摩切子を発明。鉄砲の改良や造船にも力を入れた。これをペリーが来る前に始めているところに、斉彬の先見性が見える。

やがて、1853年（嘉永6年）にペリーがやってくると幕府内は対応をめぐって紛糾。斉彬は「この国難には幕府も朝廷もない。幕府・朝廷・雄藩が総力を挙げて取り組み、植民地支配を免れなければならない」と主張。「攘夷」と叫んでも異国の最新技術と軍事力にはかなわない。外国の優れた部分は吸収し、国力を増強するのが先決だ。鎖国にこだわる水戸の徳川斉昭《とくがわなりあき》や、恐れをなしてなし崩し的に開国に傾く井伊《いい》直弼《なおすけ》とはここが違う。

斉彬は、かねて計画していた日本初の洋式軍艦「昇平丸」、国産蒸気船「雲行丸」を建造。そして、幕府に日本の船章を日の丸にするよう進言した。これが受け入れられたことで、のちに日の丸は、日本の国旗としても採用されるようになったのだ。斉彬の行動は、水戸藩などから「異国かぶれ」との批判も出た。ただ、非難の声に憤る西郷に、斉彬は「井のなかの蛙の言葉なんか気にするな」と諭している。

●将軍継承争いに敗れても志は曲げず

幕府内で発言権を強めた斉彬だが、ここで将軍継嗣問題に巻き込まれることになった。斉彬は「国土人民は天子からの預かり物」と考えており、尊王攘夷の気持ちは強かった。ただ、長期的な視点で見れば、今戦っても勝ち目はない。声が大きいだけで短絡的な攘夷論には賛成できない。そのためには討幕よりも改革が最優先だった。

そこで、幕政改革に最適な人物として、聡明な一橋慶喜《ひとつばしよしのぶ》を推挙した。国家の存亡がかかっているような時期には、少しでも優秀な将軍をと望むのは当然だ。斉彬は養女の篤姫《あつひめ》を13代将軍・徳川家定《とくがわいえさだ》の正室に送り、朝廷にも働きかけて慶喜擁立に動いた。

ところが、紀州藩主・徳川慶福《とくがわよしとみ》を推す井伊直弼らが巻き返した。大老となった井伊は、1858年（安政5年）に「日米修好通商条約」を締結。慶福を将軍に据えて14代将軍・徳川家茂《とくがわいえもち》とした。しかも、井伊は不穏な動きをする慶喜派を次々と粛清し始めた。

これに抗議するため、斉彬は藩兵5千を率いて上洛し、朝廷側からの圧力で、慶喜の返り咲きを計画した。しかし、出兵前に鹿児島城下での演習中に急病で倒れてしまった。病気の原因は炎天下での演習で暑さにやられたとも、サバの酢漬けにあたったとも、コレラともいわれている。1858年（安政5年）7月16日、斉彬は後継者を久光の息子の忠義と定め、久光を後見人にした。享年49歳、藩主となってわずか7年だった。

斉彬が亡くなると、薩摩藩は開明的な方針をガラリと変えてしまった。斉彬が亡くなったとき、父の斉興はまだ健在で、忠義の後見人である久光の、そのまた後見人のように口を出し始めた。久光自身も尊皇攘夷には消極的だったので、西郷や大久保は失脚し、斉彬の起こした産業の多くも廃止されてしまった。このため、斉彬が斉興・久光一派に毒殺されたのではないかとうわさが流れた。西郷などは、死ぬまで毒殺説を信じていたという。

容姿

背はあまり高くなく、色白で愛嬌のある顔です。

性格

冷静沈着な理論派。子供好き。

幼少期の様子

不明。江戸に出て小野派一刀流を学び、それから北辰一刀流の千葉道場で世話になりました。

金運

試衛館に入ってからは出納帳とにらめっこです。

交遊関係

新撰組隊士、近所の子供。

トラウマ

伊東甲子太郎の入隊。

趣味

剣術、漢学。

家庭環境

新撰組が家族です。

仕事ぶり

新撰組の創設メンバーとして、力だけは強いほかの隊士に代わって頭を働かせました。

恋愛関係

島原の遊女・明里。

家族

不明。

人生の目標

「近藤さんを男にする」

死因

切腹(介錯人・沖田総司)。

特技・趣味・得意科目等

つねに冷静ですが自分もやはり新撰組隊士。八月十八日の政変のときに、近藤や土方の甲冑はあるのに自分の分が用意されていないことにキレました。このとき慰めてくれたのが「親切者は山南か松原」と呼ばれた松原忠司です。その松原も私が死んですぐに病死(暗殺?)しましたが。

本人希望記入欄

土方さえいなければ近藤さんは立派な人。

履歴書

ふりがな　やまなみ　けいすけ 氏　名　**山南 敬助**		
生年月日 1833年-?月?日	没年月日 1865年3月20日(満32歳)	※ ㊚・女
出身 仙台？		
立場 新撰組副長→総長	あだ名 サンナンさん	

※似顔絵はイメージです。

概要

仙台藩脱藩浪士という説もあります。北辰一刀流を修め、他流試合で負けた近藤勇の人物にほれて無名の試衛館の食客となりました。近藤とともに浪士組に加わり、京に上って壬生浪士組を結成。近藤を中心とする新撰組の組織運営確立に力を尽くすが、ある日突然脱走しました。

年	歳	学歴・職歴(各項目ごとにまとめて書く)
1861	28歳	天然理心流4代目襲名披露野試合に赤組として参加。小野路(現東京都町田市)まで沖田総司と出稽古に行く。
1863	30歳	近藤勇、土方歳三らと共に幕府の浪士組に参加して京に上る。浪士組が江戸に残るなかで試衛館メンバー8人が残留。派閥の主導権争いで壬生浪士組副長となる。7月には将軍警護のために行った大坂の呉服商宅が襲われると、土方とともにこれを撃退した。八月十八日の政変で御所を警護。その働きが認められて新撰組となり、初代総長として各隊を統括する。9月には新撰組の主導権争いをくり広げていた芹沢派を一掃する。
1864	31歳	池田屋事件では別働隊を率いており、池田屋には斬り込んでいない。新撰組の西山本願寺移転に猛反対し、口論が多くなる。さらに、伊東甲子太郎が新撰組に入隊し、山南より上の参謀として迎えられたことも近藤・土方との壁を生んだ。
1865	32歳	書き置きを残して脱走。連れ戻されて切腹。

記入上の注意　1:数字はアラビア数字で、文字はくずさず正確に書く。　2:※印のところは、該当するものを○で囲む。

脱走により切腹させられた新撰組の頭脳

山南敬助

Yamanami Keisuke

●江戸の三大道場に顔が利く得がたい存在

武闘派集団の新撰組にあって、山南敬助は理性的な印象を受ける。背は低めだが色白で愛嬌のある顔だったといい、子供にも好かれた。壬生の屯所時代には「親切者なら山南、松原（松原忠司《まつばらちゅうじ》）」との評判が定着。新撰組に対して批判的な『壬生浪士始末記』でさえ、「新撰組にしては、ちょっとは話がわかる奴だ」と好評だ。ただ、試衛館時代から寝食を共にした土方歳三《ひじかたとしぞう》からは「すかした野郎」と嫌われている。土方はインテリコンプレックスをもっていたので、むしろ褒め言葉といえるだろう。少なくとも土方が軍事面、山南が文治面を担当することで、新撰組が大きくなったことは事実だ。

しかし、その生い立ちに関してはくわしくわかっていない。仙台藩の脱藩浪士だったという話もあるが、幕末の仙台藩の記録には山南という姓がない。江戸に出て北辰一刀流の千葉《ちば》周作《しゅうさく》に学び、免許皆伝を受けていたという。それがなぜ、当時は田舎剣法とバカにされていた試衛館の門人になったのかも不明だ。近藤勇《こんどういさみ》と立ち合って負けたとも、近藤の人柄にほれたためともいう。近藤が天然理心流《てんねんりしんりゅう》4代目を襲名したときには、土方や沖《おき》田総司《たそうじ》、永倉新八《ながくらしんぱち》と共に、奉納試合に出場している。

近藤にとっても山南は得がたい存在だった。当時の剣術界は剣閥が幅をきかせ、同門同士の結びつきが強かった。実戦には強いが知名度に劣る天然理心流にとって、三大道場にも顔の利く山南の存在はありがたかったのだ。実際、新撰組になってからも、山南の顔の広さで他流派の隊士が入隊し、交流も広がっている。

そんなとき、北辰一刀流で同門だった清河八郎《きよかわはちろう》による浪士隊結成の募集が始まった。近藤、土方、山南ら8名はこの浪士隊募集に応じることを決定。これが、片田舎でくすぶっていた試衛館の面々の運命を大きく変えることになったのだ。

●じつは土方ともいいコンビだった!?

将軍警護のために京に上った浪士隊だが、発起人の清河八郎は、幕府の金で攘夷志士を集めたというとんだ山師だった。だまされたと知った近藤以下試衛館のメンバーと、芹沢《せりざわ》鴨《かも》らの一派、合わせて24名は、京に残留して会津藩お抱えの壬生浪士組となった。これには山南も近藤を路頭に迷わせてはならないと奔走したことだろう。

しかし、当初の壬生浪士組は、近藤と芹沢、芹沢派の新見錦の三頭体制だった。副長には土方、山南が就いたが、筆頭局長は芹沢なので近藤派は劣勢となる。そこで、山南は土方と共謀し、新見を「士道に背いた」「勝手に金策した」との理由で切腹に追い込んだ。

理性的で争いを好まないように見える山南だが、問題ばかり起こす芹沢派は、近藤のためにも隊のためにもならないと判断したのだろう。芹沢派の粛清のためなら、折り合いの悪い土方とも協力した。というよりも土方とは結構いいコンビだったようだ。

大坂の岩城升屋が襲われたときは、土方とともに駆けつけ、刀を折りながらも敵を撃退。また、1863年（文久3年）八月十八日の政変にも土方と出動している。同年の芹沢鴨の暗殺を実行したのも、土方、山南と沖田総司、原田左之助《はらださのすけ》の4名だったという記録がある。やがて、壬生浪士組は新撰組として再編。局長は近藤、副長は土方、そして山南は、総長という新撰組ナンバー3の地位に就いた。

●意見対立からの脱走、そして切腹

こうして新撰組の活躍が始まったが、この辺りから山南の存在感が薄くなってしまう。新撰組の名を一躍高めた池田屋事件にも参加せず、目立った活動はほとんどない。

同じころ、山南と北辰一刀流で同門だった伊東甲子太郎《いとうかしたろう》が入隊してきた。山南の剣閥を通じての入隊だったが、伊東は総長よりも上の参謀格で迎えられた。後から来たのに上位に立った伊東への嫉妬があったのかもしれない。いつしか山南は、同志への粛清をくり返してばかりの新撰組のやり方に疑問を抱くようになっていた。

決定的となったのは、新撰組屯所の移転問題だ。壬生の屯所が手狭になったため、新撰組が西本願寺に移転することになると、山南は真っ向から反対した。もともと西本願寺は長州藩の毛利家に近く、勤皇派といえた。近藤は西本願寺を本拠とすることで、長州ににらみをきかせようと考えたのだろう。しかし、山南は「僧侶を脅しつけて無理矢理借り受けるようなやり方はよくない」といい、近藤を姑息だと批判。「あなたは土方の奸媚に迷っている」と、土方まで罵倒した書き置きを残して出奔してしまう。

新撰組で勝手にいなくなれば脱走と見なされる。山南もそれは当然わかっていただろう。すぐに土方は沖田に山南を追いかけさせた。追っ手が沖田一人だけなのは、山南を見逃そうとしていた可能性もある。できればこのまま見つからないほうがいいと思ったのかも知れない。ただ、沖田は大津で山南に追いついてしまった。沖田も「このまま逃げてください」とでもいったのだろうか。結局、山南は沖田と新撰組に戻った。

創設メンバーだからこそ、局中法度は曲げられない。山南の処分は法度に定めたとおり切腹となった。ちなみに、山南には明里《あけさと》というなじみの遊女がいて、死ぬ直前に窓格子越しに最後の別れをしたというエピソードがあるが、どうやら創作の可能性が高い。1865年（元治2年）、山南は見事に切腹して果てた。介錯は本人の希望により沖田が務めた。その潔さは、散々罵倒された近藤も、賞賛せずにはいられなかったという。

容姿	
細面官僚タイプ。船上での活動を円滑にするため早くから髷を切り洋装に変えました。	
性格 義理人情に厚く涙もろい江戸っ子気質。見かけによらずケンカっ早いです。	
幼少期の様子 昌平坂学問所で儒学・漢学を学び、さらにジョン万次郎の開いていた私塾に通って英語もマスターしました。周囲からも秀才と呼ばれて期待されました。	
金運 勉強のためには金を惜しまないです。	交遊関係 元幕府軍全般。大鳥圭介、土方歳三。
トラウマ 不明。	趣味 操船、化学実験、勉強。
家庭環境 父は広島出身の庄屋の息子で、榎本家に養子に入って幕臣となりました。裕福で勉強にはお金を使えました。	仕事ぶり やるべきことはきちんとやるが、命をかけてまでやろうとは思わない官僚気質です。
恋愛関係 林洞海の娘たつと結婚。	家族 幼名は釜太郎。 兄・榎本武与の幼名は鍋太郎。
人生の目標 「北海道を独立国にする」	死因 老衰

特技・趣味・得意科目等

長崎海軍伝習所の二期生で、先輩に勝海舟がいます。総監の木村喜毅が厳しく、練習生たちの夜間外出を禁じて門に鍵をかけていました。遊びたい盛りの私たちは、練習生たちと夜中に抜け出そうとして塀を乗り越え、塀の忍び返しを壊して大目玉をくらったことがあります。このときは勝のとりなしで事なきを得ました。また新政府の捕虜として投獄されていたとき、生活苦に陥った兄家族のために、生活費の足しにするように石けんやロウソクのつくり方を教えました。

本人希望記入欄

一緒に戦った仲間には申し訳ないけど、生きてこその充実したセカンドライフでした。

履歴書

ふりがな　えのもと　たけあき

氏　名　**榎本 武揚**

生年月日	没年月日	※
1836年10月5日	1908年10月26日（満72歳）	㊚・女

出身
江戸・下谷御徒町（現東京都台東区）

立場	あだ名
海軍副総裁、蝦夷共和国総裁	梁川、ぶよう、総裁

概要
旗本の家に生まれ、幼少のころより勉学に励みました。やがて長崎海軍伝習所に入所し、それからオランダに留学。一人前の航海士となって帰国すると動乱の時代を迎え、海軍の指揮官として転戦。五稜郭に新政府をつくろうとしました。

年	歳	学歴・職歴（各項目ごとにまとめて書く）
1856	20歳	長崎海軍伝習所に入所。
1862	26歳	オランダに５年留学。
1868	32歳	制海権確保のため大坂に停泊中、将軍慶喜に置いてけぼりをくらう。大坂城での後始末を済ませ、新撰組の残兵を乗せて富士山丸で江戸に戻った。海軍副総裁に任命され、徹底抗戦を主張して幕府艦船を指揮下におく。五稜郭を占拠し、臨時政府を樹立する。
1869	33歳	宮古湾海戦。旗艦「開陽」を暴風雨で失い、新鋭艦「甲鉄」奪取のため海戦を挑むも失敗。5月18日に全面降伏。
1872	36歳	特赦により出獄。北海道開拓使として鉱山検査巡回にあたる。
1874	38歳	駐ロシア全権大使となる。海軍中将も拝命。
1885	49歳	初代逓信大臣となる。３年後に農商務大臣を兼任。
1908	72歳	老衰で死去。

記入上の注意　1：数字はアラビア数字で、文字はくずさず正確に書く。　2：※印のところは、該当するものを○で囲む。

選挙によって選ばれた蝦夷共和国総裁

榎本武揚

Enomoto Takeaki

●最先端の知識をもつ好戦的なインテリ

直参旗本の家に生まれた榎本武揚は、幼名を釜次郎《かまじろう》といい、幼いころから学問好きだった。幕府直轄の学問所・昌平坂学問所で儒教と漢学を学び、それから江川担庵《えがわたんあん》からオランダ語を、ジョン万次郎から英語を学ぶ。

18歳で箱館奉行の堀利熙《ほりとしひろ》に従って樺太探検を経験。今度は長崎海軍伝習所に入って、航海術や蘭学、さらに化学などを学んで国際情勢にもくわしくなった。とにかく学べるものは何でも学びたいという知識欲の塊だ。その向学心のおかげで、１８６２年（文久2年）から5年間オランダに留学し、造船や航海術のほか、近代的な戦術・戦略論も学んだ。日本人で初めて、モールス信号の技術を会得したのも榎本だ。

１８６７年（慶応3年）、オランダが建造した軍艦「開陽《かいよう》」を操船して帰国。帰国したときには日本の事情もすっかり変わって、幕府と薩長が一触即発の状況だった。榎本は、徳川慶喜《とくがわよしのぶ》の命により海軍副総裁となり、実質的な海軍司令となる。慶喜も秀才肌だったので話も合ったのだろう。ただ、榎本はちゃきちゃきの江戸っ子でけんかっ早く、義理人情に厚いところがあった。坊ちゃん育ちのドライな慶喜とは性格が違う。

両者の違いが際立ったのが鳥羽・伏見の戦いのときだ。榎本は艦隊を率いて大坂沖に停泊していたが、なんと慶喜は榎本に何の断りもなく、旗艦開陽に乗って江戸に帰ってしまった。取り残された榎本は、残存兵力と大坂城の軍資金などをまとめて船で移送し、ようやく江戸に帰った。ところがすぐに江戸無血開城が決定。幕府の方針に納得のいかない榎本は、いまだ戦い足りない主戦派を収容し、8隻の旧幕府艦隊を率いて江戸を脱出。新天地を目指して新たな航海に飛び出して北上した。

●幻の蝦夷共和国独立宣言

公式には、榎本と旧幕府軍は脱走兵という扱いになる。それでも、官軍の追撃は止まらない。榎本は、箱館の五稜郭を占拠すると、そこで臨時政府を樹立。日本初の入れ札（選挙）によって総裁に選ばれた。海上兵力のほか、途中で合流した大鳥圭介《おおとりけいすけ》や土方歳三《ひじかたとしぞう》が指揮する陸上兵力を確保して、海陸両面から五稜郭防衛ラインをつくった。

当時の旧幕府軍が、装備で新政府軍に対抗できるのは海軍くらいだった。日本初の西洋風城郭という防御力の高さに、箱館港を有する五稜郭は、榎本の戦略では最適の場所だ。

ところが、新政府軍が幕府の発注した最新鋭艦「甲鉄《こうてつ》」を入手するとそれも怪しくなってくる。箱館に到着するよりも先に、開陽を座礁で失っていた榎本は、1869年（明治2年）、甲鉄奪取を計画。第三国の旗を揚げて接近し、直前で旗を変えて、横付けして斬り込むという、国際法スレスレの海賊のような作戦を実行した。

このとき、榎本は臨時政府の方針が固まっていないため箱館に留まり、「回天」艦長の甲賀源吾を司令官として軍艦3隻を向かわせた。接舷してからの突入部隊として、土方歳三も乗船した。しかし、折からの暴風雨で2隻が使い物にならなくなった。残された回天1隻で突入を試みたものの、艦の高さが違っていたため、突入部隊は乗り移ることもできなかった。おかげで海軍力も逆転し、制海権を失った五稜郭は危機的状況にさらされることになる。臨時政府の行政も、遊女に課税したり偽札を刷ったりと無茶苦茶なものだった。

結局、5月18日に榎本は全面降伏。降伏直前、土方は覚悟の特攻で銃弾を浴びて戦死。榎本も官軍指揮官の黒田清隆《くろだきよたか》に、大事にしていた『万国海律全書』を届けて討ち死にするつもりだったという。しかし、大鳥の説得により降伏を選択。黒田や西郷隆盛《さいごうたかもり》、福沢諭吉《ふくざわゆきち》などが助命嘆願してくれたおかげで赦免され、新政府にも登用された。

●明治政府でも活躍し〒マークを発案

ところで、榎本の設立した臨時政府は通常「蝦夷共和国」と呼ばれるが、榎本自身はその名称を使ったことはない。榎本の政権を認めたフランス・イギリスが「共和国（リパブリック）」という表現を使ったためにこの呼び名が定着したようだ。

やがて、明治政府に登用された榎本は、逓信・文部・外務・農商務大臣を歴任。博識なだけあってどの分野もそつなくこなした。

初代逓信大臣《ていしんだいじん》を務めたときは、逓信省の徽章を「T」の字にすることが決定した。ところが、この「T」が国際郵便の世界では料金不足を意味する記号だったことが判明する。そこで榎本は、「じゃあTに横棒を一本入れて『〒』にしてみたらどうか」と提案。これが逓信省の「テ」にも見えることから、〒マークが誕生したといわれている。

1890年（明治23年）には子爵に叙勲され、新政府への貢献が認められた。ただ、榎本を変節漢と呼ぶ声も少なくなかった。榎本の志に共感し、蝦夷に独立政府をつくることを夢見て散っていった旧幕軍関係者からは、裏切り者に見えたのかもしれない。

とはいえ、榎本はもともと技術官僚で軍人というタイプではなかった。日本の近代化のために尽くすことで自分を役立てようとしていたと考えられる。

それに、明治政府は薩長の藩閥で固められていて、政府内では孤立していた。内心では「あのとき死んでおけば」と思っていたかもしれない。やがて榎本は日清戦争、日露戦争を経験。日本の近代化が進むのを見届けながら、1908年（明治41年）に病死した。

第一章 幕府側
第二章 公家側
第三章 新政府側
第四章 そのほかの志士たち

容姿 背はあまり高くなくがっしりとしていて丸顔です。	
性格 剣を握るとがむしゃらに突っ込む猪突猛進型ですが、冷静に人を見る目ももっています。	
幼少期の様子 幼少時から剣の修行に明け暮れていました。17歳で神道無念流の本目録（免許皆伝の一つ前）を得て撃剣館でも屈指の剣客になりましたが、さらに強さを目指して武者修行の旅に出ました。	
金運 剣さえ振れればお金には執着しません。	交遊関係 新撰組隊士全般。原田左之助と親しい。芹沢鴨の粛清にも同情的。
トラウマ 不明。	趣味 剣術、映画、芝居、煙草。
家庭環境 兄を早くに失い、跡取りとして期待されましたが、その気はなく脱藩しました。	仕事ぶり 暗殺などには関わらず、表の仕事にのみまい進しました。
恋愛関係 松前藩医・杉村松柏の娘よねと結婚。新撰組時代に小常という芸妓と結婚していました。	家族 妻と子供。小常との間に娘がいたが生き別れ、晩年に再会を果たしました。
人生の目標 「自分には剣しかない」	死因 虫歯の悪化により敗血症をこじらせて病死。

特技・趣味・得意科目等

晩年、北海道大学の剣道部員から指導を頼まれたとき、「形を教えるだけじゃ」と、家族の反対を振り切って出かけたものの、稽古中に体を痛めて学生に抱えられて自宅に帰ってきたことがあります。酒に酔うとふんどし一丁になって傷を一つひとつ見せながら自慢するくせがあります。

本人希望記入欄

竹刀をもっていないと落ち着きません。

履歴書

ふりがな　ながくら　しんぱち 氏名　**永倉 新八**		
生年月日 1839年5月23日	没年月日 1915年1月5日（満75歳）	※ ㊚・女
出身 江戸・松前藩江戸上屋敷（現・東京都台東区小島）		
立場 新撰組2番隊隊長	あだ名 がむしん	

写真提供：北海道開拓記念館

概要

松前藩江戸取次役・長倉勘次の長男として生まれました。武者修行のために脱藩し、試衛館の近藤勇の食客となり、浪士隊に参加。新撰組２番隊隊長として活躍するも、鳥羽・伏見の戦いで敗れてから近藤と意見が合わなくなり離脱。靖兵隊を率いて官軍を相手に各地を転戦しました。

年	歳	学歴・職歴（各項目ごとにまとめて書く）
1846	7歳	神道無念流「撃剣館」に入門。
1856	17歳	神道無念流本目録を得る。
1857	18歳	武者修行から戻り、江戸の心形刀流「錬武館」の師範代を務める。そのころに近藤勇と知り合い、人柄にほれて食客となる。
1863	24歳	近藤勇に従って京に上る。壬生浪士組創設メンバーの一人として2番隊隊長になる。
1864	25歳	池田屋事件。その後、近藤が増長しているとして原田左之助、島田魁らと「非行五箇条」を会津藩に提出。
1868	29歳	鳥羽・伏見の戦いでは刀一つで突撃する活躍を見せたが敗走。甲陽鎮撫隊として戦うも惨敗。近藤との意見対立により離脱。
1871	32歳	松前藩に帰参して結婚。婿入りして杉村義衛を名乗る。
1882	43歳	樺戸集治監（刑務所）の剣術指南役となる。
1915	75歳	虫歯の治療から骨膜炎を起こし、敗血症により病死。

記入上の注意　1：数字はアラビア数字で、文字はくずさず正確に書く。　2：※印のところは、該当するものを○で囲む。

明治を生き抜いた新撰組最強の剣士

永倉新八

Nagakura Shinpachi

●撃剣師範を務めた剛剣の使い手

新撰組で誰が最強だったのか？　よく名前が挙がるのが病弱の青年剣士・沖田総司《おきたそうじ》、勝つためなら何でもするケンカ剣法・土方歳三《ひじかたとしぞう》だ。そして、この永倉新八も番付の常連だ。しかも、沖田や土方よりも強かったという話まである。元隊士による評価では「一に永倉、二に沖田、三に斎藤一《さいとうはじめ》」の順番になっているのだ。

新撰組では一番隊隊長が沖田、二番隊隊長が永倉だったが、永倉は隊の撃剣師範も務めていた。ただ、永倉の剣は天然理心流ではなく、神道無念流《しんとうむねんりゅう》だ。江戸在勤の松前藩士・長倉勘次《ながくらかんじ》の次男として生まれた永倉は、幼いころから暴れん坊で、神道無念流の撃剣館に弟子入りした。15歳で上級レベルの切紙となり、17歳で本目録を許されるほど剣才に恵まれていた。さらに剣を極めようと、18歳で脱藩して武者修行の旅に出る。脱藩したため姓を長倉から永倉へ、名前も幼名の栄吉から新八載之《しんぱちのりゆき》とした。もともと神道無念流は、渾身の力で一撃を放つ質実剛健な剣法だが、永倉の性格もいかにも豪快な剣士らしい。

やがて武者修行から戻った永倉は、何度か試衛館を訪れるうちに、近藤勇《こんどういさみ》の人柄にほれこんだ。そして、気がついたら試衛館の食客になっていた。義侠心にあふれた近藤に、ただ者ではないものを感じたようだ。

近藤のほうも、いろんな道場を渡り歩いて顔の広い永倉からは得るところが多かったという。じつは、試衛館の面々が京に上ることになった浪士隊結成の話をもってきたのも永倉だ。嫌われ者だった芹沢鴨とも、同じ神道無念流を学んでいた関係から、ふつうにつきあえる人物だった。そのためか、のちの芹沢暗殺に参加していない。1864年（元治元年）の「池田屋事件」では、近藤とともに少数で突入。永倉自身もケガを負ったが、刀が折れても戦い続けた。

●近藤にも意見する豪胆さがやがて分裂へ

池田屋以降、新撰組の名は京に鳴り響いた。永倉はその後も「禁門の変」で長州兵を撃退するなど大活躍を見せる。鳥羽・伏見の戦いでは、銃隊に向かって突撃を敢行し、結果的に銃撃を受けて負傷した。幕末よりも戦国時代のほうがふさわしい武者ぶりだ。こんなまっすぐな性格だから、暗殺などには向かなかったようだ。新撰組が暗殺などに手を染めて、粛清が横行するようになるとこれを批判している。

さらに、原田左之助《はらださのすけ》や斎藤一ら6名と連名で「非行五箇条」なるものを会津藩に提出している。この非行五箇条は実在性に疑問符がつくが、近藤が有名になってからワガママな振る舞いが目立ってきたことを批判する内容だったという。永倉にとって近藤はあくまで同志であり、自分は家臣ではないという意識があったのだろう。とにかくこのときは、近藤が謝罪して事なきを得た。局長であっても諫言する永倉のまっすぐさがよくでている。

しかし、鳥羽・伏見の戦いで敗れ、甲陽鎮撫隊となった後も負けが続いてくると、ふたたび近藤と意見が分かれてしまった。近藤も永倉も、降伏などはまったく考えず、会津藩と合流して戦うという方針では一致していた。しかし、近藤はあくまでも新撰組（甲陽鎮撫隊）として合流しようとしていた。これに対して、永倉はすでに新撰組も会津もなく、幕府軍は一体となって戦うべきだと主張したのだ。

そこで、永倉と原田ら10名は、本隊を離脱して「靖兵隊《せいへいたい》」を結成。旧旗本や諸藩の敗残兵を吸収しながら、100名ほどの兵を率いて大鳥圭介の率いる旧幕府軍と合流する。その後、宇都宮城の攻防戦や、水戸城の攻略線に参加しながら会津を目指した。しかし、米沢で会津藩の降伏を知ってついに行き場を失い、敗走先の銚子で降伏した。

●老いても剣に生きたラストサムライ

明治に入ると、永倉は松前藩から帰参を許されて、藩医の娘婿として養子に入って杉村《すぎむら》義衛《よしいえ》を名乗った。そして、1873年（明治6年）に家督を相続すると北海道に渡った。

とはいえ、根っからの剣士である永倉が教えられるのは剣だけ。運よく樺戸監獄で看守に剣術を教える剣術師範の職を見つけてこれにうち込んだ。

それから江戸に戻って剣術道場を開いていたが、ふたたび妻子のいる北海道の小樽に戻ると、そこでも剣道を教えた。永倉にとっては剣だけが生き甲斐だったようだ。

1894年（明治27年）、日清戦争に際して永倉は抜刀隊に志願した。軍はこの志願を断るが「元新撰組の手を借りるのは、薩摩の面目がたたないか」と笑ってみせた。また、晩年になって、芝居を見に行った帰り道にチンピラに絡まれたことがあった。最初はチンピラたちにこづき回されていたものの、杖を剣のように握ると突然背筋がぴんと伸びて凄まじい気合を発した。鋭い目でにらみつけられたチンピラたちは、腰を抜かして逃げ出したという。年をとっても元新撰組の気概は、やくざ風情の及ぶところではないのだ。

芝居や映画が好きだった永倉は「近藤や土方は死んでしまったが、自分は命を永らえたおかげでこんな文明の不思議を見ることができた」と語っていたという。袂《たもと》を分かったとはいえ、共に戦った新撰組の同志のことは忘れず、のちに近藤と土方の墓を建立している。さらに、数々の手記や、回顧録『新撰組顚末記』などを残して、新撰組の名誉回復に貢献。1915年（大正4年）、治療中の虫歯の悪化によって75歳で亡くなった。

容姿 年をとってから抜擢されたせいか、年齢より老けて見えるそうです。	
性格 聡明で謙虚。場を得ると雄飛するタイプです。	
幼少期の様子 自分の不遇さを嘆くことなく、世捨て人のようになりながらも趣味に没頭。凝り性で能面づくりや茶の一派を興すなど、風流に生きつつ、国学や禅などを学んでいました。	
金運 食べるには困らない程度の扶持はあったので、趣味に没頭できました。	交遊関係 南紀派の老中たちやブレーンとして長野主膳。一橋慶喜を推す一派とは対立していました。
トラウマ 長期間の部屋住み生活かも。	趣味 茶道、和歌、禅、鼓、能、槍など多趣味。
家庭環境 15人兄弟の下から2番目。兄弟は多かったものの、長い間の部屋住みであまり交流はありませんでした。	仕事ぶり 信念をもって突き進みました。自分が正しいので反対派は処刑しても構わないという考えです。
恋愛関係 正室は丹波亀山藩主・松平信豪の次女・昌子。ほかに3人の側室	家族 正室、側室との間に4男2女をもうけました。
人生の目標 「人にはおのおの天命がある」	死因 銃撃を受け、めった刺しにされた上で斬首。

特技・趣味・得意科目等

彦根藩主となったとき、藩金15万両を領民に分配しました。先民を愛し、施しを忘れない姿勢を示したことで評判となり、のちに私が死罪とした吉田松陰も、藩主就任後の私を「名君」と評しているほどです。また、茶道にのめりこみ『茶湯一会集』を記しました。この巻頭に書かれた「一期一会」が、茶道の心得として広まりました。

本人希望記入欄

俺だって本当は開国なんてしたくなかった!!

履歴書

ふりがな　いい　なおすけ 氏名　**井伊 直弼**		
生年月日 1815年10月29日	没年月日 1860年3月24日（満44歳）	※ ㊚・女
出身 近江・彦根城三の丸（現滋賀県彦根市金亀町）		
立場　彦根藩第15代藩主、幕府大老	あだ名　チャカポン、井伊の赤鬼	

概要

名門井伊家の14男として生まれ部屋住みの身となりました。兄の世子が夭折したため、残っていた私が養子となり、兄が亡くなると彦根藩主になりました。江戸に出仕すると大老となり、第14代家茂様誕生を後押し。開国と攘夷派でもめる幕府内で開国を主導しました。

年	歳	学歴・職歴（各項目ごとにまとめて書く）
1832	17歳	三の丸尾末町の埋木舎にて300俵の捨て扶持をもらって部屋住み生活となる。のちにブレーンとなる長野主膳と知り合う。
1850	35歳	兄の死に伴い、第15代彦根藩主となる。
1853	38歳	黒船来航。幕閣より対応策を問われて「臨機応変に対応すべきだ」とお茶を濁す。
1857	42歳	次期将軍をめぐり、一橋派と南紀派で対立が深くなる。南紀派の筆頭として一橋派と対立。
1858	43歳	大老に就任。勅許を得ないまま独断で「日米修好通商条約」を締結。家定の後継者問題でも、一橋慶喜を退けて紀伊藩主の慶福を強引に14代将軍・家茂とする。水戸藩などを中心に反対の声があがったため、これを封じるために「安政の大獄」を開始。
1860	44歳	「安政の大獄」を続行。しかし、3月に登城するところを暴徒に襲われて惨殺。

記入上の注意　1：数字はアラビア数字で、文字はくずさず正確に書く。　2：※印のところは、該当するものを○で囲む。

反対派を次つぎと処罰し暗殺に散った大老

井伊直弼

Ii Naosuke

35歳、不遇な14男に巡ってきたチャンス！

ゆるキャラブームの火付け役となったひこにゃんは、滋賀県彦根城のマスコットだ。幕末まで、この彦根城を居城としていたのが徳川譜代の名門井伊家だった。徳川四天王に数えられた井《い》伊《い》直政《なおまさ》を藩祖とし、石高は35万石。直弼が大老に就任するまでの歴代大老8名のうち、半数が井伊家から出ていたほど、将軍家からの信頼が厚かった。

そんな名家に生まれた直弼だが、幼少期は不遇だった。父の11代彦根藩主・井《い》伊《い》直中《なおなか》は、15男5女の超子だくさん。直弼は14男で、兄のうち4人は早くに病死していたが、それでも10番目。しかも庶子だったため、家督を継ぐ権利はほぼないといってよかった。

こういった大名家では、次男三男を跡継ぎのいない小藩の養子に押し込むなどして将来を保証していた。しかし数が多い。大名だけでなく家臣の養子にまで押し込み、さらに14代藩主となった3男の直亮の養子に11男の直元を当てるという苦しい対応でしのいだ。しかし、最後に直弼だけが残ってしまう。父の死後、どこにも引き取り手がなかった直弼は、17歳で彦根城三の丸の小さな屋敷に移った。待遇は300俵扶持の部屋住みというもので、直弼は「埋木舎《うもれぎのや》」と名付けたこの屋敷で、以後13年間過ごしたのだ。

しかし、直弼は腐らなかった。禅の修業を積み、茶道を学び、兵学や国学なども熱心に学び、さらに和歌や鼓、居合術なども極めた。暇だけはたっぷりあるので、それぞれも徹底的に極め「チャカポン（茶・歌・鼓）」と呼ばれていたという。「世のなかを よそに見つつも 埋もれ木の 埋もれてをらむ 心なき身は」（世間から遠く、花の咲かない埋もれ木のような場所にいても、心は埋もれるものか！）そんな歌を詠み、自分磨きを続けていた直弼についにチャンスが巡ってきたのが、1846年（弘化3年）のこと。兄の直亮の養子となっていた直元が病死してしまったため、唯一残っていた直弼に順番が回ってきたのだ。そして、1850年（嘉永3年）、兄直亮の死により、直弼は15代彦根藩主となった。このとき35歳の遅い春だった。

●派閥争いを制してなし崩し的に開国

藩主となって間もなく、1853年（嘉永6年）に黒船が来航。対応に苦慮した幕府に呼び出された直弼は、溜間詰《たまりのまづめ》という若手譜代大名グループの筆頭となった。ここで老中首座の阿部正弘は、ペリーの要求に対する意見を求めた。直弼の意見は「開国するのは止むを得ないが、国力を増強しておかないと外国になめられる」という無難なもの。しかし、極端な攘夷主義者の水戸藩主・徳川斉昭《とくがわなりあき》が、国力の差も考えずに戦争しようとすれば、これを止める側に回らなければならない。それがいつしか派閥争いに発展していった。

さらに両者の溝を深めたのが将軍継嗣問題だった。13代徳川家定《とくがわいえさだ》が病弱だったため、その前から次の将軍候補として一橋《ひとつばし》家の慶喜《よしのぶ》と、紀州藩主・徳川慶福《とくがわよしとみ》の名が挙がっていた。一慶喜は徳川斉昭の実子なので、斉昭は当然慶喜派。直弼は南紀派となって慶福を推す。一時期は慶喜の将軍継承が決まりかけていたが、そこで南紀派が一計を案じて直弼を大老に推挙した。大老は非常時にのみ置かれる役職で、将軍に代わって決裁権のすべてを握る。

直弼は大老に就任すると強権を発動。1858年（安政5年）に、特使ハリスとの間で「日米修好通商条約」を結び、さらに慶福を継嗣と定めると14代将軍・家茂《いえもち》を誕生させた。しかし、これは天皇の許可も得ず、直弼が独断で行なったことだった。しかも、アメリカとの条約は、レートの不備や外国船の治外法権など、日本側に不利な不平等条約だった。慶喜派を中心に各界から批判の声が次つぎとあがることとなった。

●安政の大獄から生まれた桜田門外の変

直弼には、開国しなければ外国との戦争になるという恐怖心があった。それが、なし崩し的に開国を決めることになり、やがて「安政の大獄」という攘夷派の弾圧へと向かわせた。直弼は手始めに、家茂即位を取り消そうと朝廷に働きかけた水戸藩の梅田雲浜《うめだうんぴん》を処刑。さらに最大の政敵である徳川斉昭を永蟄居《えいちっきょ》、慶喜を謹慎処分にしたほか、反対派の松平春嶽や島津斉彬ら慶喜派の大名を次つぎに失脚させた。さらに、自分の派閥だった大名にも、勝手に調印した責任を負わせて追放している。

アメリカと条約を結んだときは、「重罪は甘んじて直弼一人で責めを受ける覚悟」とカッコよくキメたものの、100人以上を処分して次第に権力に酔ったようだ。吉田松陰《よしだしょういん》をはじめ、攘夷思想の文人などもこのとき処刑されている。

この大弾圧は翌年まで続くことになったが、1860年（万延元年）の春に終わった。弾圧を命じた井伊直弼が「桜田門外の変」で殺されたからだ。その年の3月3日、春には珍しい大雪のなかを、直弼を乗せた駕籠《かご》が桜田門外の杵築藩邸前に差し掛かる。すると突然、直訴の訴状をもった男が行列を遮った。護衛が男を取り押さえようと動いた瞬間、銃声が響き渡り、直弼の乗った駕籠が撃たれ、水戸藩士ら18名が殺到。

銃弾によって太腿をけがした直弼は、駕籠の上からめった刺しにされ、瀕死のところを駕籠から引きずり出されて首を討たれた。享年44歳、藩主となって10年目のことだ。

じつは、直弼は以前から水戸藩士の不穏な動きを知っていたという。しかし直弼は「人にはおのおの天命がある」といって気にしなかった。もっと気にすべきだったが、頑固な直弼に忠告したところで、聞き入れてはくれなかっただろう。

容姿

眉がふさふさです。目つきが鋭く、背が高くて堂々としているように見えるそうです。

性格

寡黙で穏やか。黙々と仕事をこなします。

幼少期の様子

流派は一刀流といわれますが、北辰一刀流ではなく、溝口派一刀流、山口一刀流との説があります。聖徳太子流師範代を務め、関口流など柔術も学んでいたという説もあります。

金運 あまりないが執着もしない。警視庁退職後も高校の仕事をあっせんしてもらうなど、食いっぱぐれは不思議とありませんでした。	交遊関係 新撰組隊士ですが基本的には孤高の人。会津に残ったことから会津藩士との交流は深くなったかもしれません。
トラウマ 不明。	趣味 剣、不意打ち。
家庭環境 生家には兄と姉がいました。	仕事ぶり 与えられた役割は黙々とこなします。
恋愛関係 旧会津藩士篠田家の娘・篠田やそと結婚しましたが死別。その後旧会津藩大目付・高木小十郎の娘・時尾と結婚。	家族 時尾との間に３人の男子をもうけました。藤田は時尾の母の実家の姓。
人生の目標 「士道不覚悟は斬る」	死因 胃潰瘍。

特技・趣味・得意科目等

晩年は東京高等師範学校で守衛長を務め、学生たちに剣道を教えましたが、誰も私にはかないませんでした。また、東京女子高等師範学校に庶務兼会計係として赴任しましたが、生徒の登下校時には人力車の交通整理なども行ないました。誰もかつての剣豪だとは気がつかなかったみたいですね。

本人希望記入欄

突きが得意です。

履歴書

ふりがな　さいとう　はじめ

氏名　**斎藤 一**

生年月日	没年月日	※
1844年2月18日	1915年9月29日（満71歳）	㊚・女

出身
江戸（現東京都23区内）

立場　新撰組3番隊隊長、警視庁警部

あだ名　人斬り

概要
19歳のときに旗本を斬って逃亡。新撰組の新人募集に応じて採用され3番隊隊長となり、公務に励む傍ら、新撰組の組織力強化のため、隊のためにならない人物を人知れず処分。明治に入ってから藤田五郎名義で警視庁に採用され警部補になりました。

年	歳	学歴・職歴（各項目ごとにまとめて書く）
1862	18歳	旗本と口論の末に斬ってしまったため、斎藤一と改名。
1863	19歳	壬生浪士組（新撰組）の徴募に応じて最初の入隊を認められる。
1867	23歳	伊東甲子太郎の御陵衛士に新撰組のスパイとして参加。近藤暗殺計画を知り、逆に伊東を罠にかけて惨殺。山口次郎と改名する。
1868	24歳	鳥羽・伏見の戦いに参戦。会津新撰組隊長として奮戦。一瀬伝八に改名するも、会津の降伏により越後高田で謹慎。
1869	25歳	旧会津藩を再興するのに従い五戸に移住。高木時尾と結婚し藤田五郎に改名。
1874	30歳	東京に移住。警視庁に採用され、西南戦争に従軍。大砲2門を奪う手柄を立てる。
1891	47歳	警視庁を退職。東京高等師範学校の職員に採用され、会計などのほか剣も教える。
1915	71歳	胃潰瘍を患い死去

記入上の注意　1：数字はアラビア数字で、文字はくずさず正確に書く。　2：※印のところは、該当するものを○で囲む。

新撰組の影を担った無敵の剣豪
斎藤一
Saitou Hajime

●暗殺剣を振るった人斬り斎藤

幕末には「人斬り」と呼ばれる剣客がたくさんいた。有名なところでは土佐勤皇党員の「人斬り以蔵」こと岡田以蔵《おかだいぞう》。ほかにも、天誅という言葉を残した「人斬り新兵衛」こと薩摩の田中新兵衛《たなかしんぺえ》。同じく薩摩藩出身でのちに桐野利秋《きりのとしあき》と改名して西南戦争を戦った「人斬り半次郎」こと中村半次郎《なかむらはんじろう》などがいる。攘夷派の志士に多いのは、それだけ攘夷の手段として日常化していたためだろう。身分が低く腕だけは立つ剣客にとって、人を斬ることは、自分の正義と存在意義が同時に満たされる行ないだった。それが暗殺という裏の仕事であっても、彼らにはそれしかなかったのだ。

そして、幕府側において「人斬り」の名が最もふさわしいのが、新撰組3番隊隊長・斎藤一だ。新撰組最強といわれた永倉新八《ながくらしんぱち》は、「沖田は猛者の剣、斎藤は無敵の剣」と評している。永倉の剣が技を極めたのに対し、斎藤の剣は人殺しを極めるものだった。

そんな斎藤は、新撰組の前身たる試衛館の仲間ではなかった。父は山口祐助《やまぐちゆうすけ》という旗本の家来で、最初は山口一《やまぐちはじめ》と名乗っていた。しかし、18歳で旗本と口論した末に斬り殺してしまったため、京都の道場に身を隠して斎藤一と名を変えて暮らしていた。

そんなときに、京に上った近藤勇《こんどういさみ》ら13名が、壬生浪士組の隊士を募集。斎藤はこれに応じて現地採用第1号となる11人に選ばれた。そして、すぐに副長助勤となり、3番隊隊長兼撃剣師範となった。このときまだ19歳なのでかなりの好待遇だ。1864年（元治元年）の池田屋事件では土方歳三《ひじかたとしぞう》と共に四国屋に向かったため到着が遅れたが、救援にかけつけて近藤や永倉の危機を救った。事件後には斎藤にも恩賞が出ている。ただ、斎藤は表立った活躍以上に、暗殺など裏の仕事にも手を染めていた。

●味方であっても平然と殺せる精神力

斎藤が斬った人間は、敵よりも味方のほうが多かったかもしれない。どこまで本当かわからないが、新撰組が行なった内部粛清の多くに斎藤は絡んでいた。少なくとも、7番隊隊長・谷三十郎《たにさんじゅうろう》と、5番隊隊長兼文学師範だった武田観柳斎《たけだかんりゅうさい》の暗殺には関わっていた可能性がある。谷は口先だけの男で、弟の周平が近藤勇の養子に迎えられたことを鼻にかけ、池田屋事件で大活躍したと吹聴していた。剣の腕もダメで、隊士の切腹の介錯を何度も失敗。見かねた斎藤が切腹した隊士の首を落とし、楽にしてやったことがある。武田観柳斎は、新撰組の軍師ともいえたが、軍制が西洋式になったことで存在価値がなくなり、薩摩に接近した。これを近藤に気づかれ、鴨川の銭取橋で何者かに惨殺された。

とりわけ有名なのが、伊東《いとう》甲子太郎《かしたろう》と御陵衛士を襲撃する「油小路の血闘」だ。伊東は、近藤が参謀格で迎えた知識人だったが、元々勤皇思想をもっていた。入隊すると尊皇攘夷の思想を隊士に吹き込み、やがて賛同する隊士を引き連れて隊を割ってしまった。

交渉力に優れた伊東は、孝明天皇の御陵衛士という名目で「高大寺党」を結成。昔からの試衛館の仲間であった藤堂平助《とうどうへいすけ》や、斎藤一らがこれに加わった。

しかし、斎藤が高大寺党に加わったのは新撰組のスパイだったからだ。伊東たちが近藤暗殺を計画すると「近藤を斬るくらい俺一人で十分」と、細かい具体案まで示してみせた。この話は近藤に筒抜けで、1867年（慶応3年）4月14日、近藤は伊東を呼び出して酒宴を開くと、帰り道を襲って伊東を暗殺。さらに、油小路に伊東の遺体を引き取りに来た高大寺党員と乱戦になり4名を惨殺した。このとき、藤堂平助も討ち取られている。

そもそもスパイや暗殺などは公式記録に残るものではないので、斎藤が関わっていた証拠はない。ただ、新撰組に復帰した斎藤は、油小路の事件以後山口《やまぐち》次郎《じろう》と改名している。

●何度も変名して、警視庁警部補に就任

大政奉還後、幕府軍として戦った新撰組のなかで、斎藤改め山口次郎はつねに最前線に

身を置いた。本当は暗殺よりも正式に戦いたかったのかもしれない。しかし、情勢は幕府に不利だった。近藤が処刑されると、斎藤は土方と共に会津に向かいそこで戦った。そして土方が榎本武揚《えのもとたけあき》と合流してさらに北へ行くことになったとき、斎藤は会津に残って戦うことを選択し、会津兵として名前を一瀬《いちのせ》伝八《でんぱち》に変えた。恩義のある会津に誰か残って、命運を共にすべきだと思ったのかもしれない。ただこの選択が、斎藤を明治まで生き延びさせた。会津が降伏して戦争が終わると、斎藤は会津の女性と結婚して藤田五郎《ふじたごろう》と改名。警視庁の警部補として採用されて麻布警察に勤務し、西南戦争にも従軍して手柄を立てた。

晩年には子供に剣を教えた。その指導法が厳しいもので、竹刀をもって物陰に潜み、息子が不用意に玄関を出ようとすると「士道不覚悟！」と斬りつけるのだ。これは、玄関を出るときに頭から出ると致命傷になるが、足からなら反撃できるとの教えだったという。また、真剣での立ち合いについて聞かれると「だいたい斬り合いというのは、相手がこう斬り込んできたら、それをこう払って、その隙にこう斬るなどということはできるものではない。夢中になって斬り合うだけだ」と語った。数々の実戦を経験してきた剣客だからこその言葉だ。木につるした空き缶を竹刀で突き刺すこともできたという。

最期もいかにも剣客らしいものだった。1915年（大正4年）に71歳を迎えた斎藤は、死期を悟ると、床の間に結跏趺坐《けっかふざ》してそのまま息を引き取ったという。

容姿 長男の覚馬から判断するに、若いころは精悍な顔立ちだったと思います。	
性格 早くから長男に砲術を教えるなど教育熱心です。古風ともいわれます。	
幼少期の様子 幼少時から大砲の威力に魅せられていました。婿入りした山本家も代々砲術指南の家系です。	
金運 10人扶持で会津藩士としては中の下。	交遊関係 会津藩砲術隊。
トラウマ 不明。	趣味 大砲。
家庭環境 非公開。	仕事ぶり 実直で誠実です。
恋愛関係 妻以外は非公開。	家族 妻の佐久との間に3男3女(実質2男1女)。
人生の目標 「大砲の時代が来る」	死因 戦死。

特技・趣味・得意科目等

男の教育には熱心でしたが、八重が大砲に興味をもっても生かせる場所がないと反対していました。しかし、八重の大砲の腕前は認めざるを得ず「お前が男だったらなあ」とため息をついたことがあります。

本人希望記入欄

「進め(マウス)」、「狙え(セット)」、「撃て!(ヒュール)」

履歴書

ふりがな　やまもと　ごんぱち 氏　名　山本 権八		
生年月日 1808年?月?日	没年月日 1868年11月1日(満59歳)	※ (男)・女
出身 会津		
立場 会津藩砲術指南役	あだ名 とくになし	

※似顔絵はイメージです。

概要

会津藩上士の家に生まれ、江戸に留学して砲術を極め、会津に15流派あった砲術師範の一人となりました。結婚して山本家に婿入りし、山本権八となって長男・覚馬、3女・八重らを厳しく育てました。会津戦争において玄武隊に志願して戦い、落城2日前に戦死。

年	歳	学歴・職歴(各項目ごとにまとめて書く)
1826	18歳	永岡繁之助として江戸に留学し、高島流砲術を学ぶ。帰国して山本佐久と結婚。山本家に婿入りし、同時に砲術師範となる。
1828	20歳	長男の覚馬誕生。私塾を開いて子供たちに武芸や大砲の撃ち方を教える。
1845	37歳	3女・八重誕生。次男と次女は夭折。長女は嫁ぎ先で死去。
1848	40歳	3男の三郎誕生。
1864	56歳	禁門の変。息子の覚馬が砲兵を率いて参戦するも目を損傷して失明する。
1867	59歳	鳥羽・伏見の戦いで3男の三郎が戦死。覚馬が捕虜となり山本家の断絶を覚悟。
1868	59歳	会津戦争。玄武隊に志願して伊予田図書のもとで戦う。官軍の挟撃にあって戦死。

記入上の注意　1:数字はアラビア数字で、文字はくずさず正確に書く。　2:※印のところは、該当するものを○で囲む。

大砲に魅せられた覚馬と八重の父

山本権八

Yamamoto Gonpachi

近代戦に必要な砲術のスペシャリスト

大河ドラマ『八重の桜』で脚光を浴びた新島《にいじま》八重《やえ》の実家の山本家。刀と槍の時代に大砲の威力に魅せられ、新たな戦術を磨いたのが八重の父親の権八だ。山本家は、初代藩主・保科正之《ほしなまさゆき》が会津に招いた茶人が始まりだという。一説には武田信玄《たけだしんげん》の軍師を務めた山本勘《やまもとかん》助《すけ》の子孫だともいわれている。保科正之は甲斐にいたこともあり、八重の母の佐久も、武田氏の旧領の信州佐久を連想させるなど、よくできた話だが、これはどうも創作のようだ。それに、山本権八は婿養子なので血のつながりはない。

権八は元の名を永岡繁之助《ながおかしげのすけ》といい、会津藩では黒紐・黒袴を許された上級武士の生まれだった。砲術に魅せられたのは、藩命で江戸に赴き高島秋帆《たかしましゅうはん》から砲術を学んだときだ。高島流砲術は、オランダの最先端の砲術を取り入れた、日本初の西洋式砲術だった。

繁之助は会津に帰ると、まず山本佐久《やまもとさく》と結婚して婿に入り、山本権八と名を変えた。それから西洋砲術のスペシャリストとして、会津藩砲術師範となった。

権八は、これからの戦争には大砲や銃が重要な役割を果たすことを予見していた。しかし、当時の会津ではまだ大砲の重要性は認識されていなかった。家格は上級藩士でも、師範の俸給は上級士官以下で、まだ戦いの主役は刀や槍だと思われていたのだ。しかし、権八は地味な砲術を熱心に教え、私塾を開いて子供たちを指導した。

●息子と娘に教えた砲術が役立つ日

権八と佐久の間には3男3女が生まれたが、次男と次女は生まれてすぐに死んでいる。そのため、長男の覚馬と3女の八重とは18歳という年の開きがあった。長男の覚馬は、4歳で唐詩選の五言絶句を暗唱するほどの秀才で、藩校の日新館に学ぶ傍ら、父の影響で砲術や鉄砲の腕も磨いた。22歳で江戸に出ると、佐久間象山の私塾に入ってさらに洋式砲術を研究し、会津第一の砲術家となっていった。1864年（元治元年）の「禁門の変」では、砲兵を率いて活躍。父親もさぞ鼻が高かったことだろう。しかし、鳥羽・伏見の戦いで京に残り、薩摩藩の捕虜として監視下に置かれてしまった。

いっぽうの八重はおてんばに育ち、やはり父親の影響で24歳のときには人に教えられるほど大砲に精通してしまう。頼もしい反面、嫁のもらい手があるか心配したことだろう。

●年をとっても現役の玄武隊に志願

幕府軍が敗れ、官軍が迫ってくると、いよいよ会津が戦場になる。長男はとらわれの身、三男は鳥羽・伏見の戦いで戦死しており、権八は妻と娘を若松城（鶴ヶ城）に入れて籠城させると、自分は50歳以上の武士で構成された玄武隊に志願した。この時、59歳。

会津で有名なのは16～17歳の少年兵で編成された白虎隊。玄武隊は逆にお年寄りばかりの部隊だが、補給線を守るなど重要な働きをしていた。砲兵隊もあったのに、なぜ白兵戦部隊を志願したのかは謎だ。最期はやはり武士の意地を見せたかったのか。娘の八重も男装し、城内の砲兵を指導。また、妻の佐久は、撃ち込まれた砲弾にぬらした布団を被せ、冷やして破裂を食い止めるという「焼玉押さえ」などの命がけの支援を行なった。

1868年（慶応4年）10月30日、若松城が総攻撃を受け、補給路のある南側の一の堰に官軍が殺到した。堰を守っていた家老の一瀬《いちのせ》要人《かなめ》は必死で官軍を食い止めたが、これに玄武隊も援軍。なんとか官軍を退けたものの指揮官の一瀬要人は戦死した。

そして翌日、一の堰に布陣する会津軍を、官軍は挟み撃ちにする。山本権八は玄武士中隊の一員として戦ったが、衆寡敵せず討ち死にとなった。権八はこれが最後のご奉公になると、出陣前にふんどしに氏名と日付を書いていたという。そして、若松城が落ちたのは、権八が戦死して2日後のことだった。

第2章　公家側

容姿	
謁見した者からは色浅黒いという評価があるようです。散髪脱刀令が出された後は断髪して、西洋風の髪型にしました。	
性格	
つねに改革を求める革新的な性格だと思います。プライベートにおいては庶民的な思考のはず。	
幼少期の様子	
夜中宮中に大勢の藩士がなだれ込んできたとき、ひきつけを起こして倒れてしまったことがあります。しかし即位後は堂々としたものと評価されています。	
金運 生まれたときから困りませんでしたが、質素な生活を好みます。	交遊関係 公家全般。
トラウマ 不明。	趣味 乗馬、和歌、詩吟など多趣味。
家庭環境 腹違いの兄妹はいますが、血のつながりのある者はいません。父孝明天皇の第一皇子は生まれてすぐ死亡しました。	仕事ぶり 青年時代は公家の傀儡《かいらい》のイメージがあったようですが、新体制に入ってからは積極的な改革を行ないました。
恋愛関係 正室のほかに5人の側室がいます。	家族 正室との間に子供はなく、側室との間に皇子5人、皇女10人をつくりました。皇子の一人がのちの大正天皇。
人生の目標 「日本を近代国家へ」	死因 糖尿病の悪化から尿毒症を併発して病死。

特技・趣味・得意科目等
大酒飲みで、宮中ではよく宴会を開いていました。糖尿病になってからも飲み続けたのがまずかったのでしょうか……。写真嫌いですが、撮影時にカメラマンが私に触れても快く許しました。

本人希望記入欄
なるべく写真は撮ってほしくないですね。

履歴書

ふりがな　めいじてんのう 氏名　**明治天皇**		
生年月日 1852年9月22日	没年月日 1912年7月29日（満59歳）	※ ㊚・女
出身 京都・京都御苑内（旧中山邸）		
立場 第122代天皇	あだ名 天皇陛下	

概要

第121代孝明天皇の第二皇子として生まれました。母は権大納言・中山忠能の娘、慶子。皇太子時代から討幕派の公卿に囲まれており、討幕派の教育を受けました。歴代天皇のなかでも、早い時期となる14歳で即位。即位時は若年のため、摂政が置かれていたようです。

年	歳	学歴・職歴（各項目ごとにまとめて書く）
1867	15歳	孝明天皇の逝去により皇位継承。王政復古の大号令を発布。
1868	16歳	五箇条の御誓文を発し、新政府の樹立を宣言する。年号が明治に。東京遷都を行ない、無血開城をした江戸城に入る。
1869	17歳	版籍奉還を勅許し、各大名から領地と領民の返還を求める。
1871	19歳	廃藩置県を実施し、中央集権体制を確立させる。
1879	27歳	前アメリカ大統領グラントと会談。
1889	37歳	大日本帝国憲法発布。日本で初めて天皇の権限を明記した憲法で、のちに続く立憲君主制国家の基盤となる。
1894	42歳	清に宣戦布告。本意に反しての行動といわれている。自身も戦争指導のため、広島の大本営に入る。
1911	59歳	開国以来の不安要素だったアメリカ、イギリス各国との不平等条約の改正を完了させ、日本を列強の一国に押し上げる。
1912	59歳	持病だった糖尿病の悪化による合併症により崩御。

記入上の注意　1：数字はアラビア数字で、文字はくずさず正確に書く。　2：※印のところは、該当するものを○で囲む。

幕末の始まりに生まれ、日本を近代国家へと導く

明治天皇

The Emperor Meiji

●討幕のかなめとされた満14歳の若き少年君主

ペリーの黒船来航からさかのぼること1年前。１８５２年（寛永5年）に孝明天皇《こうめいてんのう》の第二皇子として明治天皇が生まれた。黒船来航を幕末の始まりとすれば、明治天皇は生まれたときから動乱に巻き込まれる運命を背負っていたのだ。

１８６７年（慶応3年）の正月、孝明天皇が急逝すると、第１２２代天皇としてあわただしく皇位継承が行なわれた。「今こそお立ちになるときです」と急かす公卿《くぎょう》たちに対して、即位前の明治天皇はもしかすると、多少および腰になっていたかもしれない。なにしろこのときの明治天皇はまだ、満14歳。歴代天皇の即位年齢から見ても、若いほうだ。

しかし悠長なことをいっていられる状況でもなかった。このころはちょうど、幕府が長州藩に押され始め、その威信が地に落ちつつあったときだ。つまり天皇を擁立して幕府を倒そうとする討幕派からすれば、天皇の存在が最も重要視される局面だったのだ。この難

局に14歳で挑まなければならなかった明治天皇の心中は、計り知れない。

明治天皇の即位によって討幕派はさらに勢力を伸ばし始める。同年10月、ついに明治天皇は薩摩藩と長州藩に対して、討幕の密勅を下した。ようするにそれらの藩は、天皇から徳川慶喜の討伐を正式に命令された形になったのだ。

この密勅は明治天皇の名前で出されているが、実際に推し進めたのは公家の岩倉具視とされている。書面に岩倉一派の署名はあるものの、明治天皇の摂政（天皇が幼少の場合、天皇に代わって任務を代行する役職）の署名はないのだ。つまり、明治天皇の判断でその書面が作成されたわけではなかったと思われる。明治天皇の年齢を考えると当然のことかもしれないが、勝手に話が進められたとしたらなんともやるせない話だ。

しかし偶然か計算か、この討幕の密勅が下された同日、幕府は大政奉還の許可を朝廷に求めている。つまり政権を朝廷に返すといってきたのだ。翌日に明治天皇がこれを許可したため、討幕の名目は失われることになった。明治天皇としても、血なまぐさい戦争にならなくて一安心だったことだろう。

だが結局、幕府の政権返上は形式的なもので、実質統治権を維持したままだった。それを取り上げるためにも公家たちは、明治天皇に「王政復古の大号令」の発布を求める。そして1868年（慶応4年）3月、明治天皇は、新政府樹立の宣言ともいえる「五箇条の御誓文」を読み上げることになった。これには旧幕府軍も反発。結果的に明治天皇は、さらに多くの血が流れる戦乱、戊辰戦争の引き金を引かされる形になるのだった。

●即位したときから見えていた指導者の片鱗

このように若くして即位した明治天皇は、周囲の公家たちのあやつり人形にされていたというイメージが強い。しかし明治天皇に拝謁した熊本藩士の横井《よこい》小楠《しょうなん》は「見るからに聡明な天皇」と述べている。その理由がわかるエピソードが次のようなものだ。

1867年（慶応3年）に行なわれた皇位継承の儀式は6時間にも及んだが、当時わずか14歳の明治天皇は、終始姿勢を正したまま、微動だにしなかったという。14歳といえば今でいう中学1年生くらいの年齢だ。30分程度の朝礼でさえ苦痛に感じる少年少女が多いなか、明治天皇のこの姿は、国を背負う指導者としてふさわしいものといえるだろう。

また、元服した翌年の1868年（慶応4年、明治元年）に年号が明治に改められ、即位の礼が執り行なわれた。このときの明治天皇は3尺6寸（1メートル強）の大型地球儀を式典の庭に据えた。新時代の幕開けとともに、広く世界を展望するという意味があったのだろう。これは前例のないことで、多くの人びとが明治天皇の視野の広さに感動したという。事実、明治天皇は江戸を東京に改名し、歴代天皇が長年住んできた京都御所を手放して東京へ遷都する。そして廃藩置県の断行や、富国強兵策を推し進めるなど、世界を視野に入れた国づくりを開始した。これらの改革は諸外国からも高い評価を受けたという。

●意外と庶民的、かつ革新的な私生活

近代日本の指導者として、多くの人びとから畏敬を集めていた明治天皇。皇位継承のときからその片鱗は見えていたが、即位前には年相応の少年らしいエピソードもある。

1864年（元治元年）、孝明天皇を自分たちの陣営に加えようとする長州藩と、それを阻止しようとする薩摩藩らの軍勢が、京都御所の周辺で衝突した。禁門の変（蛤御門の変）だ。このとき孝明天皇を確保しようとする藩士たちが、夜中に御所内へ押し寄せた。侍女たちが泣き叫ぶなか、のちの明治天皇はひきつけを起こして倒れてしまったのだ。当時まだ11歳だったので、相当な恐怖を感じたことだろう。

このほかにも、明治天皇には庶民的な印象を受ける話が多い。現在の迎賓館にあたる東京赤坂の立派な東宮御所が完成したときは「贅沢《ぜいたく》すぎる」との感想をもらし、寒い日でも暖房は火鉢一つをつけるだけだったという。

また、当時の日本ではあまり動物の肉を食べる習慣がなく、皇室でも肉食は禁じられていたのだが、明治天皇は率先して牛肉を食べた。これによって肉食が庶民の間にも浸透していくことになる。西洋風の髪型にする庶民が増えていったのも、明治天皇が断髪したことがきっかけだった。政治面だけでなく、庶民の私生活すらも国際的に導いた明治天皇の功績は大きい。

容姿 幼少時は公家らしい気品ある容姿ではないとよくいわれました。僧侶に扮していたころは坊主頭でした。	
性格 朝廷のためなら相手が誰だろうと物怖じしない行動派。知略にも長けている。	
幼少期の様子 言動にも公家らしい気品がなく、粗暴といわれました。失敬な話ですよね、まったく。	
金運 幼少時は貧乏。出仕してからはそこそこ。	交遊関係 幽居時代は薩摩の西郷隆盛や大久保利通、長州の桂小五郎、土佐の中岡慎太郎、坂本龍馬ら多くの藩士が訪れ、討幕論を戦わせていました。
トラウマ 不明。	趣味 不明。
家庭環境 朝廷を追われた後は義父の甥が住職をしている寺を頼ったり、義兄から住居を用意してもらったため、良好だったと思います。	仕事ぶり 自分でいうのもなんですが、下級公家から天皇の側近に成り上がるほど有能です。
恋愛関係 正室のほかに5人の側室がいました。	家族 前妻は死別。後妻槇子との間に二男三女をもうけました。玄孫に俳優の加山雄三がいます。
人生の目標 「朝廷の威信を保つこと」	死因 胃がんによる病死。

特技・趣味・得意科目等 貧乏時代は自宅で賭場を開き、テラ銭(胴元の取り分)で稼いでいたんですよ。

本人希望記入欄 朝廷を追放されたときは、めちゃくちゃ無念でした！

履歴書

ふりがな いわくら ともみ

氏名 **岩倉 具視**

生年月日	没年月日	※
1825年10月26日	1883年7月20日（満57歳）	㊚・女

出身
京都

立場	あだ名
天皇の侍従、維新後は外務卿、右大臣	幼少時は岩吉

概要

前権中納言・堀川康親の第二子として生まれました。幼名は周丸。周丸を「大器の人物」と見抜いた朝廷儒学者の伏原宣明から岩倉家への養子へ入るように勧められました。公卿・岩倉具慶の跡継ぎとなり、ここから具視と名乗るようになりました。

年	歳	学歴・職歴（各項目ごとにまとめて書く）
1838	13歳	岩倉家の養子となる。翌年から朝廷に出仕。
1854	28歳	孝明天皇の侍従となる。
1858	32歳	幕府が朝廷に求めてきた日米修好通商条約の勅許に対して反発。
		推進派だった関白・九条尚忠の家にまで押しかけて面会を要請
		し、孝明天皇に勅許の取り消しを決断させる。
1860	34歳	孝明天皇に和宮の降嫁を認めさせる。
1862	36歳	辞官を求められて朝廷を去る。
1867	41歳	孝明天皇の崩御により、明治天皇が即位。入洛が許されて朝廷に復帰。
1871	45歳	大久保利通らと謀議して王政復古を実現し、新政府の参与となる。
		外務卿、右大臣となる。特命全権大使として、欧米各国を訪問。
1876	50歳	自由民権運動を抑圧する。
1881	56歳	イギリス流の議院内閣制を主張する急進派の大隈重信を追放す
		る「明治十四年の政変」を推進する。
1883	57歳	大日本帝国憲法の制定を見ることなく、胃がんのため死去。

記入上の注意　1：数字はアラビア数字で、文字はくずさず正確に書く。　2：※印のところは、該当するものを○で囲む。

岩倉具視

貧乏公家から成り上がり、王政復古を実現させる

Iwakura Tomomi

●88人の同志を引き連れて関白に猛抗議

幼いころから「大器の人物」と期待されていた岩倉具視《いわくらともみ》は、13歳で岩倉家の養子に迎えられた。岩倉家は貧乏公家で禄高は150石。有力公家である九条家の3043石と比べると、どれだけ極貧だったかがわかるだろう。公家社会は家柄によって昇進が決まるので、下級公家の岩倉も本来なら出世できないはずだった。

しかし岩倉は行動派だった。関白（天皇の代わりに政治を行なう職）に近づいて、朝廷改革の意見書を提出したり、「これからは実力主義の時代でしょ！」と何度も訴えたりしたのだ。こうしたことをきっかけに、少しずつ朝廷内で勢力を強くしていく。

岩倉が朝廷内での地位を不動にしたのが、「廷臣八十八卿列参《ていしんはちじゅうはちきょうれっさん》事件《じけん》」と呼ばれる事件だ。

1858年（安政5年）、幕府の老中が日米修好通商条約を締結する許可を天皇に求めてきた。このときの関白・九条尚忠《くじょうひさただ》は許可すべきだと主張したが、岩倉はそれに反対した。

日米修好通商条約はいわゆる不平等条約で、日本を苦しめると判断したからだ。

岩倉は「九条さんに抗議しよう」と、反九条派の公家たち88人を集めて宮中に入った。いわゆるデモだ。もしかすると九条は、岩倉たち88人が血に飢えた獣の群れに見えたのかもしれない。喰われる、とでも思ったのか、その日は宮中にやってこなかった。

九条が自宅に身を潜めていると、九条家の家臣たちがやってきて、こんなことをいった。「獣が家の外まで押しかけて来ているんですけど」。おそるおそる窓から外を見てみると、そこには九条が出てくるのをじっと待っている岩倉がいた。やはり喰われる、と思ったのか、九条は面会を拒否した。それでも岩倉はひたすら九条家の外で待ち続けた。

当時の孝明天皇はこれを受けて、日米修好通商条約の許可を出さないことを決意した。許可を得られなかった幕府の老中は辞職させられ、九条もしばらく停職処分となった。岩倉が初めて政治面で勝利した瞬間だ。

●和宮の降嫁を条件に、将軍を屈服させる

岩倉の行動力はほかでも発揮されている。孝明天皇の側近にまで上り詰めたときのこと。孝明天皇が和歌を詠んだのだが、それを書き記す短冊がない。このときの宮中は貧窮しており、短冊1枚すらない状況だったのだ。

「こんなこと、ありえないだろ！」と激怒した岩倉は、財政を管理している所司代の邸宅

に殴り込み、「幕府が朝廷に奉じる分が少なすぎる」と文句をつけた。とはいっても、所司代の一存ではどうしようもない。そこで岩倉は無茶な行動に出る。なんと所司代に自腹で払わせたのだ。これも天皇への愛ゆえだろうか。こんな部下はぜひともほしい。

また、岩倉は行動力にあふれるばかりではなく、策略家でもあった。幕府から皇女和宮《かずのみや》が将軍徳川家茂へ降嫁《こうか》（皇女が皇族以外のもとへ嫁ぐこと）することを求められたときのこと。孝明天皇は「和宮には婚約者がいるから」と拒否しようとしたのだが、岩倉が「ちょっと待ってください」とそれを撤回させたのだ。

このときの岩倉は公武合体派だった。だから和宮を徳川家に嫁がせると、朝廷の力も強くなると考えていた。そして孝明天皇が外国人嫌いだったことを利用して、「攘夷を決行するように幕府に強くいえるチャンスです」と進言したのだ。さらに幕府は独断で日米修好通商条約を締結していたため、その条約破棄も条件として加えようと提案する。これには孝明天皇も賛同し、和宮の降嫁を承諾した。

岩倉は勅使として、和宮と一緒に江戸へ向かった。そして面会した老中たちに10年以内の条約破棄を約束させたのだ。「わかりました」と了承した老中たちだったが、ここでも岩倉は強気に出る。「それなら天皇陛下の気持ちに背かないことを、誓書で示してください。ああ、もちろん将軍家茂様の直筆で」と告げたのだ。老中たちは「ええー！」と腰を抜かしたことだろう。いくら天皇の後ろ盾があるとはいえ、将軍に誓書を書けだなんて暴言といってもいいレベルだ。そして本当に家茂に誓書を用意させてしまった。

●たとえ命を狙われても朝廷のために尽くす

徳川家の歴史でもほとんどなかったことを実現させてしまった岩倉。もはや朝廷での地位は不動のものになったかと思いきや、ここで不測の事態が起こる。尊王攘夷派の志士たちが幕府と仲よくやっているように見えた岩倉を佐幕派だと思い込んで、朝廷に圧力をかけたのだ。さらに孝明天皇からも疑われたため、辞官して朝廷を去ることになる。

こうして1862年（文久2年）、岩倉の自宅謹慎生活が始まった。しかし、血気盛んな志士たちが命を狙ってくるため、のんびりもしていられない。ときには頭を丸めて僧侶に扮し、難を逃れることもあった。このときの岩倉の日記には「無念」の文字が多く見られる。ようするに「ちくしょう」だ。相当な悔しさがあったのだろう。

岩倉は命を狙われながらも京都から出て行かず、転々と移住しながら国のために政治意見書を書き続けた。やがて岩倉のもとに薩摩や長州の藩士が頻繁にやってきては、意見を求めるようになる。このころから岩倉は、公武合体から討幕へと考え方を改めた。

それから数年後。孝明天皇が崩御して明治天皇が即位すると、追放されていた岩倉にもチャンスが訪れる。念願の朝廷復帰が許されたのだ。そして明治天皇を陰から支え、王政復古を実現させた。その名のとおり、岩のように固い執念の勝利だった。

容姿

坊主に近い短髪で、黒ぐろした瞳。鼻の下にはひげをたくわえています。

性格

みずから新政府軍の指揮官に志願するなど、国を守ろうとする気持ちが強いと思います。

幼少期の様子

不明。

金運

名門の家柄なので、それほど困っていませんでした。

トラウマ

不明。

家庭環境

父の幟仁親王とは同じ時期に国事御用掛に任命され、一緒に仕事にあたりました。仲がよい父と息子に見えたと思います。

恋愛関係

婚約者を奪われてもめげることなく、徳川慶喜の妹・貞子と維新後に結婚。2年で死別するも、のちに新発田藩藩主の娘・董子と結婚しました。

人生の目標

「明治天皇を支えて、国のために戦うこと」

交遊関係

幕末期から尊王攘夷の志士たちと交流しました。西郷隆盛とは戊辰戦争で新政府軍を指揮した味方同士、西南戦争では敵将として対峙しました。

趣味

馬術、狩猟、刀剣のコレクション。

仕事ぶり

幕末の政治力はなかったのですが、維新後は軍人として明治天皇を支えました。

家族

二人の妻との間に子供はできませんでした。

死因

病死。

特技・趣味・得意科目等

有栖川家は皇室に書道を教える家柄でしたが、私自身はあまり有栖川流書道を使って文字を書きませんでした。なぜって聞かれても困るんですけどね……。

本人希望記入欄

和宮が幸せだったのなら、なによりです。

履歴書

ふりがな　ありすがわ　たるひと

氏名　**有栖川 熾仁**

生年月日	没年月日	※
1835年3月17日	1895年1月15日（満59歳）	㊚・女

出身
京都・京都御所北東、有栖川宮邸内

立場	あだ名
新政府総裁、征討大総督、元老院議長	とくになし

概要

皇室で書道と歌道の師範をしていた名門・有栖川家の第一王子として生まれました。父は有栖川幟仁親王、母は京都若宮八幡宮宮司の娘。当時はまだ父の幟仁親王が正室の二条広子と結婚する前だったので、のちに養子縁組を行ないました。

年	歳	学歴・職歴（各項目ごとにまとめて書く）
1848	13歳	当時の仁孝天皇の猶子（親子関係を結ぶこと）となる。
1851	16歳	和宮と婚約。
1860	25歳	関白、九条尚忠が邸宅にやってきて、和宮との結婚延期の直談判を受ける。後日、結婚延期を願い出ることに。事実上の婚約解消。
1864	29歳	朝廷の国事御用掛に就任。松平容保の追放をはかるも、禁門の変により失敗。糾弾されて謹慎処分。諸行動の差し控えをいい渡される。
1867	32歳	孝明天皇の逝去により、謹慎などの処分を解除。朝廷に復任したのち、王政復古のクーデターが勃発。新政府最高職の総裁となる。
1868	33歳	征討大総督となり、新政府軍の指揮官となる。
1870	35歳	兵部卿となり、陸海軍を創設。
1877	42歳	鹿児島県逆徒征討総督として西南戦争で活躍。戦後、その功績から陸軍大将となり、同年、元老院議長になる。
1882	47歳	明治天皇からの信頼を受けて、モスクワで行なわれたアレクサンドル3世の即位式に名代として参列。
1894	59歳	日清戦争で陸海全軍の総参謀長に就任するも、翌年、病のために死去。

記入上の注意　1：数字はアラビア数字で、文字はくずさず正確に書く。　2：※印のところは、該当するものを○で囲む。

婚約者を奪われた悲劇の皇族

有栖川熾仁

Arisugawa Taruhito

●さよなら、愛しの和宮

有栖川熾仁親王は、由緒正しき有栖川家の第一王子として生まれた皇族だ。そんな彼が歴史上に登場するのは、ドラマや小説の題材としてもよく扱われるこの事件からだ。

1851年（嘉永4年）。熾仁親王は孝明天皇の妹にあたる和宮《かずのみや》と婚約した。このときの熾仁親王は16歳だが、和宮は5歳の幼子。もちろんすぐに結婚するわけではない。挙式は10年後の1861年（文久元年）の春に予定されていた。熾仁親王としても、早くその日がくることを待ち望んでいたに違いない。それまで熾仁親王と和宮の間でも、文を送るなど婚約者同士のやりとりがあったと思われる。

しかし運命とは残酷なもの。挙式予定から1年前の1860年（万延元年）。岩倉具視や幕府の大老・井伊直弼らの働きによって、和宮は徳川将軍の家茂と結婚させられることが決まった。このころの幕府は威信が地に落ちつつあり、皇室の皇女と将軍を結婚させることで朝廷の力を得ようとする、いわゆる公武合体政策が進められていたのだ。

形はどうであれ、これは現代でいう略奪婚だ。熾仁親王からすれば、「バカな！」という心境だったに違いない。有栖川家は代々皇室で書道と歌道の師範をしており、四親王家といわれた名門の一つだった。そんな名門の第一王子の婚約者でさえも、幕府の権力によって奪われてしまったのだから。

このとき関白の九条尚忠《くじょうひさただ》が有栖川家を訪れて、熾仁親王の父と会談をしている。会談内容は不明だが、翌日には熾仁親王と和宮の婚約解消願いを提出することになった。

そして2年後の1862年（文久2年）、江戸城で和宮と家茂の挙式が執り行なわれた。その報を聞いた熾仁親王の心中はやはり「バカな……」だったことだろう。気持ちを考えると心が痛む。

●長州討伐の勅令で暗転する人生

婚約者が奪われたことも一つの要因か。この辺りから熾仁親王は幕府に対する反感を強め、尊王攘夷を説く長州藩寄りの考えをもつようになる。そして国政を討議する国事御用《こくじごよう》掛《がかり》という役職に就任した後は、佐幕派の松平容保らと対立していた。

そんな熾仁親王は孝明天皇から不信感をもたれていた。孝明天皇は過激な尊王攘夷を唱える長州藩を毛嫌いしており、松平への信任も厚かったといわれている。佐幕派というわけではないが、幕府の力で鎖国を続けたいというのが孝明天皇の姿勢だったのだ。

1864年（元治元年）、禁門の変（蛤御門の変）が起こる前日。熾仁親王は一部の公家たちと協力し、孝明天皇に松平の洛外追放を訴えようとしていた。ところが孝明天皇は一橋慶喜たちを呼び寄せて、熾仁親王に対して松平の追放拒否の抗弁をさせた。その間に禁門の変の前哨戦が始まってしまう。長州勢と御所守備隊が武力衝突したのだ。

すると孝明天皇から長州討伐の勅令が下り、熾仁親王も長州勢が倒そうとしていた松平の追放を訴えることができなくなってしまった。長州勢が敗退して禁門の変が終息すると、熾仁親王は「あなたは長州に加担するようなことをいってたよね」と慶喜一派から糾弾されることになる。孝明天皇も怒っており、国事御用掛の任を解かれ、謹慎をいい渡されてしまった。事実上の失職だ。誰が何をいおうと孝明天皇はそれを解かず、熾仁親王はやはり「バカな……」とつぶやいたのかどうか、朝廷を去るのだった。

●元婚約者が住む江戸城へ進軍

しかしその3年後の1867年（慶応3年）。失職したはずの熾仁親王は、不死鳥のように朝廷へ舞い戻ってくる。しかも用意されていたのは新政府の総裁という最高職だった。孝明天皇が逝去し、明治天皇が皇位を継承したことで謹慎が解かれたのだ。そこでいきなり最高職。現在の学校でいえば、停学を命じられていた生徒が復学すると、いきなり生徒会長のポジションを用意されていたようなものだ。この人選は天皇親政を目指す岩倉具視たちの後押しがあったものと思われる。

その翌年、鳥羽・伏見の戦いが勃発。熾仁親王は活躍の場を見せてやろうと、みずから征討大総督という新政府軍の指揮官に志願する。

しかし運命のいたずらか、鳥羽・伏見の戦いは戊辰戦争へとつながっていく。京都の二条城での大政奉還の後、鳥羽・伏見の戦いを避けて大坂城に潜んでいた徳川慶喜は、単独で江戸城に退却する。もちろん朝廷は徳川慶喜を追って江戸を攻めるように勅令を出した。

「それはやばい……」熾仁親王の胸中は不安でいっぱいだったことだろう。なぜなら江戸城には、かつての婚約者、和宮がいる。その江戸を攻めるということは、和宮の命も危なくなるということだ。しかし皮肉にも熾仁親王は新政府軍の指揮官という立場にある。

「婚約者を奪われただけでなく、今度は婚約者の住みかにみずから総攻撃を命じなければならないのか」。熾仁親王は感情をかなぐり捨てて、進軍を開始した。

しかし運命の女神は最後の最後でほほえんだ。勝海舟が幕府側の代表として、新政府側の西郷隆盛に会談を求めたのだ。二人は親交があったからこそうまくことが運び、奇跡的に江戸城への総攻撃が中止されたのだ。ここでつぶやいた熾仁親王の「バカな……」には、喜びの感情が大いに含まれていたことだろう。

容姿	
皇女にふさわしい気品ある姿とよくいわれております。家茂の死後は落飾して、髪を剃り落としました。	
性格 愛する家茂様の徳川家を守り抜くためには命を投げ出す覚悟があったため、気は強いほうです。	
幼少期の様子 京都から出たことがない箱入り娘でした。	
金運 皇女、将軍家の正室だったので、困るようなことはありませんでした。	交遊関係 大奥に入ったころは天璋院やその付き人からいびられましたが、のちに不仲は解消されました。晩年は皇族、徳川家、ともに仲よくしていました。
トラウマ 不明。	趣味 不明。
家庭環境 母は私の降嫁に反対で、降嫁の際も江戸までついてきて、一緒に大奥に住んでいたことがあります。	仕事ぶり 幕末は徳川家存続のため奔走しました。
恋愛関係 婚約者との縁談が流される政略結婚でしたが、のちに家茂様を愛するようになりました。家茂様も側室を置かず、私だけを生涯愛してくれましたのよ。	家族 夫婦生活が短かったため、子供はできませんでした。
人生の目標 「徳川家のために尽くすこと」	死因 脚気衝心により病死。

特技・趣味・得意科目等
私は夫となる家茂様よりも身分の高い内親王の立場で嫁いだので、婚儀は和宮が主人、家茂が客分という逆の立場で執り行なわれました。

本人希望記入欄
家茂様に出会えてよかったですわ。

履歴書

ふりがな　かずのみや

氏名　**和宮**

生年月日	没年月日	※
1846年7月3日	1877年9月2日(満31歳)	男・㊛

出身
京都・京都御所東、橋本邸内

立場	あだ名
第14代将軍、徳川家茂の正室	御台様

概要

仁孝天皇の第八皇女で、母は側室の橋本経子。孝明天皇は異母兄にあたります。仁孝天皇は和宮の誕生前に崩御しており、勅命によって橋本家で育てられました。

年	歳	学歴・職歴(各項目ごとにまとめて書く)
1851	5歳	有栖川熾仁親王と婚約する。
1860	14歳	公武合体政策の一環として、家茂に降嫁することが決まる。熾仁親王との婚約破棄。
1861	15歳	大行列に連れられて京都を出発。江戸城へ入る。
1862	16歳	家茂との婚儀が執り行なわれる。
1866	20歳	家茂が大坂城で死去。落飾(髪を下ろして仏門に入ること)し、号を静寛院宮と改める。
1868	21歳	戊辰戦争勃発。徳川慶喜が大坂城から江戸に戻ってくる。姑の天璋院と協力して、慶喜の助命や徳川家存続を訴える嘆願書を新政府側に送る。それが功を奏したのか、江戸開城後、慶喜の助命と徳川家存続が決定する。
1869	22歳	京都に戻り、明治天皇と面会する。しばらく京都にとどまる。
1874	27歳	東京へ戻り、現在の六本木にあたる元八戸藩主・南部信順の屋敷に住む。このころ皇族だけでなく、徳川一族とも交流をもっていた。
1877	31歳	脚気を患い、誕生日をすぎた辺りから箱根の塔之沢温泉で療養するも、病没。

記入上の注意　1:数字はアラビア数字で、文字はくずさず正確に書く。　2:※印のところは、該当するものを○で囲む。

公武合体の犠牲となるも、徳川家を救ったヒロイン

和宮

Princess Kazu

●江戸に嫁ぐ公家のお姫様

仁孝天皇《にんこうてんのう》の第八皇女にして、孝明天皇の妹にあたる和宮。正式には和宮《かずのみや》親子《ちかこ》内親王《ないしんのう》という。有栖川《ありすがわ》熾仁親王《たるひとしんのう》の項でもふれたように、和宮は公武合体政策の一環として、熾仁親王との婚約を破棄し、第14代将軍・徳川家茂《とくがわいえもち》のもとへ嫁ぐことになった。江戸行きを聞かされた和宮は当初、泣いて嫌がったが最終的には受け入れた。自由に合コンや婚活ができる現代人からすれば、その気持ちは想像もできない。

しかしいくら嫌がろうと、今さら決定は変えられない。1861年（文久元年）、和宮は公家や女官など数千人を従えて京都を発った。大名行列をしのぐ大所帯だ。

江戸への道中は厳重な警護体制が敷かれた。討幕をもくろむ過激派の浪士たちが、和宮を京都へ引き返させるために、行列を襲うというわさがあったからだ。これによって、道中の41藩が沿道の警護に駆り出された。さらには近隣住民の外出や商売も禁止、視界に

入るところでの農業も禁止させるという徹底ぶり。それればかりではない。行列が通過する前後7日間にいたっては、騒音を立てることも厳禁。犬の鳴き声さえ聞こえないように、遠くへつないでおくことが命じられていたという。当たり前だが、朝廷は犬が和宮の行列を襲うことを恐れていたわけではない。

この道中で和宮は和歌を詠んでいる。「落ちて行く 身と知りながら もみぢ葉の 人なつかしく こがれこそすれ」。紅葉の葉は落ちていく運命と知りながらも、1枚1枚が懸命に生きている。だから自分も政略結婚で熾仁親王との縁談をなくした不運を嘆くのではなく、それが運命なら徳川家のために尽くそう。そんな決意が感じられる名歌だ。

●天璋院《てんしょういん》との嫁・姑バトル

こうして江戸城の大奥に入った和宮は、1862年（文久2年）、家茂と婚儀の式を挙げる。ここで有名なのが、和宮と、姑《しゅうとめ》にあたる天璋院（篤姫）の嫁姑争いだ。ドラマなどは多少の誇張があるものの、実際、折り合いが悪かったらしい。

なにしろ公家社会で生きてきた和宮と、武家社会で生きてきた天璋院では、細かい作法やしきたりが違う。天璋院が「あなたは将軍家茂の正室です。こちらのしきたりに従っていただかないと困ります」というものの、和宮は「も、申し訳ありません。私は公家社会で育ってきたため、何も知らなくて……」とおびえていたことだろう。その態度がさらに

天璋院をいら立たせる。「まぁ、天皇の妹だからといいたいわけですね……ちっ、嫁の分際で。私は大奥の最高権力者なのよ（小声）」なんてやりとりがあったかもしれない。

こうしたことから、和宮はよく泣いていたそうだ。その心を癒やしてくれたのが、家茂だった。家茂とは年が近いこともあって、気さくに話すことができた。また、家茂は和宮の境遇を不憫に思っていたようで、べっこうのかんざしや着物、さらにはなぜか金魚などをプレゼントしていたらしい。かんざしなどはともかく、金魚をもらってうれしいのかは少々疑問だが、和宮は「この人がいてくれてよかった」と少しずつひかれていったようだ。家茂が江戸を離れる際には、お百度参りをして、無事に戻ってくることを祈願していた。

●天璋院と力を合わせ、徳川家を救う

しかし幸せは長く続かない。１８６６年（慶応2年）、大坂城にいた家茂は体調を崩してしまう。江戸でその報を聞いた和宮は、湯島の霊雲寺という寺に家茂の病気治癒を祈願させ、選りすぐりの医師を向かわせている。そんな尽力もむなしく、数カ月後に家茂は大坂城にて病没。結婚生活はわずか3年ほどだった。さらに翌年、孝明天皇も崩御したので、和宮は短い間に優しかった夫と兄の両方を亡くしてしまうことになる。まさに悲劇だ。

やがて鳥羽・伏見の戦いが起こると、次代将軍・徳川慶喜が大坂城を抜け出して江戸に戻ってきた。それを追うように、新政府軍が江戸に向かって進軍を開始する。

もう自分の味方だった夫の家茂はいない。和宮としては新政府軍に助けを求めて、江戸を出てもよかった。しかし思い出されるのは、降嫁の際の決意「徳川家のために尽くす」だった。和宮は江戸にとどまり、慶喜の命を助けてもらうことや、江戸への総攻撃をやめてもらうこと、さらに家茂が愛した徳川家の存続などについての嘆願書を記した。そしてそれを、かつての婚約者だった熾仁親王や、明治天皇、公家たちに送っている。

内容は「官軍を差し向け、徳川家をとりつぶすというのなら、私は命を惜しまない覚悟です」という毅然としたものだった。この書面は独断で送ったわけではない。天璋院ともよく相談してのことだった。かつては憎しみ合っていた者同士が、同じ目的のために手を取り合う。少年マンガによくある、なんとも美しい構図だ。

和宮と天璋院、二人の未亡人の願いが届いたのか、新政府軍は江戸城への総攻撃を中止して、無血開城する。さらに朝廷は慶喜の助命と、徳川家の存続を決定した。こうして徳川家は、とりつぶしをまぬがれたのだ。

和宮は1869年（明治2年）に京都へ帰ったが、その後ふたたび東京に戻っている。「私はもう、徳川の人間です。だから帰る場所も徳川が根付く土地なのです」そんな気持ちがあったのだろう。東京に戻った和宮は、1877年（明治10年）に31歳の若さで病没する。遺言は「夫の隣に」。こうして和宮は増上寺の徳川家霊廟に葬られた。幕末の動乱に翻弄された悲劇のヒロインは、今でも優しかった夫の隣で安らかに眠っている。

容姿

非常に美顔で気品に満ちあふれ、凜々しい姿などとよく人からいわれます。

性格

プライドが高く、神経質なほうかもしれません。

幼少期の様子

尊王攘夷派の家臣の教育を受けており、それがのちのちの思想の根底に根付いたと思います。

金運

上級公家の出身だったので、困ることはありませんでした。

トラウマ

不明。

家庭環境

兄の公睦は若くして死去。父は安政の大獄で処分を受けたので、つらい立場にありました。

恋愛関係

宮中の女官たちのあこがれの的だったかもしれません。非常にモテました。

人生の目標

「朝廷の威信を保ち続けること」

交遊関係

朝廷から追放される前は、久坂玄瑞ら攘夷を掲げる長州藩士と交流しました。太宰府時代は西郷隆盛たち薩摩藩士とも交流しました。岩倉具視とは不仲でしたが、中岡慎太郎の助力によって和解。

趣味

和歌。

仕事ぶり

維新後は西郷隆盛、大久保利通たち藩閥が政治の実権を握っていたため、あまり活躍できませんでした。

家族

関白・鷹司輔熙の娘・治子と結婚。数人の子供をもうけました。また、兄・公睦の子を養子として引き取っていました。

死因

病死。

特技・趣味・得意科目等

三条家家訓として「酒は3升まで」とあります。とはいえ、明治政府が征韓論でもめているときにストレスがたまり、深酒して酒乱になってしまった時期があります。これが原因で、政治の第一線から失脚したのかもしれません。

本人希望記入欄

酒は飲んでも飲まれるな。

履歴書

ふりがな さんじょう さねとみ 氏名 三条 実美		
生年月日 1837年3月13日	没年月日 1891年2月18日(満53歳)	※ ㊚・女
出身 京都		
立場 エリート公卿。のちに右大臣、太政大臣	あだ名 白豆	

概要

内大臣・三条美万と土佐藩主・山内豊策の娘・紀子の間に生まれました。家は最高位の五摂家に次ぐ名家でエリート組でした。美顔のうえ、気品にあふれる男といわれています。

年	歳	学歴・職歴(各項目ごとにまとめて書く)
1854	17歳	兄、三条公睦の早い死去により、三条家を継ぐ。
1862	25歳	朝廷内の公武合体派を排斥する運動を行なう。岩倉具視を弾劾する意見書も提出し、追放することに成功する。
1863	26歳	朝廷内の攘夷派を一掃する八月十八日の政変が起こり、朝廷を追われ、長州へ下る。
1864	27歳	太宰府へ移送。太宰府ではさまざまな藩士と交流をもつ。
1867	30歳	中岡慎太郎の手助けで、かつてのライバル岩倉と和解。王政復古を経て、入洛が許される。
1868	30歳	年明け早々、岩倉と並んで新政府の副総裁となる。
1871	34歳	太政大臣になる。
1885	48歳	太政官の廃止によって、内大臣となる。
1889	52歳	第2代総理大臣・黒田清隆が辞表を出したことで、臨時総理大臣を兼任。
1891	53歳	誕生日前に病没。

記入上の注意　1:数字はアラビア数字で、文字はくずさず正確に書く。　2:※印のところは、該当するものを○で囲む。

三条実美

攘夷と討幕を強く説いた公家の代表的人物

Sanjo Sanetomi

●公武合体派の岩倉具視《いわくらともみ》を追放する

公家の家柄にも、高いものから低いものまである。最上位が、近衛家、二条家といった五摂家。天皇に代わって任務を行なう、摂政や関白を輩出する超名門だ。それに次ぐのが太政大臣や右大臣、左大臣に就く清華家《せいがけ》。三条実美《さんじょうさねとみ》が生まれた三条家は、その清華家にあたる。つまり実美は、生まれたときからエリート組だったわけだ。

そんな実美は、同じく朝廷に勤める公家の岩倉具視と昔からそりが合わなかった。岩倉は下級公家の出身。それなのに公衆の面前でエリートの実美を、「おい小僧！」と呼び捨てたりしていたのだ。確かに岩倉は実美より12歳も年上だが、身分の低い者からそう呼ばれることは我慢できない。

「なんて無礼な奴だ。私は名門出身なんだぞ。エリートなんだぞ」実美の心中にはそういった嫌悪の感情が渦巻いていたことだろう。

しかも実美は、父が井伊直弼による安政の大獄で謹慎処分を受けた恨みもあって、討幕、攘夷の考えを強く抱いていた。いっぽう岩倉は、幕府を残そうとする公武合体派。この思想の違いも、両者の溝を深くしていた。

実美の堪忍袋の緒が切れたのは、1860年(安政7年)のころだ。ここで岩倉は皇女和宮を、憎き江戸幕府に降嫁させることを強引に決定させた。これを受けた実美は「もう我慢できない!」と激昂する。そしてエリート組という立場をいかし、討幕派の公家たちを一堂に集めて、岩倉たち公武合体派の排斥運動を起こしたのだ。

1862年(文久2年)、とうとう岩倉を朝廷から追い出すことに成功する。「勝った……」このころの実美は、そう思っていたに違いない。

●因果はめぐり、今度は自分が朝廷を追われる

いっぽうで実美は、同じく攘夷を掲げる長州藩の久坂玄瑞とつながっており、過激派として目をつけられていた。家茂にも攘夷の督促を行なっていたほどだ。

やがて長州藩が下関海峡でアメリカ商船を砲撃して、攘夷を決行するという事件が起きた。久坂玄瑞たちによる下関戦争の勃発だ。実美の心境としては「よくやった!」といったところだろうか。しかし長州藩以外の藩はそれに続かず、傍観を決め込んでいた。さらに実美が攘夷の督促をした家茂も京都を離れて、江戸へ帰ってしまう。「おいおい、それ

はないだろう」と実美もがっかりしたはずだ。

どうも世論が追いついていないらしい。実美は民衆の攘夷思想を高めるため、孝明天皇による大和行幸《やまとぎょうこう》を企画する。これは孝明天皇に神武天皇陵などへ参拝してもらい、攘夷を祈願してもらうというもの。しかし孝明天皇はそんな実美を快く思っていなかったようだ。孝明天皇も熱心な攘夷派だったが、実美の行動はやりすぎだったのだ。

ちょうどそのころ、会津藩、薩摩藩を中心とした公武合体派は、朝廷の攘夷派を一掃する計画を企てていた。彼らは孝明天皇が信頼していた中川宮朝彦親王《なかがわみやあさひこしんのう》を抱き込むと、孝明天皇を説得してクーデターを実行に移す。これが「八月十八日の政変」という政治事件だ。これにより実美たち攘夷派の公家は権力を剝奪されて、朝廷から追放されてしまった。

因果はめぐるとは、よくいったものだ。朝廷から岩倉を追い出したときの実美は、まさかそのわずか1年後に、今度は自分が追い出されることになるなんて、想像もしていなかったことだろう。デジャブ。そんな言葉が似合う状況だ。

●中岡慎太郎の仲立ちで岩倉具視と和解

その後、実美は長州藩にかくまわれるも、第一次長州征伐の際に太宰府へ移送される。そこでしばらく隠居生活を送る。この間、実美のもとには薩摩藩の西郷隆盛や長州藩の高杉晋作たちが訪れては、今後の日本のあり方についての討議をくり返していた。

中岡慎太郎もそのなかの一人だった。ある日、中岡は自分の同志たちから、京都の岩倉村におもしろい男がいるという話を聞く。それが謹慎中の岩倉具視だった。中岡は岩倉について、最初は公武合体派の腹黒い男だと思っていた。もしかすると実美から岩倉の悪口でも聞かされていたのかもしれない。しかし周囲の勧めもあって、中岡は岩倉に会いに行く。その後、実美のもとを訪れたとき、中岡はこういったと思われる。

「岩倉さんはいい人です」。これには実美もド肝を抜かれたに違いない。「ちょっと待ってくれ。あの下級公家風情が、いい人だって？　あの男は公武合体派で和宮さまを……」そんな実美に対して中岡は、岩倉が討幕派に考えを改めたことなど、彼の近況を報告した。そして国の未来のために、二人が手を組めば怖いものなしだと説く。

「未来のためか……」かつては敵同士だったが、どちらも日本の未来を憂いている部分は同じ。ここで実美は、自分と同じく起死回生の朝廷復帰を望んでいる岩倉との提携を決意した。公家最強コンビの成立だ。このように、坂本龍馬が薩摩藩と長州藩の同盟を結んだ陰で、中岡慎太郎によるもう一つの和解劇が進行していたのだ。

こうして実美は、明治天皇の即位や、岩倉が画策した王政復古によって、入洛が許された。久しぶりにかつてのライバルと会ったときは、握手くらいしたかもしれない。維新後に樹立された新政府では、岩倉とともに副総裁となり、太政大臣にまでのぼり詰めた。

容姿	
天皇らしく、気品ある凛々しい姿だと評判だったようです。	
性格 自分の思想に反する者には、容赦なく処分を下す思い切った性格かもしれません。	
幼少期の様子 学問好きな少年だったと思います。	
金運 天皇なので生活には困りませんでした。	交遊関係 勝手に条約調印をされた以外では、幕府とも良好な関係で、とくに松平容保に厚い信任を置いていました。
トラウマ 不明	趣味 能
家庭環境 学問好きな父の影響を受けているので、親子間は良好でした。	仕事ぶり ペリー来航以降は積極的に政治に関与し始め、思想に反する者を次つぎと処分していきました。
恋愛関係 関白・九条尚忠の娘・九条夙子を正妻として、側室もいました。	家族 正妻・九条夙子との間には娘しかできなかったため、権大納言の娘・中山慶子との間にできた子を養子にしました。それが次代の明治天皇です。
人生の目標 「攘夷を成し遂げ、幕府と協力して鎖国を続けること」	死因 天然痘による病死。

特技・趣味・得意科目等
攘夷をかかげて外国人を嫌っていたものの、こっそりとっておいた第15代アメリカ大統領ジェームズ・ブキャナンからプレゼントされた時計が遺品から発見されてしまいました。

本人希望記入欄
時計に罪はありません。

履歴書

ふりがな こうめいてんのう 氏名 孝明天皇		
生年月日 1831年7月11日	没年月日 1867年1月30日（満35歳）	※ 男・女（男に丸）
出身 京都・京都御苑内		
立場 第121代天皇	あだ名 天皇陛下	

概要

第120代仁孝天皇の第四皇子として生まれました。在位中は、弘化から嘉永、安政、万延、文久、元治、慶応と6度も改元しました。当時の元号は災いなどがあると改元していたため、在位中はそれだけ激動の時代だったことがわかると思います。

年	歳	学歴・職歴（各項目ごとにまとめて書く）
1847	16歳	前年に仁孝天皇が崩御したことから皇位継承。
1853	22歳	ペリー来航。この辺りから攘夷思想をもち始める。
1858	27歳	幕府から日米修好通商条約の調印を求められるが、それを拒絶。のちに幕府が独断で調印し激怒。「天皇の位を退く」とまでいった。
1860	29歳	幕府から和宮の降嫁を請われる。いったん退けたものの、岩倉具視たちの説得により、これを許可。
1863	32歳	攘夷の成功を祈るため、加茂神社、岩清水八幡宮へ行幸。薩摩藩兵などに宮門の守護を命じ、尊王攘夷派の公家たちの参朝を禁止、朝廷から追放する。
1866	35歳	追放した尊王攘夷派の公家たちを復官させるよう、22人の公家たちが朝廷に押しかける廷臣二十二卿列参事件が起こる。その意見を退け、謹慎などの処分を下す。
1867	35歳	年明け早々、天然痘により病没。

記入上の注意　1:数字はアラビア数字で、文字はくずさず正確に書く。　2:※印のところは、該当するものを○で囲む。

孝明天皇

外国人を忌み嫌い、公武合体を推し進めた天皇

The Emperor Koumei

●外国人は生娘の血をすすり、その肉を食す!?

1853年（嘉永6年）、ペリーの砲艦外交によって、日本が200年以上も続けてきた鎖国体制に終止符が打たれる。ここから日本国内では、しばしば外国人の姿が見受けられるようになった。ときの第121代孝明天皇は、外国人とはいったいどのような人間なのかと公家たちに問いかけた。「奴らは漢字が読めず、日本語すらろくに話すことができません」。それを聞いた孝明天皇は非常に驚いた。日本と外交を絶っていた外国人だから当たり前の話だが、漢字はともかく日本語すら話せないとなると、平民より格下だと思ってしまうのだった。「ところで連中は、何を食べておるのじゃ？」次に孝明天皇がそう尋ねると、公家たちは「奴らは生娘の血をすすり、その肉を食しております」と答えた。

これは赤ワインとステーキ肉のことを指している。公家たちが間違った認識をもっていたのだ。しかし的外れとはいえ、そんな話を聞かされて、「なんてすばらしい連中なんだ」

なんて思う人間はいない。もともと外国人が国内を闊歩《かっぽ》しているようすが気に入らなかった孝明天皇は「なんと野蛮な連中か」と、さらに外国人を毛嫌いするようになった。

そんな1858年（安政5年）のころ、幕府の大老・井伊直弼が孝明天皇に日米修好通商条約の調印を求めてきた。アメリカが日本に自由貿易を要求してきたのだ。当然、そんなものは認めないと突っぱねた孝明天皇だが、井伊直弼は独断で条約を調印してしまった。

●尊王攘夷派の公家は煙たい存在

これにより、攘夷思想をもっていた孝明天皇は激怒する。一時は天皇の位から退こうとしたほどだ。いっぽう、天皇の許可なしで勝手に開国に踏み切った幕府を批判していた志士たちは、天皇も自分たちと同じ考えだと喜んだ。異人と仲よくする幕府に政治を任せてはおけない。ここは幕府に代わって天皇に立ってもらおうと、尊王攘夷を叫び始める。

井伊直弼がそんな志士たちを弾圧した事件が「安政の大獄」だ。ペリーの来航によって元号は「嘉永」から、政治を安定させるという意味の「安政」と改名されたわけだが、まったく安定していなかったのは皮肉な話だ。

ところで孝明天皇は、幕府を頭ごなしに嫌っていたわけではない。公武合体を推し進めて、政局を安定させようとしていた。和宮の政略結婚もその一環だ。しかしこの一件が、朝廷内に三条実美のような、討幕や尊王攘夷をかかげる公家たちを増やすことになる。

孝明天皇は攘夷論者だったが、あくまで幕府の力で鎖国を続けたいと考えていた。それなのに、幕府に頼らず、天皇を立てて攘夷を決行しようとする尊王攘夷派の公家は煙たい存在だった。よって尊王攘夷派の公家たちを、次つぎと朝廷から追い出していった。三条実美の項でふれた1863年（文久3年）の「八月十八日の政変」もその一つだった。

●死因は岩倉具視による毒殺!?

やがて第二次長州征伐で幕府軍が長州藩に敗北すると、「やはり幕府はもうダメだ」という声が大きくなった。そして22名の公家が、追放された尊王攘夷派の公家たちを復帰させるべきだと叫んで、朝廷に押しかけた。これを「廷臣《ていしん》二十二《にじゅうに》卿《きょう》列参《れっさん》事件《じけん》」という。

孝明天皇は「それでも幕府の力は必要だ」と強く訴え、逆に22名の公家たちに謹慎などの処分を下した。その数カ月後、孝明天皇は天然痘にかかって病死してしまう。

時期が時期だけに、これには毒殺説が流れた。じつは廷臣二十二卿列参事件も、孝明天皇に追放された公家の岩倉具視の策略で、毒殺したのも岩倉だというのだ。岩倉は孝明天皇の側近で、孝明天皇は書きものの際に筆先をなめるクセがあったと知っていたから、そこに毒を仕込んだという。もちろんこれはあくまで仮説で、真相はわかっていない。

第3章
新政府側

容姿 当時としては長身(175～178センチ)。鋭い眼光。維新後は口ひげを生やし、威厳のあるたたずまいから近寄りがたい印象を与えているようです。頭髪は整髪料でセットします。
性格 沈着冷静の現実主義者。あまり笑わず無口。目的のためなら手段は選ばず、私情も交えません。
幼少期の様子 胃が弱くて武術はさっぱりでしたが、学問は大好きでした。同じ町内の西郷隆盛と一緒に遊びました。

金運 青年期に極貧生活を経験しましたが、金銭には執着せず、私財は蓄えていません。	交遊関係 薩摩藩の西郷隆盛、小松帯刀、島津久光のほか、岩倉具視、木戸孝允ともつきあっています。
トラウマ 不明	趣味 囲碁、西洋の食器集め。
家庭環境 開放的な家庭でした。父・利世、母ふく、妹きち、すま、みね。妹たちには優しい兄でした。	仕事ぶり 妥協を許さない。目標を立てたらどんな手を使ってもかならず達成します。
恋愛関係 妻・満寿（ます）との夫婦仲は睦まじかったですが、東京に愛人が一人いました。	家族 妻・満寿との間に5男1女、愛人ゆうとの間に3男。家庭では子煩悩な父親でした。
人生の目標 日本国の改革。	死因 6人の士族に襲われ刺殺。

特技・趣味・得意科目等 明治に入ってから「西洋かぶれ」の傾向が強くなり、パンやコーヒー、紅茶を好んで食しました。ヘビースモーカーで、複数のパイプを愛用していました。

本人希望記入欄 昭和時代に世間を騒がせた「ロッキード事件」(1976年）において贈賄罪で有罪となった、元丸紅専務・大久保利春は私の孫にあたります。

履歴書

ふりがな　おおくぼ　としみち 氏名　**大久保 利通**		
生年月日 1830年9月26日	没年月日 1878年5月14日(満47歳)	※ 男・女 (男に丸)
出身　薩摩国鹿児島城下高麗町 (現鹿児島県鹿児島市高麗町)		
立場　薩摩藩士、 明治政府大蔵卿	あだ名　陰の大久保	

概要

薩摩藩士の長男として生まれました。若いころは尊王攘夷派でしたが、時勢を読んで倒幕派に転向。藩の実力者となり、長州藩と「薩長同盟」を結びました。倒幕派公家と共に「王政復古のクーデター」を計画し実行。維新後は政治の実権を握り、近代日本の基礎を築いたと自負しています。

年	歳	学歴・職歴(各項目ごとにまとめて書く)
1846	16歳	藩の記録所書役助(補助的な役職)として出仕する。
1849	19歳	藩の家督相続争い「お由羅騒動」に巻き込まれ、免職・謹慎処分となる。
1853	23歳	斉彬が藩主となって謹慎が解かれ、記録所に復職。蔵役(倉庫管理担当)に命じられる。
1862	32歳	小納戸頭取に昇進し、藩の権力者・島津久光の側近となる。
1866	36歳	幕府の第二次長州征伐に反対し、島津久光に薩摩藩の出兵拒否を進言する。
1867	37歳	公家の岩倉具視と組んで「倒幕の密勅」を得る。 クーデターを実行し、明治天皇に「王政復古の大号令」を発令させる。
1868	38歳	明治政府の参議に就任。「版籍奉還」を実施する。
1869	39歳	「廃藩置県」を断行。西郷隆盛に御親兵を組織させ、諸藩の反抗に備える。
1873	43歳	内務省を設置し、初代内務卿に就任。
1877	46歳	九州で大規模な士族反乱「西南戦争」が勃発。京都で政府軍を指揮する。
1878	47歳	5月14日、紀尾井坂で士族に暗殺される。

記入上の注意　1:数字はアラビア数字で、文字はくずさず正確に書く。　2:※印のところは、該当するものを○で囲む。

近代日本の土台を築いた「冷徹な独裁者」

大久保利通

Okubo Toshimichi

●権力者・島津久光の信頼を得て藩の幹部へ

西郷隆盛、木戸孝允（桂小五郎）と共に「維新三傑」と称される大久保利通は、1830年（天保元年）、薩摩藩の下級武士の家に長男として生まれた。幼少期に引っ越した下加治屋町（現加治屋町）に住んでいた3つ年上の西郷と出会い、以来親友となる。

19歳ごろ、藩の家督相続争いに巻き込まれた。藩主の長男・斉彬を擁立する斉彬派（改革派）と、側室・お由羅の子である久光を推す久光派（保守派）が激しく対立。斉彬派に属していた父親は流罪、大久保も謹慎処分となったのだ。

お家騒動の結果、斉彬が藩主についたが、「父親不在、長男は無職」という大久保家の台所は火の車。生活費を捻出すべく大久保は借金を重ねた。この時期に西郷と一緒に始めた読書会がのちに、藩の若手攘夷グループ「精忠組」となった。

23歳で復職。斉彬が急死し、久光が藩の実権を握ると、大久保はすぐに久光に接近した。

彼が若いころから謀略家であったことがわかるエピソードがある。

「久光は囲碁が好き」と聞いた大久保は、久光の囲碁の相手を務めていた住職のもとへ熱心に通い、囲碁を教えてもらいながら久光の人となりを聞き出したのだ。久光がある書物を読みたがっていると聞きつければ、その書物を手に入れ、住職に「この本、お貸しします」と伝えたという。しかも、その書物のなかに、自分の考え方や「精忠組」のメンバーの名前を書き入れた紙を、そっとはさみこんでおいたともいわれている。

と、ここで疑問を覚えた人がいるかもしれない。「あれっ、久光って、大久保家を極貧生活へと追い込んだ派閥のドンだよね？」。そのとおり。でも、現実主義者の大久保は出世して藩を動かすだけの力を握り、久光を動かせばよいと考えたのだろう。その作戦どおり、久光の信頼を得た大久保はやがて幹部に抜擢され、藩政に関わることになる。サラリーマンの感覚なら「やっと出世コースに乗ったぜ！」といったところだ。

●1867年12月9日、「王政復古のクーデター」決行

「表の西郷、裏の大久保」と呼ばれるように、西郷が戦いの指揮や薩長同盟などの交渉事を引き受け、大久保は水面下での工作を担った。謹慎中の公家・岩倉具視をたきつけ、「討幕の密勅」を得るべく朝廷へ工作する。こんな仕事は大久保にしかできない。

その最たるものが王政復古のクーデターだ。将軍・徳川慶喜は1867年10月（慶応3

年）、政権を朝廷へ返上する「大政奉還」を発した。慶喜がもくろむ「徳川家が中心となる議会制度」を阻止し、徳川を排除した新政権を樹立しなければならない。そう考えた大久保は西郷や岩倉と共にクーデター計画を練り、決行した。

1867年12月9日、薩摩藩や尾張藩などの5藩が京都御所を封鎖した。兵を率いたのは西郷だ。藩御所内で「王政復古の大号令」が発せられた。これにより摂政・関白、幕府などの制度は廃止された。こうして大久保は新政府樹立の立役者となった。

明治政府誕生後の大久保は、天性の政治手腕を発揮し、版籍奉還や廃藩置県など数々の新体制をつくった。1873年（明治6年）には内務省を設置し、初代の内務卿（大蔵大臣）に就任。ここから独裁政権が始まった。新政府への抵抗勢力を一掃していったのだ。また、ここでも彼は謀略家の才能を遺憾なく発揮する。

●盟友・西郷をも討伐した独裁政治家の目にも涙

新政府の政策によって特権を奪われた士族（旧武士階級）は「佐賀の乱」（1874年）以降、九州各地で反乱を起こした。大久保はこれらを武力で鎮圧した。

と、ここで、洞察力のある読者からこんな意見が出るかもしれない。「うーん、それらの反乱って、大久保がそうなるように仕掛けたみたいな気がするんだけど？」。鋭い指摘だ。歴史の教科書には載ってないが、じつは大久保は「むしろ不満分子をまとめて駆逐できる機会ではないか」として、士族の反乱を歓迎したともいわれている。
1877年（明治10年）の士族反乱「西南戦争」で西郷が総大将として担ぎあげられたとき、大久保はこの鎮圧を指揮した。政府軍に追いつめられた西郷は自刃する。沈着冷静な大久保だが、このときばかりは親友の死に嘆き悲しんだという。また、のちに大久保が暗殺されたとき、彼は馬車のなかで西郷の手紙を読んでいたともいわれている。

笑顔をほとんど見せず、威厳があったため、面と向かって大久保に意見する者は少なかったようだ。内務省時代、彼が自室へ向かう靴の音が響くと省内は水を打ったように静まりかえったという。これも「冷徹な独裁者」らしいエピソードだ。

それでも、家庭では子煩悩でやさしい父親だった。とりわけ47歳のときに生まれた長女・芳子を溺愛していた。家庭にいるときだけは、きっと笑顔を見せたことだろう。

また、政府の仕事で忙殺されているのに愛人をつくり、子供までもうけていた。「そんな時間があったのか？」「いや、安息の隠れ家が必要だったのでは？」といった具合に、ここはどこにも隙のない大久保の数少ないツッコミどころといえよう。

おおらかな性格の西郷隆盛とつねに比較され、「西郷を死に追いやった人物」として、あまり人気のない大久保利通。それでも、幕末から明治初期にかけての激動期に発揮した実務的手腕が日本の近代化の土台を築いたことは間違いない。

<table>
<tr><td colspan="2">容姿
身長180センチ、体重100キロ。世間では「肥満体」と呼ばれています。目が大きく、黒目がちです。</td></tr>
<tr><td colspan="2">性格
おおらかで正義感が強いです。忍耐強く、トラブルでも動ぜずどっしりと受け止めるタイプです。</td></tr>
<tr><td colspan="2">幼少期の様子
子供のころから体が大きく、信望がありました。家計を助けるため魚捕りに励んでいました。</td></tr>
<tr><td>金運
流罪の際、西郷家の土地・家財は没収。以降、明治２年まで役職手当しかもらっていません。維新の功でもらった金で鹿児島に屋敷地を購入した程度。</td><td>交遊関係
島津斉彬、大久保利通、小松帯刀、坂本龍馬、勝海舟、板垣退助、村田新八、西郷従道などです。</td></tr>
<tr><td>トラウマ
10歳のとき、右腕内側の神経を切り、刀が握れなくなったこと。</td><td>趣味
ダイエットを兼ねた狩猟、釣り。</td></tr>
<tr><td>家庭環境
父・吉兵衛、母・マサ、祖父母、7人兄弟の貧しい大家族です。23歳のとき、祖父母、父母を亡くし、私が家督を継ぎました。</td><td>仕事ぶり
私利私欲を捨て国家のため猛烈に働きます。ピンチにはより大きなリーダーシップを発揮します。</td></tr>
<tr><td>恋愛関係
壮年期は愛人を囲ったり、祇園の芸妓と浮名を流したりしたこともありました。とにかく太った女性が好きでした。</td><td>家族
奄美大島の島妻との間に１男１女。いと（糸子）との間に3男。島妻との間に生まれた子供はいとが引き取りました。</td></tr>
<tr><td>人生の目標
薩摩藩の改革、強い日本の建国。</td><td>死因
西南戦争で自刃。</td></tr>
</table>

<table>
<tr><td>特技・趣味・得意科目等
好物は、甘いものと脂身のついた豚肉です。流刑先でフィラリアに感染。この後遺症を患っていたので、晩年は陰嚢が人の頭大にふくれあがっていました。</td></tr>
</table>

<table>
<tr><td>本人希望記入欄
世間に出ているおいどんの写真は、亡くなったのち、想像で描かれたものでごわす。実際はもっと痩せておるでございもす。</td></tr>
</table>

履歴書

ふりがな　さいごう　たかもり

氏名　**西郷 隆盛**

生年月日	没年月日	※
1828年1月23日	1877年9月24日（満49歳）	㊚・女

出身　薩摩国鹿児島城下加治屋町
（現鹿児島県鹿児島市加治屋町）

立場	あだ名
薩摩藩士、明治政府参議、陸軍大将	西郷どん、大西郷

概要

薩摩藩の下級藩士の長男として生まれました。奄美大島での潜居、流罪などの挫折を経験後、薩摩藩のリーダーとして「薩長同盟」の締結、王政復古を成し遂げ、江戸総攻撃を前に江戸城無血開城を実現しました。新政府では参議として多くの政策を施行しました。

年	歳	学歴・職歴（各項目ごとにまとめて書く）
1844	16歳	郡方書役助として出仕する。
1858	30歳	入水自殺を試みるが未遂。幕府の追っ手から逃れるため、奄美大島で潜居生活を始める。
1861	33歳	藩に呼び戻されるが、島津久光の逆鱗に触れ、沖永良部島へ流罪、入牢される。
1864	36歳	赦免召還され、軍賦役（軍事司令官）となる。「禁門の変」で長州軍を撃退する。
1865	37歳	幕府の征長出兵命令を拒否する。
1866	38歳	長州藩・桂小五郎と面談し、「薩長同盟」を結ぶ。
1868	40歳	「戊辰戦争」で東征大総督参謀として指揮。江戸城無血開城を実現する。
1870	42歳	鹿児島藩大参事（副知事）に就任する。
1871	43歳	明治政府の参議に就任し、「廃藩置県」に尽力する。
1873	44歳	陸軍大将に就任。「征韓論」で大久保や木戸と決裂し、帰郷する。
1877	49歳	「西南戦争」に敗れ、城山で自刃する。

記入上の注意　1：数字はアラビア数字で、文字はくずさず正確に書く。　2：※印のところは、該当するものを○で囲む。

情と義に生き、維新を牽引した薩摩の巨人
西郷隆盛
Saigo Takamori

●20〜30代は辛酸をなめる挫折ばかり

坂本龍馬と並び絶大なカリスマ性を放つ「西郷どん」こと西郷隆盛。1828年（文政10年）に薩摩の下級藩士の長男として生まれた彼は、子供のころから体が大きく人望もあった。16歳から26歳まで郡方書助役（農政関係の役所の事務官）を務めた。

やがて西郷は改革派の藩主・島津斉彬に取り立てられ、江戸へのぼった。「一橋慶喜を次期将軍へ」と画策する斉彬の手足となり、江戸で多数派工作を続けたという。しかし西郷が30歳のとき、斉彬が急死し、大きなショックを受けた。この後アップダウンの激しい「ジェットコースター人生」が始まる。

大老・井伊直弼が一橋派への弾圧を開始したため、薩摩藩は改革路線を中止。前途を悲観した西郷は入水自殺をはかるが、未遂に終わった。そのころ、西郷には捕縛命令が出ていたため、藩は彼を奄美大島に潜居させた。西郷は30歳から3年間を島で過ごした。

はじめは島の人を軽蔑していた西郷だが、子供たちに学問を教えるうちに島民と親しくなっていった。農家の娘・愛加那《あいかな》と結婚し、子供も生まれた。しかし藩の掟により夫婦でいられるのは島のなかだけ。彼女はいわば「現地妻」だった。

西郷の正義感の強さを伝えるエピソードが残っている。大島では当時、藩のサトウキビ専売政策によって農民への過酷な取り立てが行なわれていた。不作でもノルマが達成できない農民は拷問を受けた。そこで西郷は農民を解放するよう役人に訴えたのだ。「おはんが方針を改めんのなら、おいにも考えがごわす」と切り出し、藩主に意見書を書き、役人の横暴を報告すると伝えたのだ。その結果、農民は解放され、税は軽減されたという。

●勝海舟と会談し、「江戸城無血開城」を成し遂げる

鹿児島へ戻ってからも西郷の受難は続いた。藩の実権を握るようになった島津久光とソリが合わなかったのだ。西郷は島津に反対意見を唱えた。ナニナニ、囲碁で近づいた大久保のように久光にすり寄ればよいのに、西郷は世渡りがへたすぎる？　確かにそうだ。でも、それができないところがよくも悪くも西郷隆盛なのだ。

その後、島津は「命令に従わなかった」と激怒し、西郷を沖永伊良部島へ流罪にしてしまう。こうして西郷は屈辱的な牢獄暮らしを味わうことになった。挫折ばかりの不器用な西郷だったのだ。

しかし島津久光の公武合体路線が行き詰まると、朋友の大久保利通や家老の小松帯刀から「西郷を復帰させ、彼に解決してもらおう」という声があがった。久光はしぶしぶ認め、西郷は赦免され、薩摩藩に呼び戻された。ここから西郷の超人的な活躍が始まる。

幕府の長州征伐で征長軍参謀に任命された西郷は、なんと長州藩の諸隊にみずから出向き、「内戦は無意味でごわす」と説得した。長州藩は西郷の申し入れを承諾し、幕府軍は撤退。その後、1866年（慶応2年）に西郷は宿敵・長州藩と薩長同盟を結び、討幕へと舵を切った。

天皇の勅命を受けて官軍となった薩摩・長州連合軍は戊辰戦争で旧幕府軍を破り、江戸へ迫った。江戸を戦火に巻き込みたくない東征大総督参謀の西郷と、旧幕府側代表の勝海舟の会談により「江戸城無血開城」が決定。4年前には沖永良部島に入牢していた男が日本を大きく動かしたのだ。

そんな西郷にはラテンの血が流れているのか、無邪気で豪快なエピソードが多い。京都の茶屋で薩摩藩士が長州藩士と隣の部屋となり、一触即発状態になったとき、西郷が仲裁に入った。「おいが薩摩の焼き芋をお見せしよう」と称しておもろむに自身の巨根を引っ張りだし、ロウソクの火でそれをあぶりながら「今宵はこれで勘弁してやってくだされ」と伝えたのだ。刀を抜きかけていた両藩士たちは、あまりのアホらしさに笑って去っていったという。それにしても、薩摩男児にしかできない、熱くて危険なパフォーマンスだ。

また、西郷は太った女性が大好き（デブ専）だった。料理屋で働く巨漢の仲居にひとめぼれし、「豚姫」というニックネームをつけていたという。蛇足だが、養豚の盛んな鹿児島で生まれ育った西郷の大好物は、脂身のついた豚肉だった。

●「おいが引き受けもす」と承諾してしまう薩摩の巨人

維新に功績のあった盟友の大久保利通は明治政府の参議（大臣）として国政に携わったが、西郷は帰郷し、1870年（明治3年）に鹿児島藩大参事（副知事待遇）に就任した。「これからは鹿児島のために働きもす」と決意したようだ。

だが、それも束の間、今度は「国の政治改革のために力を貸してくれ」と旧知の岩倉具視と大久保に懇願されて上京。参議となって廃藩置県に尽力した。どうやら西郷はいつも誰かの「切り札」として呼ばれ、「おいが引き受けもす」といったノリで承諾してしまうパターンが多いようだ。情と義を重視する西郷らしいといえば、それまでだが。

その後、征韓論をめぐって大久保・木戸と対立し、陸軍大将と参議を辞職。鹿児島へ帰省し、私学校を開校すると、維新を実現した英雄を慕って多くの若者が全国から集まってきた。彼らが決起して「西南戦争」が勃発したとき、西郷は「この体はおまえさあたちにさしあげもんそ（この体はお前らに捧げる）」と応えたという。薩摩の生んだ巨人は、最後までブレない人であった。

容姿
身長160センチで痩身。切れ長の目は「クール」と呼ばれます。目立つことが好きなので、背中に般若の顔がついた着物を着たり、長刀を地面にひきずって歩いたりしました。
性格
わがままで激情·直情型で攻撃的です。金銭感覚は破綻しており、女好きで宴会好きですね。
幼少期の様子
病弱でしたが、気性は激しかったですね。とにかく負けず嫌いでした。

金運	交遊関係
金銭感覚は破綻しています。お金があるとドンチャン騒ぎをしてしまうので貯金はありません。	桂小五郎、久坂玄瑞、伊藤博文、井上馨、山縣有朋など長州藩のみなさんと坂本龍馬。
トラウマ	趣味
顔に残った天然痘のあと(あばた)。	宴会と詩作。
家庭環境	仕事ぶり
温和な父·小忠太、母·みち、妹の武、栄、光と穏やかに暮らしました。	経費の使い方はデタラメ。しかし現状を打破する突破力に優れています。
恋愛関係	家族
妻·まさがいますが、江戸の芸妓·小三と浮名を流したほか、愛人·うのとは四国で潜伏生活を送りました。	妻·まさとの間に1男。
人生の目標	死因
おもしろきことなき世をおもしろく。	肺結核

特技·趣味·得意科目等
剣術は柳生新陰流の免許皆伝。実戦では少し長い刀を愛用しました。 マゲを切ってザンギリ頭にしたとき、桂小五郎さんから「晋作、出家したのか?」と聞かれたけど、その髪型は西洋文明に近づきたいという私の決意表明です。

本人希望記入欄
坂本龍馬が見せびらかしているリボルバーは、じつは私が上海で購入し、彼に贈ったもの。龍馬が大切に使ってくれているのでうれしいです。

履歴書

ふりがな たかすぎ しんさく		
氏名 **高杉 晋作**		
生年月日 1839年9月27日	没年月日 1867年5月17日（満27歳）	※ ㊚・女
出身 長門国萩城下菊屋横丁（現山口県萩市）		
立場 長州藩士	あだ名 あずき餅、鼻輪のない暴れ牛	

概要

長州藩士の長男として萩に生まれました。「松下村塾」で吉田松陰先生の教えを受け、尊王攘夷運動に加わり、暴れ回りました。「奇兵隊」を結成したのは私です。功山寺挙兵で藩内の俗論派を討ち、第二次長州征伐でも功績をあげましたが、その後、肺結核のため療養生活を余儀なくされました。

年	歳	学歴・職歴（各項目ごとにまとめて書く）
1852	13歳	藩校「明倫館」入学。柳生新陰流剣術を学ぶ。
1857	18歳	吉田松陰主宰「松下村塾」へ入塾する。
1858	19歳	藩命で江戸へ遊学する。
1860	20歳	山口町奉行井上平右衛門の次女・まさと結婚する。
1861	21歳	藩命で上海へ渡航し、見聞を広める。
1862	22歳	久坂玄瑞、伊藤博文らと英国公使館焼き討ちを行なう。
1863	23歳	身分を問わない志願兵による「奇兵隊」を結成する。
1864	24歳	脱藩の罪で投獄後、謹慎処分となる。 下関戦争の講和会議の担当に抜擢される。 功山寺挙兵で軍艦3隻を無血で奪取する。
1866	26歳	長崎に出向き、蒸気船「丙虎丸」を購入し、それに乗船して下関に乗りつける。 藩の海軍総監に就任し、第二次長州征伐で功績をあげる。
1867	27歳	下関で療養中、肺結核で亡くなる。

記入上の注意　1：数字はアラビア数字で、文字はくずさず正確に書く。　2：※印のところは、該当するものを○で囲む。

長州藩を「維新の雄」へ押し上げた危険すぎる革命家

高杉晋作

Takasugi Shinsaku

●吉田松陰主宰「松下村塾」で久坂玄瑞と双璧をなす

長州藩を討幕に傾けたのは、長州軍を操る若き指揮官、高杉晋作だった。高杉は1839年（天保10年）、長門国萩（現山口県萩市）の長州藩士の家に生まれた。18歳のとき、一つ年下の久坂玄瑞と共に吉田松陰の「松下村塾」へ入門し、吉田の思想に引き込まれる。二人は勉学に励み、「松下村塾の双璧」と呼ばれるまでになった。1858年（安政5年）、「安政の大獄」で吉田が処刑されると、その遺志を継ごうと決意する。

もともと直情・激情型の高杉には、失敗や過激な行動が多い。1862年（文久2年）、高杉が22～23歳のときのことだ。彼は藩命を受け、幕府使節随行員として長崎から清国へ向かった。その長崎でドンチャン騒ぎをやらかし、井上馨がかけあって藩から支給させた出張旅費を使いこんでしまったという。彼は公私の区別のつかない青年だったのだ。

清国に上陸した高杉は、清国が列強の植民地となっているありさまにショックを受けた。

それ以降、年長の友人である桂小五郎や久坂玄瑞ともに攘夷運動に加わる。江戸滞在中には、外国人襲撃計画がバレて幕府から謹慎処分を受けた。それに抗議するため、弟分の伊藤博文などを引き連れ、建設中の英国公使館を焼き討ちした。長州藩はこの危険すぎる過激派青年・高杉を江戸から連れ戻した。

その後の1863年（文久3年）5月、長州藩は下関で外国船に砲撃。その下関の防衛を任されたのが高杉だ。彼は身分によらず、農民や町民の志願者からなる軍隊「奇兵隊」を組織した。これがのちに、長州を舞台としたさまざまな闘いで活躍する。

●高杉が長州藩の正規軍を破り、藩論は討幕に統一

高杉は1863年（文久3年）、脱藩の罪で投獄される。だが、長州藩は彼の力を必要とした。翌年、英国や米国などによる4カ国連合艦隊の報復砲撃で長州藩が大敗すると、高杉は赦免され、伊藤博文や井上馨と共に英国との和平交渉役に抜擢されたのだ。

と、ここで「おいおい、公私混同する激情型の高杉青年に、そんな大事な交渉を任せていいのか？」という読者の声が聞こえてくるが、じつはこれが正解だった。高杉や伊藤は「賠償金は幕府の責任」といい逃れ、「彦島の租借」については要求を撤回させた。彼は領土の租借が植民地化を意味していることを理解していたのだ。

幕末の長州藩は、改革派と保守派（佐幕派）に分かれていた。高杉は改革派を正義派、

保守派を俗論派と命名した。桂小五郎、久坂玄瑞、井上馨らが正義派だ。1864年（元治元年）の「禁門の変」以降、長州藩は朝敵（朝廷に敵対する勢力）となり、俗論派が藩政を握った。幕府による第一次長州征伐の結果、尊王攘夷派の家老は切腹。俗論派は正義派を粛清し始めた。

このとき、「俗論派を倒せ！」と下関で一人で決起（功山寺挙兵）を呼びかけたのが高杉だ。この軍事クーデターに集まったのは伊藤博文ら84人だったが、正規軍の軍艦3隻を無血で奪取した。このニュースが広まると、井上馨をはじめ奇兵隊や諸隊も立ちあがり、高杉に協力するようになる。正義派はこの勢いで俗論派の正規軍を打ち破り、1865年（元治2年）に藩論を討幕へとまとめた。その翌年、薩長同盟が結ばれた。

●藩のツケで軍艦「丙寅丸《へいいんまる》」を無断購入！

高杉の破天荒さを表わすこんなエピソードがある。高杉は幕府の再度の長州征伐に備えて長崎へ出向き、英国商人グラバーが所有していた軍艦「丙寅丸」（オテントサマ丸）を購入した。といっても、藩の了解を得ない独断だった。

「請求書は長州藩にまわしてくれ」と高杉はグラバーに告げ、この軍艦に乗って下関へ乗りつけたものだから、藩の幹部は仰天した。卓越した行動力と直感には敬服するが、デタラメすぎるぞ、高杉青年！　サラリーマンなら懲戒解雇だ。

当然のことながら藩の重臣は「軍艦の代金は払わん」と怒った。これを助けたのは井上馨だ。「高杉君は俗論派を一掃し、幕論を討幕にまとめた張本人。その功績だと考え、彼が乗りつけた軍艦は藩のものにしよう」。こうして軍艦「丙寅丸」は長州藩のものになり、１８６６年（慶応２年）の第二次長州征伐でおおいに威力を発揮した。

第二次長州征伐で高杉は海軍総督につき、大島口や小倉口など４方面から攻めてくる幕府軍を迎え撃った。大島口では、軍艦「丙寅丸」に乗り組み、幕艦を夜襲で退けた。小倉口では、幕府軍が油断している隙に海峡を渡り、艦砲射撃で援護して兵隊を上陸させ、勝利した。このような高杉の縦横無尽の活躍と、軍略の天才・大村益次郎の卓越した戦術などにより、長州軍は圧倒的な兵力差にもかかわらず幕府軍に勝利した。

この戦いでの高杉の指揮の様子にはこんな証言がある。「高杉は軍服を身につけず、衣１枚はおった姿で軍扇を手に指揮をしていた」「相手が強ければ、酒樽をたたく音を味方に聞かせて鼓舞し、兵隊を戦わせた」。どうやら高杉晋作は、凡人には想像もできないパフォーマンス能力を身につけた若き指揮官だったようだ。

幕府軍の敗戦は、大政奉還（１８６７年）へのステップとなった。それでも高杉はそれを見届けることなく、同年５月に肺結核で27年という短い生涯を終えた。幹部の命令は無視。金銭感覚はゼロ。しかし軍を指揮させれば、天才的なヒラメキを発揮する。このような型破りの青年がいたから、長州藩が「維新の雄」になれたのだ。

容姿 身長175センチ前後。剣術で鍛えた筋肉質の身体と物腰のやわらかさから、自分でいうものナンですが、女性によくもてます。維新後は、西洋人をまねて横分けにしました。	
性格 温厚で慎重。後輩の面倒見がいい。責任感が強く、問題を一人で抱え込むことが多い。	
幼少期の様子 病弱でしたが、いたずら好き。10代に入ってからは英才として注目されました。	
金運 お金に困ったことはないですが、私財を蓄えることもなかったです。	交遊関係 大久保利通、高杉晋作、坂本龍馬、伊藤博文、井上馨、岩倉具視など。
トラウマ 名家の出身であること。	趣味 変装、改名、逃走、潜伏。
家庭環境 父・和田昌景、母は後妻で異母姉が二人います。7歳で桂家の養子となるが、その後、和田家へ戻りました。	仕事ぶり 勤勉で誠実。部下思いでリーダーシップがあります。個性派ぞろいの長州藩をまとめました。
恋愛関係 京都の芸妓・幾松（松子）が恋人。維新後、正妻とする。	家族 妻・松子との間に子供はなく、3人の養子を迎えました。実子に娘の好子がいますが、母親は内緒です。
人生の目標 幕末は倒幕、維新後は国の制度づくり。	死因 心血管障害。胃がんだったのかもしれません。

特技・趣味・得意科目等

京都で三味線持ちの「源助」に化けて花街で幕府の動向を探っていたとき、新撰組の隊士に怪しまれたことがありました。そのときは芸者の君尾さんに「おい、源助、このグズ」といってもらい、助かりました。

本人希望記入欄

明治政府では、板垣退助ら急進改革派と大久保利通の専制主義の板ばさみとなり、ずっと胃が痛い状態が続きました。

履歴書

ふりがな　かつら　こ　ごろう		
氏名　桂 小五郎		
生年月日 1833年8月11日	没年月日 1877年5月26日（満43歳）	※ 男・女（男に○）
出身 長門国萩城下呉服町（現山口県萩市）		
立場 長州藩士、明治政府・内務卿	あだ名 逃げの小五郎	

概要

長州藩の藩医の家に生まれました。桂小五郎は通称です。逃げ回って生きのび、薩摩藩と「薩長同盟」を結び、倒幕の中心メンバーとして活躍しました。新政府樹立後、木戸孝允に改名。明治政府では、庶政全般の責任者となり、参与や文部卿などを兼務しました。でも、心身ともに疲れました。

年	歳	学歴・職歴（各項目ごとにまとめて書く）
1849	16歳	吉田松陰に兵学を学ぶ。
1852	19歳	江戸へ遊学し、神道無念流の剣術道場・練兵館で修行。塾頭になる。
1858	25歳	江戸藩邸勤務となる。
1862	29歳	京都留守居役に就任する。
1864	31歳	「禁門の変」により、京都で潜伏生活に入る。
1866	33歳	薩摩藩・西郷隆盛と面談し、「薩長同盟」を結ぶ。
1868	35歳	明治政府の総務局顧問兼外国事務掛に就任する。
1871	38歳	参議に就任。岩倉使節団の全権副史として海外視察に出る。
1874	41歳	参議を辞職し、宮内省出仕となる。
1875	42歳	参議に復帰する。
1877	43歳	心血管障害により死去。

記入上の注意　1:数字はアラビア数字で、文字はくずさず正確に書く。　2:※印のところは、該当するものを○で囲む。

天敵・薩摩と結んで討幕を成し遂げた長州閥のドン
桂小五郎（木戸孝允）
Katsura Kogorou

●剣の達人なのに刀を抜かない「逃げの小五郎」

幕末に活躍した志士で、桂小五郎ほど何度も名前を変えた者はいないだろう。1833年（天保4年）、長門国萩城下（現山口県萩市）で長州藩の藩医・和田昌景に長男が生まれた。その子は8歳のときに桂家の養子に出され、家督を相続して桂小五郎となった。

20歳のとき、剣術修行のため、江戸三大道場のひとつ、練兵館に入門した。そして1年もたたないうちに塾頭となり、免許皆伝を受けた。だが1853年（嘉永6年）のペリー来航の際、近代兵器を搭載した巨艦を見て、剣術の無力さを知る。そこから砲術や軍艦建造に強い興味を示し、長州藩の軍備を近代化させて外圧に対抗しようと考えた。

やがて激動の時代に突入する。藩命を受けておもむいた京都では、長州藩や土佐藩の攘夷派が「天誅」と称してテロ行為をくり広げていた。しかし、それは攘夷派の過激グループの仕業で、桂や部下の久坂玄瑞はそれを制止するブレーキ役を果たしていた。

その後、京都守護の会津藩と公武合体派の薩摩藩が結んだ攘夷派一掃作戦「禁門の変」（1864年）により長州藩は京都から追放。桂も当然のごとく会津藩や新撰組から命を狙われた。ここから桂小五郎主演の『幕末スパイ大作戦』が始まる。

何度も名前を変え、本願寺の寺男（寺に仕える雑用係）や小箱廻し（芸妓の三味線持ち）、ホームレスなどに変装して洛中に潜入した。朝廷や各藩の情報収集を続け、藩の名誉回復に努めもした。桂は剣豪だが、追っ手が迫ると一目散に逃げていたことから、「逃げの小五郎」と呼ばれた。新撰組に同行を求められたとき、「もれそうだ。大便させてくれ」と懇願し、隊士が油断している間に逃げたという逸話も残っている。

●後輩の伊藤博文に発した「幾松獲得」命令

1864年（元治元年）の第一次長州征伐後、長州藩では高杉晋作が俗論派（保守派）を軍事クーデターで打ち破り、討幕を目指す正義派（改革派）が藩政を握った。京都での潜伏生活に限界を感じた桂は出石（現豊岡市）で商人に化けて逃亡生活を続けたのち、1866年（慶応2年）、無事に長州へ戻った。正義派メンバーは彼をリーダーとして迎え入れた。

藩の指導権を握った桂は、高杉晋作や伊藤博文、大村益次郎、井上馨らに「討幕による日本の近代化を成し遂げよう」と宣言。すぐさま幕府との全面戦争への体制固めに入り、作戦を練り上げていった。

ところで『幕末スパイ大作戦』の続きだが、京都潜伏中の彼を助けたのが、のちに妻となる芸妓の幾松（松子）だ。彼女は新撰組に追われて逃げてきた桂をかくまったり、三条の橋の下でホームレスに化けて暮らしている彼のもとに握り飯を届けたりしていた。

桂が幾松を愛人にするまでに、じつはこんなエピソードがある。桂が京都の料亭で初めて幾松に会ったとき、幾松には旦那、つまり愛人関係にある男がいた。あきらめきれない桂は部下の伊藤博文に「なんとかしてくれ」と依頼した。伊藤は幾松の養母にかけあい、幾松を桂の愛人として旦那から譲り受けることに成功した。当時の伊藤は桂や高杉晋作の使い走りをしていたのだ。

●対決を宿命づけられた木戸孝允と西郷隆盛

薩長同盟を提案したのは土佐の脱藩浪士・坂本龍馬と中岡慎太郎だ。長州藩は幕府の長州再征より前に新式武器と軍艦を確保したかった。だが、朝敵の汚名をきせられ、外国人貿易商と取引ができなくなっていた。そこで桂が龍馬に「薩摩藩名義で武器や軍艦を買い入れることを条件に薩長同盟を受け入れてもよい」と打診。龍馬は承諾した。

と、ここで歴史通からこんな意地悪なツッコミが入るかもしれない。「長州藩が金を出し、龍馬率いる商社・亀山社中が長崎のグラバー商会から薩摩名義で軍艦を購入する。龍馬はこれで大儲けできるから条件をのんだのでは?」。否定も肯定もできないが、洞察力に優れた桂だから、龍馬の商才と行動力を見抜いていたことだけは確かだろう。

1866年（慶応2年）に開かれた、薩摩・西郷と長州・桂の首脳会談の席で、桂は積年の恨みから痛烈な薩摩批判を展開した。それで西郷が逆ギレして同盟が結べなくなるような同盟なら、無理に成立させることもないだろう。そう覚悟していたはずだ。

西郷は桂の薩摩批判を黙って受け入れ、薩長同盟の密約は成立した。だが、桂には「薩摩は信用できない」という懐疑心があったからだろう。このとき、同盟確認の裏書きを龍馬に依頼している。彼の慎重さとリスク管理能力の高さを物語っている。

明治政府成立後、桂小五郎は木戸孝允と改名し、総裁局顧問専任に就任。大久保利通と共に版籍奉還や廃藩置県などに奔走した。伊藤博文や井上馨、山縣有朋など「長州閥」あるいは「木戸派官僚群」と呼ばれる元長州藩士を登用したことでも知られている。

政府を二分した「征韓論」をめぐる政争で、木戸が激しく対立した相手は、かつて薩長同盟を結んで倒幕を成し遂げた西郷だった。「木戸はずっと西郷を嫌っていた」といわれているが、多くの同志を西郷に殺された憎しみをいつまでも抱えていたのかもしれない。

晩年は健康を害し、政治の現場からは離れていた。西郷が大将を務めた「西南戦争」が勃発したころには、すでに病床にあった。そんな木戸が死に際につぶやいたのは宿敵を叱責するこんな言葉だった。

「西郷、もういい加減にしないか」

容姿

若いころは面長な顔でしたが、出世した中年以降は四角い顔になりました。金持ちになって顔つきが変わったようです。

性格

温和で礼儀正しく世話好きです。明治政府の要職についてからは少し短気になり、陰で「雷オヤジ」と呼ばれました。お金への執着心が強く、金銭感覚に優れていると思います。

幼少期の様子

剣術は苦手でしたが、勉強は好きでした。

金運

金のにおいに敏感で、賄賂と利権で私腹を肥やしました。自分でいうのもアレですが、資産家です。

トラウマ

剣術が苦手なこと。

家庭環境

長州藩士・井上家の次男として生まれ、志道家の養子となりました。しかし義父・義母となじめず、井上家に戻りました。

恋愛関係

女性には淡泊で結婚は32歳。その後、祇園の芸妓に夢中になり、やがて愛人関係を結びました。

人生の目標

金を貯め、それを有効に資産運用すること。

交遊関係

高杉晋作、木戸孝允、伊藤博文、山縣有朋、渋沢栄一、益田孝など多数。

趣味

古美術品収集、創作料理。

仕事ぶり

財政のスペシャリストで、資金調達が得意です。財閥との太いパイプがあるので政府の仕事は彼らに発注しています。

家族

妻・武子との間に子供はできず、千代子を養女として迎えました。のちに内閣総理大臣となった桂太郎は娘婿です。祇園の芸妓・つねとの間に1女あり。

死因

病死。

特技・趣味・得意科目等

料理の腕にも自信があり、一度だけ大正天皇を別荘に招き、私の創作料理を召し上がっていただいたことがございます。そののち、大正天皇は「井上の家で食べた料理のうちあれが一番うまかった」とおっしゃったのはタクワンでした。

本人希望記入欄

古美術品集めは、金持ちの道楽かもしれませんが、目利きはあると思いますよ。

履歴書

ふりがな　いのうえ　かおる		
氏名　**井上 馨**		
生年月日 1836年1月16日	没年月日 1915年9月1日（満79歳）	※ ㊚・女
出身 周防国湯田村（現山口県山口市湯田温泉）		
立場　長州藩士、明治政府外務卿	あだ名　三井の大番頭、財界総理、雷オヤジ、今清盛	

概要

長州藩の名門の家に生まれました。尊王攘夷活動に参加後、英国留学も経験しています。維新後は政府の外務大臣や農商務大臣など要職を歴任。財閥との癒着が著しく、汚職のうわさが絶えませんでした。実業界でも活躍し、三井財閥の最高顧問になりました。

年	歳	学歴・職歴（各項目ごとにまとめて書く）
1851	15歳	藩校「明倫館」に入学する。
1858	22歳	江戸にのぼり、蘭学や砲術、剣術を学ぶ。
1862	26歳	高杉晋作、久坂玄瑞らと英国公使館焼き討ちを行なう。
1863	27歳	英国留学するが、列強の下関砲撃計画を知り、帰国。
1867	31歳	九州鎮撫総督の参謀に就任する。
1871	34歳	大蔵大輔に就任する。
1873	37歳	汚職事件を追及され、大蔵大輔を辞任する。
1873	37歳	先収会社（三井物産の前身）を設立する。
1877	41歳	政界に復帰し、参議兼工務卿となる。
1883	47歳	外務卿に就任し、鹿鳴館を建設する。
1892	56歳	第二次伊藤内閣で内務大臣に就任する。
1915	79歳	静岡県の別荘で死去。

記入上の注意　1：数字はアラビア数字で、文字はくずさず正確に書く。　2：※印のところは、該当するものを○で囲む。

長州藩士から清濁併せ呑む政財界の実力者へ

井上馨

Inoue Kaoru

●過激派青年が藩の公金を担保に英国へ密航

明治初期の政財界に大きな影響を与えた井上馨は1836年（天保7年）、長州藩の名門の流れをくむ藩士・井上家に生まれた。藩主・毛利敬親がつけてくれた「聞多」を名乗り、維新後に「馨」と改名した。

藩校で学んだのち、江戸に遊学。当時、大ブームになっていた尊王攘夷思想に感化され、同郷の高杉晋作や久坂玄瑞、伊藤博文らと共に1862年（文久2年）、「英国公使館焼き討ち」に参加した。井上も高杉同様、過激派青年だったのだ。

井上は翌1863年、英国留学を藩に嘆願する。留学といっても、幕府や藩の専用船での渡航ではないので正しくは密航だ。希望者は伊藤博文を含む5名。のちに「長州五傑」と呼ばれるメンバーだ。井上はこのとき、長州藩の先輩で、攘夷運動のリーダーであった桂小五郎に次のような内容の手紙を書いている。

「近い将来、先進文明を身につけて帰国する。生きた機械を買うと解釈し、高額の出費だけど嫌な顔をせずに出してほしい」。これを読んだ桂は後輩のために尽力し、藩主から正式に許可が出た。だが、渡航前にトラブルが発生した。

藩から支給されたのは600両だが、上海経由英国行きの渡航費は留学生5人で5000両もかかることが発覚したのだ。井上がひねり出した解決策はこうだ。江戸の長州藩邸に鉄砲購入費用として保管されている1万両を担保にして、足りない分のみ金融業者から借りる。「藩の公金を担保にする」という発想と度胸はたいしたものだ。しかも藩の家老に同意させた交渉力も見事。のちに財界でも剛腕を振るう井上の片鱗がうかがえる。

●攘夷思想から開国派へ転向

井上と伊藤は留学中、英国の発展に驚き、「もはや攘夷ではない」と悟って開国論に転じた。そのころ、攘夷運動の盛んな長州藩は関門海峡を通過する外国船への砲撃を始めていた。そのうわさを聞き、井上と伊藤は「英国と戦って勝つわけがない。戦争を回避しなければならぬ」と考え、急いで帰国した。

横浜に着いた井上と伊藤は英国大使オールコックに「報復攻撃をしないでほしい」と和平交渉をもちかけたが、聞き入れてもらえなかった。長州に戻り、藩主に開国への方針転換を訴えたが、あえなく却下。1864年（元治元年）、4国連合艦隊の砲撃が行なわれ、長州の砲台はことごとく破壊されてしまう。その後、井上は高杉や伊藤と共に英国との講和担当に命じられる。

自分の主張が認められず、しかも負けたら今度は講和担当にさせられるとはひどい話だ。実際この仕打ちに井上と伊藤は激高したという。ただ、高杉や伊藤が「長州藩は幕命に従ったのみ」と主張したため、米英仏蘭に対する損害賠償責任は徳川幕府のみが負うこととなった。

下関戦争で外国からコテンパンにやられたことは、長州藩にとって結果としてよい薬になった。列強に対する武力での攘夷を放棄し、海外から新知識や技術を積極的に導入して軍備軍制を近代化していく、そのきっかけになったのだ。

ところで、長州藩はそのころ、軍備を整えて討幕に向かおうとする正義派（改革派）と、幕府に従おうとする俗論派（保守派）が対立していた。俗論派の上級藩士に討幕を説いてまわった井上は一度、俗論派の刺客に襲われ、瀕死の重傷を負っている。

背中、後頭部、頬を斬られ、下腹部も刺されたが、懐にしまっていた鉄製の鏡がヘソのあたりまでずり落ちていたため、致命傷にいたらなかった。その鏡は「祇園一の美貌」とうたわれた芸妓・中尾君尾が「自分の身代わりです」といって渡したものだった。井上は彼女に助けられたようなものだが、井上馨の強運は否定できない。

●300円の古美術品を100倍以上で売りつける

新政府では、外国事務掛や大蔵大輔などを務め、財務政策に力を注いだ。予算問題や尾去沢銅山の汚職疑惑を追及されて辞職して以降は、米の売買や鉱山事業などを手がけ、紡績事業や鉄道事業を起こした。とりわけ西郷隆盛から「三井の大番頭」とバカにされるほど三井財閥とのつながりが強く、三井財閥では最高顧問に就任している。

こうして当時の経済界のトップにまでのぼりつめ、「財界総理」とまで評された井上には、つねに金にまつわるダーティーなうわさがついてまわった。しかし、それは清濁併せ呑む政財界の実力者・井上馨だけに与えられた勲章だったのかもしれない。その後、盟友・伊藤博文の要請で政界へ復帰し、外務大臣や内務大臣を務め、不平等条約改正交渉にもあたった。直情型の一面があり、不満があると相手を怒鳴りつけることから「雷オヤジ」と呼んで敬遠する者も多かったという。また、無類の料理好きだったようで、ときおり風変わりな創作料理に挑み、友人を招いて「うまいから食べろ」と押しつけて困らせたらしい。

賄賂や利権などで得た莫大な金は、古美術収集に使われた。コレクションのうち数点が国宝や重要文化財に指定されている。若いころから資金集めを得意とした井上のことだから、古美術収集も投機の一部だったのかもしれない。300円で買った観音像を、三井物産初代社長・益田孝に3万5000円で売却したのは実話らしい。

容姿
若いころから額は広かったです。明治政府の要職についたのは20代後半でしたが、すでに老け顔でした。それ以降、ずっとひげを蓄えたままです。
性格 向上心が旺盛で出世欲が強いです。陽気で明るい性格で、好みの女性はかならず口説きます。
幼少期の様子 家は貧しかったですが、勉強は好きでした。身分の低さを気にして育ちました。

金運	交遊関係
維新までは貧乏でしたが、明治政府の要職についてからは豊かになり、大きな資産を築きました。	木戸孝允、高杉晋作、井上馨、山縣有朋、岩倉具視など
トラウマ 幼いころの貧乏暮らし。	趣味 芸者遊び。
家庭環境 父・十蔵、母・琴子とも健康ですが、収入が少なくて苦しい暮らしを強いられました。兄弟はいません。	仕事ぶり 明るく元気に猛烈に働くタイプです。英語が得意なので外交官や通訳もできます。
恋愛関係 愛人の数は数えられません。	家族 妻・梅子との間に2女、養子1男、愛人との間にできた子供のうち認知したのは2男のみです。
人生の目標 日本国を近代国家へ導くこと。	死因 ハルビンで射殺。

特技・趣味・得意科目等
大磯の別荘を本邸にしてからは、護衛をつけず一人でふらりと農家に立ち寄っては、米麦の値段や野菜の出来具合を聞いたりもしました。 下関のふぐ料理が好きで、当時の山口県知事に食用の解禁を命令したのは私です。

本人希望記入欄
性欲の強さは生きる力に通じていると思っています。

履歴書

ふりがな　いとう　ひろぶみ

氏　名　**伊藤 博文**

生年月日	没年月日	※
1841年10月16日	1909年10月26日(満68歳)	㊚・女

出身　周防国熊毛郡束荷村字野尻
(現山口県光市束荷字野尻)

立場	あだ名
長州藩士、 内閣総理大臣	好色総裁、 よろしいの御前

概要
百姓の家に生まれ、貧乏暮らしを体験しました。吉田松陰先生主宰「松下村塾」で一緒に学んだ高杉晋作さん、久坂玄瑞さんにあこがれ、尊王攘夷運動に励んだのち、倒幕運動に加わりました。藩の経費で英国へも留学しました。明治政府では要職につき、初代内閣総理大臣にまで出世しました。

年	歳	学歴・職歴(各項目ごとにまとめて書く)
1854	12歳	父が伊藤家の養子となり、親子で足軽になる。
1857	15歳	松下村塾に入塾し、吉田松陰の教えを受ける。
1862	20歳	英国公使館焼き討ちに参加、国学者・塙次郎を暗殺する。
1863	22歳	士分にとりたてられ、英国へ留学する。
1864	23歳	外国艦隊との講和に藩の通訳として参加。高杉晋作の挙兵に駆けつける。
1868	26歳	明治政府で外国事務掛に就任後、兵庫県知事となる。
1869	27歳	大蔵少輔に就任する。
1871	29歳	岩倉使節団に副仕として参加。欧米諸国を訪問する。
1878	36歳	内務卿に就任する。
1885	44歳	初代内閣総理大臣となる。
1905	63歳	韓国総監に就任する。
1909	68歳	ハルビン駅で暗殺される。

記入上の注意　1:数字はアラビア数字で、文字はくずさず正確に書く。　2:※印のところは、該当するものを○で囲む。

貧農から初代内閣総理大臣になった唯一の元勲

伊藤博文

Itou Hirohumi

●やがて上り詰める危険なテロリスト

周防国（現山口県）の農民・林十蔵の長男として１８４１年（天保12年）に生まれた伊藤博文は、家が貧しかったため、12歳ころから奉公に出された。12歳のとき、父が長州藩の足軽・伊藤家の養子となったため、下級武士の身分を得て伊藤姓となる。

その後、吉田松陰の松下村塾に入門し、高杉晋作や久坂玄瑞ら長州藩の志士と知り合ったことで尊王攘夷運動に身を投じることになる。吉田は伊藤を「周旋家（ことを成すために立ちまわる人）になりそうだ」と評したという。

やがて桂小五郎の御用手付役（雑用係）となった伊藤は、１８６２年（文久2年）、高杉や久坂が行なった英国公使館焼き討ちに参加。さらに、みずから志願し、幕府の御用学者で国学者の塙次郎を斬殺している。

若き日の伊藤博文は、じつに危険なテロリストとしかいいようがない。農民出身であったためか伊藤は功名心が強く、過激な尊王攘夷活動で名前をはせようとしたのではないだろうか。英国公使館焼き討ちも暗殺も、みずからの存在を誇示するデモンストレーションだったのかもしれない。ともあれ、これらの過激な行動と伊藤を高く評価していた桂の後押しにより、伊藤は22歳で長州藩から正式な士族として認められることになる。

●豊臣秀吉にも劣らない下克上ぶり

長州藩士となった伊藤は、1864年（元治元年）の四国連合艦隊下関砲撃事件の講和で外交手腕を発揮したり、藩内クーデターを企てた高杉の決起にためらいなく駆けつけたりした。藩の人材不足も手伝って、やがて長州藩の幹部へとのぼりつめる。アルバイトの青年が試用期間を経て正社員に採用され、そのバイタリティーと働きが認められ、部長に抜擢されたようなものだ。

維新後は外国事務局判事、大蔵少輔、初代兵庫県知事など、明治政府のさまざまな要職を歴任。「維新の三傑」（西郷、木戸、大久保）が亡くなって以降は、明治政府の中核を担った。最も大きな仕事は、内閣制度の創設と大日本国帝国憲法の制定だろう。長州閥の井上や山縣有朋に推され、1885年（明治18年）には初代内閣総理大臣に就任した。農民から関白・太閤までのぼりつめた豊臣秀吉を彷彿とさせる立身出世ぶりだ。

だが、出自に対する劣等感が強く、政府の要職についてからは、素性を知る者が多い故郷にはほとんど帰らなかった。また、吉田松陰の松下村塾で短期間とはいえ松陰に学んでいるのにもかかわらず、晩年には「それは間違いで、世話になったり、教えを受けたりしたこともない」と否定している。ほかの門下生と同等に扱ってほしくなかったのか、あるいは「暗黒の時代」としてふれてほしくなかったのか、真意は定かではない。

●無類の女性好き。つけられたあだ名は「好色総裁」

伊藤の好色ぶりは有名だ。明治のジャーナリスト宮武外骨は「好色総裁」と皮肉り、東京市長・牛塚虎太郎は「女好きさえなければ、人間として満点」と評した。さらには明治天皇から「女遊びもほどほどにしろ」と注意されるほどハチャメチャだったようだ。

伊藤は二度結婚している。最初の妻は、松下村塾で知り合ったすみこだ。山県有朋と奪い合いになった末、射止めたという。しかしその後、下関の芸者・小梅と知り合い、伊藤がひとめぼれ。すみこと離婚し、小梅と再婚した。これが正妻の梅子だ。

伊藤は好みの芸妓を見つけると「頼む、俺と寝てくれ」「とにかくやらせろ」とストレートに口説いたという。地方で出会った好みの女性に「俺と一緒に東京へ来い」「俺の別荘で働け」と命令し、連れて帰ることもあった。ときには別荘に二人の女性を呼んだ。一人を隣室に待機させ、伊藤が枕元の鈴をチリンと鳴らすのが「選手交代」の合図だった。好色総裁は、どうやら「絶倫エロ総理」でもあったようだ。

えっ、この本は『性豪列伝』じゃないよね？　そのとおりだが、もう少しだけつきあってくれ。伊藤が口説いた相手はプロばかりではない。著名人や上流夫人との不倫も多い。岩倉具視の次女で、「鹿鳴館の華」と称えられた戸田極子もその一人。彼女には夫がいたが、鹿鳴館でのパーティーの最中に伊藤が庭園の茂みへ強引に誘った。これが周囲にバレてしまい、新聞に「破廉恥男」と書かれたことがある。「明治の紫式部」とうたわれた教育者で歌人の下田歌子とも浮名を流した。

こんな逸話も残っている。西郷隆盛と伊藤、大隈重信らが集まった神戸の茶屋で、美人と評判の娘を伊藤と大隈が同時に好きになり、両者が駆け引きを展開した。しかし伊藤が大隈を出し抜いて部屋へしけこんだ。間の悪いことに、大隈は伊藤と娘が部屋から出てくるところに出くわしてしまったのだ。嫉妬に狂った大隈が伊藤にいい寄った。

と、そこに困り顔の西郷隆盛が割って入り、「憂国の男子が、何のつまらんことを」と叱りつけたという。西郷どん、よくいってくれた。

ところで、伊藤の正妻・梅子だが、彼女は夫の女遊びにはいっさい口を出さなかったという。伊藤が芸者を家へ連れてくると、梅子は彼女たちに宿泊の用意をしたという逸話も残っている。しかも愛人が生んだ子供の面倒も見たというから、伊藤夫婦は世間の常識とは異なる「規格外の関係」だったようだ。

容姿

175センチの痩身。彫が深く、日本人離れしたルックスです。

性格

口が達者で、誰にでも意見します。正しいと思ったことは口にするタイプです。

幼少期の様子

父の後妻の子だったので、家庭的には恵まれない幼少時代でした。また、体が丈夫ではなかったので、武術より学問が好きでした。議論は得意でしたよ。

金運

維新まではギリギリの生活でしたが、明治政府の要職について以降、お金に困ることはありませんでした。

交遊関係

坂本龍馬、伊藤博文、三条実美、後藤象二郎、黒田清隆、西園寺公望など。

トラウマ

8歳のとき、父が失脚して貧乏になったこと。

趣味

洋書を原文で読むこと。獄中ではイギリスのベンサムの著書を翻訳しました。

家庭環境

父は伊達宗広で、母・政子はその後妻です。上に兄が5人もいます。この家にはなじめませんでした。

仕事ぶり

妥協しない交渉力と英語力がセールスポイントです。仕事は強気で攻めます。

恋愛関係

先妻・蓮子が亡くなる前から新橋の芸妓・小鈴と愛人関係になっていました。私は再婚して嫉妬深くなりました。

家族

息子2人、娘2人をもうけましたが、娘2人は私より早く逝きました。

人生の目標

敬愛する坂本龍馬の夢を継ぐこと。

死因

肺結核。

特技・趣味・得意科目等

私の英語力は宣教師として長崎に来ていたフルベッキの家にボーイとして住み込み、マリア夫人から学びました。ええ、マリア夫人とは男女の関係はありませんでしたよ。

本人希望記入欄

日本の外交はもっと強気でいきましょう。私はつねに「こんなとき、坂本龍馬ならどうするか」と考えながら交渉してきましたよ。

履歴書

ふりがな　むつ　むねみつ		
氏名　陸奥 宗光		
生年月日 1844年8月20日	没年月日 1897年8月24日（満53歳）	※ ㊚・女
出身 （現和歌山県和歌山市）		
立場 「海援隊」副長格、外交官、外務大臣	あだ名 カミソリ陸奥、カミソリ大臣	

概要

紀州藩士の名家に生まれましたが、若くして家出同然で江戸に出ました。勝海舟の「神戸海軍操練所」に入り、坂本龍馬と出会って以降、「亀山社中」「海援隊」と転職。維新後はおもに外交畑で活躍。一度投獄されていますが、出獄後に政界へ復帰。不平等条約の改定に全力を注ぎました。

年	歳	学歴・職歴（各項目ごとにまとめて書く）
1858	14歳	江戸に出て、儒学者・安井息軒に師事するも破門される。
1864	19歳	神戸海軍操練所に入る。
1865	21歳	坂本龍馬が結成した「亀山社中」に参加する。
1867	23歳	亀山社中改め「海援隊」副長格となる。
1868	24歳	坂本龍馬暗殺の黒幕とおぼしき紀州藩士を襲撃し、「天満屋事件」を起こす。
1868	24歳	明治政府で外国事務御用掛に就任する。
1869	25歳	兵庫県知事に就任する。
1878	34歳	山形監獄に投獄。のち宮城監獄へ移される。
1884	39歳	出獄後、欧州へ留学する。
1888	44歳	駐米公使兼駐メキシコ公使に就任する。
1892	48歳	第2次伊藤内閣で外務大臣に就任する。
1897	53歳	肺結核で死去。

記入上の注意　1：数字はアラビア数字で、文字はくずさず正確に書く。　2：※印のところは、該当するものを○で囲む。

陸奥宗光

近代外交の基礎をつくった「カミソリ外相」

Mutsu Munemitsu

●坂本龍馬から「才気渙発」と評価された非凡な才能

陸奥宗光は1844年（天保15年）、紀州藩士の家に生まれた。14歳のとき、江戸に出て、儒学者・安井息軒に師事する。

16歳くらいから女遊びを覚え、家庭教師や筆耕（写字や清書）で稼いだ金はすべて吉原につぎこんだ。陸奥は175センチの痩身で彫りが深く、日本人離れした容姿をしていた。そのため若いころから女性によくもてたようだ。師事した安井から「女遊びもほどほどにしろ」と何度も注意を受けたが、それでも吉原通いを続けたため破門された。

陸奥は江戸で剣術の腕を磨く体育会系青年でもなければ、尊王攘夷思想にかぶれた過激派青年でもなかった。この点は幕末の志士のなかでは異色だ。

1864年（元治元年）、幕臣の勝海舟が開設した神戸海軍操練所に入所する。坂本龍馬が塾頭となり、陸奥は龍馬に引き立てられて副長格となる。生意気で口の達者な陸奥は、同輩からは「小利口な小才子」と嫌われたが、龍馬は陸奥を「才気渙発」と高く評価した。陸奥は9歳上の龍馬に心酔し、「近世史上の一大傑物」と絶賛している。

その後、龍馬が長崎に「海援隊」を設立すると、陸奥もこれに参加し、副長格となる。このころ、陸奥は長崎の貿易商で「女傑」といわれた大浦慶のツバメ（年下の愛人）になっていたといううわさが残っているが、「彼ならそれもあり得るね」とすぐに納得させられてしまうところが、陸奥のキャラクターといえよう。

龍馬が1867年（慶応3年）、京都・近江屋で中岡慎太郎と共に暗殺されると、陸奥は紀州藩士・三浦休太郎を黒幕と見て報復を決意。三浦が宿泊する旅館を海援隊士とともに襲撃し、護衛をしていた新撰組と斬り合いをくり広げている。剣術の腕のない陸奥が斬り込むとは、よほど復讐の怒りに燃えていたのだろう。

●夫の嫉妬深さに辟易した元芸妓の美人妻

維新後の陸奥は、仕事や立場、生活の拠点をめまぐるしく変えていく。また、大きな挫折も味わうことになる。

明治政府が誕生すると、兵庫県知事、神奈川県令、地租改正局長などを歴任する。しかし、薩長藩閥政府に怒りを覚え、役人を辞職。いったん和歌山へ戻ってしまう。

そのころ、妻を亡くしているが、翌年に再婚。後妻の亮子は、新橋で名をはせた元芸妓で、現役時代は「小鈴」と名乗っていた。現代風の容姿で、のちに「鹿鳴館の華」と呼ばれるほどの美貌だった。維新後、美人の芸妓を妻として迎えた元勲は、木戸孝允と伊藤博文だけではなかったのだ。

その後、「西南戦争」に乗じて高知県で挙兵を計画した自由民権運動の活動家たちとの関係が発覚。彼らの政府転覆計画に加担したとして有罪判決が下された。陸奥は禁錮5年の刑を受け、山形監獄と宮城監獄に服役した。監獄が山形から宮城へ変わったのは、陸奥の外交手腕を高く評価していた伊藤博文が、当時最も設備の整っていた宮城監獄へ陸奥を移すよう手を尽くしたからだといわれている。

獄中の陸奥は妻の浮気を心配するあまり、亮子のもとへ大量の手紙を送り続けた。しかし、亮子は夫の嫉妬深さや束縛ぶりに辟易していたという。のちに「カミソリ」と呼ばれる陸奥だが、このときばかりは獄中にいる「うざい夫」だったようだ。

●課題であった不平等条約の改定を成し遂げた陸奥外交

出獄後は伊藤博文の勧めもあり、1884年(明治17年)に欧州へ留学。イギリスで2年間、内閣制度や議会運営などを学び、帰国後は外務省に務めた。その後、渡米して駐米公使とメキシコ公使を兼任。さっそく外交手腕を発揮し、日本最初の平等条約となる「日墨修好通商条約」を結ぶことに成功した。外交官・陸奥はとても有能で、「外交界のスター」

というような存在になる。これを踏み台にして大臣へと出世していく。と、ここまで読んで、ふと疑問に感じる人がいるかもしれない。「政府転覆計画に加担して服役した人物が政府の要職に返り咲くなんて、ありえない！」。今日の感覚ならそのとおりだ。陸奥が政界へ復帰できたのは、当時の政府の実力者である伊藤博文や井上馨と親しくしており、また彼らが陸奥の才能を高く買っていたからだ。

アメリカから帰国後、陸奥は第一次山県有朋内閣で農商務大臣に就任するが、明治天皇は反政府活動に加担した陸奥に不信感を抱き、大臣就任に難色を示した。しかしこのときは、山県が強く推薦したので、明治天皇は認めたという。

陸奥の最大の功績は、明治政府にとって最大の問題であった不平等条約での「治外法権」の撤廃を実現したことだろう。第二次伊藤内閣で外務大臣に就任した陸奥は、まずイギリスとの間の「日英通商航海条約」を締結し、治外法権を撤廃。以降、不平等条約を結んでいた15カ国すべてに対し、条約改定を成功させた。また、日清戦争後には、国益につながる日清講和条約（下関条約）を結んだ。

このように外交で振るう陸奥の辣腕は、その鋭さから「カミソリ陸奥」「カミソリ外務大臣」と称された。坂本龍馬は「世界の海援隊をつくる」と宣言したと伝えられているが、その姿を間近で見ていた陸奥宗光は龍馬の遺志を継ぐかのように世界をめぐり、カミソリの鋭さで明治の外交を成功させたのだ。

容姿

身長180センチの長身に長いアゴが目印。弟子からは尊敬のまなざしで見られています。自分でいうのも妙ですが、存在感があります。

性格

強い信念に従って動きます。身分で差別することはありません。目的を達するために冷酷になることもあります。

幼少期の様子

子供のころから剣術に夢中でした。正義感が強く、いつの間にか地元の子供たちのリーダーになっていました。

金運 裕福ではありませんが、妻・富子が上手にやりくりしてくれました。	交遊関係 坂本龍馬、中岡慎太郎、岡田以蔵、平井収二郎など土佐関係者が圧倒的に多いですね。
トラウマ アゴが長いこと。	趣味 木刀の素振り。絵を描くこと。
家庭環境 11歳のとき、両親を亡くし、祖母の扶養のため20歳で妻・富子と結婚しました。	仕事ぶり 信念に従って行動します。部下のコントロールには自信があります。
恋愛関係 妻・富子以外の女性とは、つきあったことがありません。つきあいたいとも思いません。	家族 妻・富子との間に子供はいません。養子はとっていません。
人生の目標 幕府に攘夷を迫ること。	死因 切腹。

特技・趣味・得意科目等

剣術は得意ですが、酒は飲めません。そうそう、私が獄中で描いた自画像ですが、渋くていい男に描けたので自分では満足しています。

本人希望記入欄

岡田以蔵への拷問は、少し手加減してもらいたい。

履歴書

ふりがな	たけち　はんぺいた
氏名	武市 半平太
生年月日	1829年10月24日
没年月日	1865年7月3日(満35歳)
※	男・女(男に○)
出身	土佐国吹井村(現高知県高知市仁井田)
立場	土佐藩士、「土佐勤王党」盟主
あだ名	アゴ、アゴ先生

概要

土佐藩士の家に生まれました。半平太は通称で、本名は瑞山です。剣術道場の弟子たちを中心に「土佐勤王党」を結成しました。敵対する者を暗殺しながら尊王攘夷運動を展開しましたが、政変により政局が一変して、今度は弾圧される側に回りました。

年	歳	学歴・職歴(各項目ごとにまとめて書く)
1855	25歳	自宅に剣術道場を開く。
1856	26歳	江戸へ出て鏡心明智流の士学館に入門。塾頭となる。
1861	31歳	「土佐勤王党」を結成する。
1862	32歳	刺客を使って吉田東洋を暗殺させ、藩政の主導権を握る。
1863	33歳	京都留守居加役に昇進し、上士格を得る。
		土佐勤王党幹部への逮捕命令が出され、投獄される。
1865	35歳	切腹を命じられ、「三文字割腹の法」で切腹する。

記入上の注意　1:数字はアラビア数字で、文字はくずさず正確に書く。　2:※印のところは、該当するものを○で囲む。

土佐勤王党を率いて藩を尊王攘夷へと導いた首領

武市半平太

Takechi Hanpeita

●坂本龍馬が兄弟のように慕った「アゴ」

武市半平太は1829年（文政12年）、土佐藩の郷士（下士層）の家に生まれた。半平太は通称で、本名は瑞山《ずいざん》だ。

12歳から剣術の修行に励み、25歳で自身の道場を開くほどの腕前となる。身長180センチの堂々とした体格。優れた剣術家としてのみならず、教養や指導力、決断力にも富んでおり、彼の道場には120人の門弟が集まったという。

同郷の坂本龍馬は武市の9歳年下だが、子供のころから仲がよかった。武市のアゴが長いことから、龍馬は親しみをこめて「アゴ」と呼んだ。

武市は剣術修行でおもむいた江戸で、長州藩の桂小五郎や久坂玄瑞、高杉晋作らと交流し、土佐の尊王攘夷運動の遅れを痛感した。土佐に帰った武市は、1861年（文久元年）、自身が盟主となり、急進的な尊王攘夷運動を行なう政治団体「土佐勤王党」を結成する。

参加したのは総勢192名。坂本龍馬をはじめ、武市道場の弟子でもある中岡慎太郎、岡田以蔵など下級武士がほとんどだった。

当時の土佐藩は佐幕開国派の重臣・吉田東洋が実権を握っていた。武市は同志に命令し、吉田を暗殺させた。これを機に藩の人事は一新。土佐勤王党が藩政の主流派となった。なお、龍馬は武市の方針に反発し、吉田東洋暗殺の直前に脱藩している。

その後、武市は京都で岡田以蔵などの過激派を操り、尊王攘夷派を弾圧した者を次つぎと抹殺していった。これが一連の「天誅」と呼ばれるテロだ。その結果、武市は土佐藩の威厳を高めることに貢献したとして上士格へ出世した。

●土佐藩の若手リーダーから一転獄中へ

土佐勤王党の活動に急ブレーキがかかったのは1863年(文久3年)のこと。会津藩と薩摩藩が協力して京都から尊王攘夷派を追放したのだ。前土佐藩主・山内容堂は武市らの暴走に脅威を感じ、重臣の後藤象二郎に命じて土佐勤王党に対する弾圧を開始。幹部への逮捕命令が下された。いわば土佐藩による指名手配だ。

このとき、中岡慎太郎ら一部の同志は土佐藩を見限って脱藩している。長州藩の久坂玄瑞は武市に脱藩して長州へ亡命するよう勧めた。しかし武市はこれを拒否。武市と幹部は投獄された。武市はその後、2年近く投獄され、取り調べを受けた。

ここでこんな疑問がわく。もし武市が龍馬や中岡みたいに脱藩して生きのびていたら、維新で西郷隆盛や大久保利通クラスの偉人になっていたはず。なのに、どーして武市は脱藩せずに捕まっちゃったのだろう？

武市は「前藩主の山内容堂なら自分たちの活動の正しさを理解してくれるはず」と、淡い期待を抱いたのかもしれない。あるいは、すでに自身の思想に限界を感じていたのだろうか。

ここで武市夫婦の夫婦愛に目を向けてみよう。武市の妻・富子は投獄された夫の不憫さを思い、夫と苦労を共にするために、冬は板の間で就寝し、夏は蚊帳をつらずに過ごした。夫をなぐさめるために本や押絵などを差し入れた。いっぽう、画の得意な武市は自画像と手紙を富子へ届けたという。

武市と妻・富子の間に子供はできなかった。それを心配した勤王党の同志が富子を説得して里帰りさせ、その留守中に武市に女性をあてがったことがあった。つまり、愛人もしくは後妻の斡旋《あっせん》だ。この行為を知った武市は同志をつかまえ、「子のないのは天命である。二度とこのようなことはするな」と叱責したという。

幕末の志士の多くが、廓へ通ったり、愛人を囲ったりした時代に、武市は「妻ひと筋」だった。また、酒は飲まず、甘いものが大好きだったという。自身の理想を妨げる者がいたら部下に暗殺を命じる残忍な一面と、人格者で愛妻家という一面をあわせもつのが、武市半平太という人間の奥深さといえよう。

●「信ずる道を貫く」武士の死に様

武市は取り調べに対し、一連の容疑を否認し続けた。しかし1865年（慶応元年）、あえなく死罪が確定した。最終的に死罪となったのは、武市以外は、岡田以蔵ら自白した4名で、彼らは斬首だった。

武市が暗殺に関していっさい口を閉ざした理由は、「信ずる道を貫いたのみ」とする武士の美学だったのかもしれない。武市の壮絶な切腹は武士の間で語り継がれた。武市は通常の一文字でなく三文字に腹を切り裂く「三文字割腹の法」を選んだ。「まだ誰も成功したことがない」ともいわれてきた伝説の方法を実践してみせたのだ。死に方にもこだわり、意地をみせるのもまた武市の美学だったのかもしれない。

武市の死によって土佐勤王党は壊滅。その後、後藤象二郎が徳川慶喜に大政奉還を提案し、政局は急展開していった。

晩年の山内容堂は武市に切腹を命じたことを何度も後悔したという。また、後藤象二郎は富子夫人に「あなたの夫を殺したのは誤りだった」と、やはり後悔の言葉をもらしたといわれている。

容姿 顔は細面で、体は痩身。ひげをはやした壮年以降の顔は、米国のリンカーン大統領に似ていると思います。	
性格 一度決めた信念は曲げません。行動力もあります。現実主義者です。	
幼少期の様子 とにかくやんちゃ坊主でしたね。隣町の後藤象二郎とは一緒によく遊びましたよ。	
金運 自宅を売って自由民権運動の資金にあてがうくらいですから、お金には縁がありません。	交遊関係 後藤象二郎、大隈重信、副島種臣、江藤新平、中江兆民などです。薩長閥の人とは深いつきあいはないですね。
トラウマ ケンカに負けて帰ると母に叱られたこと。	趣味 これといってありません。
家庭環境 実家の乾家は名家の上士なので、大きな家でのびのびと暮らしました。	仕事ぶり 好きなことに情熱をもって挑んできました。私利私欲はありません。
恋愛関係 結婚4回という回数が示すように、「恋愛＝結婚」というタイプ。4番目の妻・絹子は3番目の妻・鈴がまだ元気なころに自宅に住まわせました。	家族 4人の妻との間に5男5女をもうけました。台所は火の車でした。
人生の目標 自分が死んでも自由民権運動が永遠に続くようにしておくこと。	死因 公表していません。

特技・趣味・得意科目等

「退助」という名前は長い間、私のニックネームだったんです。本名は乾正形（まさたか）です。戊辰戦争の際、板垣正形に改名し、明治に入ってから板垣退助に統一したのです。

本人希望記入欄

4番目の妻・絹子とは長い間、愛人関係にありましたが、3番目の妻が亡くなって4年後に正妻としました。男のけじめだと思ったからです。

履歴書

ふりがな　いたがき　たいすけ

氏名
板垣 退助

生年月日	没年月日	※
1837年5月21日	1919年7月16日（満82歳）	㊚・女

出身
高知城下中島町（現高知県高知市本町通2丁目）

立場	あだ名
土佐藩士、自由民権運動の思想家、内務大臣	じつは「退助」があだ名なのです。

概要

土佐藩上士の家に生まれ、尊王攘夷活動に夢中になりました。薩摩藩と「薩土密約」を交わした後、倒幕挙兵に向かい、「戊辰戦争」では官軍の仲間に入れました。明治政府が誕生してからは、もっぱら自由民権運動に力を入れています。「板垣死すとも自由は死せず」の名言も残しました。

年	歳	学歴・職歴（各項目ごとにまとめて書く）
1856	18歳	藩から処罰を命じられ、外出禁止となる。
1861	23歳	江戸留守居役兼軍事御用に就任し、江戸勤務となる。
1867	29歳	京都で薩摩藩の西郷隆盛と「薩土密約」を結ぶ。
1868	30歳	「戊辰戦争」勃発と共に土佐藩迅衝隊を率いて京都へ向かう。
1869	31歳	明治政府の参与に就任する。
1871	33歳	参議に就任する。
1873	35歳	参議を辞任し、自由民権運動を開始する。
1874	36歳	愛国公党を結成し、民選議員の設立を建白する。
1882	45歳	暴漢に襲われ、負傷する。
1919	82歳	死去。

記入上の注意　1：数字はアラビア数字で、文字はくずさず正確に書く。　2：※印のところは、該当するものを○で囲む。

軍人のスペシャリストから自由民権運動の父へ

板垣退助

Itagaki Taisuke

●戊辰戦争で官軍の指揮を取って勝利に貢献

「板垣死すとも自由は死せず」の名言で知られる板垣退助は、1837年（天保8年）、土佐藩の上士の家に生まれた。幼少期は手に負えない暴れん坊だったという。隣町の後藤象二郎とは幼なじみで、彼も相当な悪ガキだったようだ。

土佐藩の重臣・吉田東洋に見いだされ、藩の要職を歴任する。当時の土佐藩上士のなかでは数少ない武力討幕派で、前藩主・山内容堂に倒幕論を説いたが、公武合体論を支持する山内に採用されることはなかった。

板垣が軍事のスペシャリストとして目覚ましい活躍を果たすのは、1868年（明治元年）に勃発した「戊辰戦争」だ。土佐藩迅衝隊《じんしょうたい》を率いて京都へ駆けつけた板垣は、新政府の東山道先鋒総督府参謀に任命された。いわば官軍の大将だ。江戸へ向かって進撃を開始し、甲州で元新撰組の近藤勇率いる甲陽鎮撫隊《こうようちんぶたい》を打ち破った。

日光では、大鳥圭介率いる旧幕府伝習隊が日光東照宮のある日光山に立てこもった。板垣は貴重な建造物である東照宮を焼失から防ごうと考え、僧侶たちと折衝。最終的に旧幕府軍は下山した。このことから板垣は日光では「日光の恩人」と呼ばれている。

東北戦線の山場となった会津の戦いでは、電撃的な侵攻で旧幕府軍・会津藩軍を追いつめ、会津若松城を攻略した。このときの様子を板垣はのちに「意外なことに、籠城していたのは士族出身者だけであり、一般の人民は知らぬふりで戦争に関わらない様子であった」と記している。この着眼点は板垣独自のものだ。

戊辰戦争で非凡な軍略の才能を遺憾なく発揮した板垣は、この功績によって明治政府の参議に抜擢される。板垣以外で参議についたのは、西郷隆盛、木戸孝允、大隈重信。維新に貢献した4つの藩、土佐、薩摩、長州、肥前(佐賀)から一人ずつ選ばれた。

●参議辞職を機に自由民権運動を開始する

1873年(明治6年)、朝鮮開国をもくろむ「征韓論」をきっかけに明治政府は分裂することになる。板垣と西郷らが「征韓論」を主張し、大久保利通や岩倉具視らが反対した。最終的に「征韓論」は退けられ、板垣は参議を辞職した。これが士族反乱や自由民権運動の発端となった。

板垣は後藤象二郎や江藤新平らと共に、1874年(明治7年)、政治結社「愛国公党」

を結成する。藩閥専制を排して民撰議院の設立を政府に要求することが、この組織の当面の政治課題だった。政府に提出した民撰議院設立建白書は藩閥による専制政治を批判し、「士族や平民に参政権を与え、議会を開催せよ」と主張するものだった。

この提案は却下されたものの、これをきっかけに基本的人権の保護、言論の自由や集会の保障など社会的な活動へとつながっていった。こうして板垣は「自由民権運動の父」と呼ばれるようになる。

1881年（明治14年）には、政党「自由党」を結成し、党首となった。この翌年、岐阜で遊説中に暴漢に襲われ、負傷した。このとき、彼は冒頭に引いた「板垣死すとも自由は死せず」と叫んだとされている。実際には板垣はこの場で亡くなることはなく、この言葉は後世に残る名言として生き残った。

しかしその板垣の言葉はあまりにもカッコよすぎる。もしかするとつくり話なのかも、と調べてみると、じつはこれには諸説あり、「側近がいった言葉だけど、自由党党首の言葉にすると光るから、新聞記者が板垣の言葉として書いた」という説と、「これに近いことを口にしたが、それがどんどん変化していき、この名言になった」という説が有力だ。これら以外では、板垣が実際に叫んだのは「痛い！　早く医者を呼んでくれ」だった、という説も切実さが感じられ、捨てがたい。板垣自身はのちに「あの事件のときは、アッと思うばかりで、声も出なかった」と記している。

●みずからの命を狙った犯人への特赦嘆願

政治家としての板垣には、脇の甘さが目立つところがある。たとえば板垣は1882年（明治15年）に盟友・後藤象二郎と共に立憲政治の視察のためにヨーロッパに出向いたが、これは自由民権運動を抑え込みたい伊藤博文が後藤に勧めたものだった。

板垣の洋行に対し、「民権運動の大事な時期に宿敵である政府から資金をもらって海外旅行するとは、板垣はけしからん」という批判が自由党党内から出た。これに対し板垣は批判した党員を追放する。内部分裂を狙った伊藤の策略にまんまと乗ってしまったことになる。また自宅を売り払って自由民権運動に身を投じたため、晩年は経済的に困窮していたようだ。当時は財閥と組んで私財を溜めこむ政治家が多かったが、板垣はそれができなかった。板垣が政治家として成功するには潔癖で理想が高すぎたのかもしれない。

自身の命を狙った岐阜事件の犯人に対し、板垣は特赦嘆願書を明治天皇に提出していたこともわかっている。無期懲役の判決を受けた犯人は、板垣の働きかけもあり、恩赦で釈放された。釈放後、謝罪のために板垣のもとを訪れた犯人を板垣は許したという。

板垣は授爵の勅を二度断わっている。自由平等を唱える庶民派の政治家としてはイメージにあわないから「伯爵位などいらぬ」と発言したのかもしれないが、ここにも板垣の高潔さが表われているようだ。

容姿	
小柄で色黒、頭が大きく額が広い。自分では物理的にユニークな存在かもしれないと思っております。容姿ばかりは自分で選べませんのでねぇ。	
性格	
つねに冷徹な計算と洞察力を働かせるタイプです。感情論より科学として正しいか否かを追求します。	
幼少期の様子	
とにかくずっと勉強ばかりしていました。	
金運	交遊関係
お金を使わないので、資産は増えました。	緒方洪庵、桂小五郎、高杉晋作、井上馨、山縣有朋など長州藩の人が多いですね。
トラウマ	趣味
容姿。	洋書の翻訳、動物の解剖、骨董品集め。
家庭環境	仕事ぶり
父も母もおだやかな人でした。医者の家なので、自然と医者になりました。	冷徹なくらい真剣に挑みます。
恋愛関係	家族
恋愛にはまったく興味がありません。	妻・琴子との間に子供はできませんでした。
人生の目標	死因
日本の陸軍を世界一にすること。	刺客による刺殺。

特技･趣味･得意科目等
外国語はオランダ語、英語が得意です。好物は豆腐です。 ところで、私が藩の軍艦を売却するために、秘密裏に上海へ渡ったといううわさがありますが、それは長州藩の最高機密なので、履歴書には書けません。

本人希望記入欄
写真はイラストでご勘弁ください。

履歴書

ふりがな	おおむら ますじろう
氏名	大村 益次郎

生年月日	没年月日	※
1824年5月3日	1869年11月5日（満45歳）	男・女

出身
周防国吉敷郡鋳銭司村（現山口県山口市鋳銭司）

立場	あだ名
長州藩士、 明治政府兵部大輔	火吹きダルマ

概要

長州藩の村医の家に生まれ、医学や蘭学を学びました。医者になりましたが、人気がなくて繁盛しませんでした。そこで江戸で私塾を開いたら人気者になり、長州藩から誘いが届きました。藩の軍事担当に就任し、多くの戦争で指揮をとりました。明治政府でも陸軍の創設を目指していました。

年	歳	学歴・職歴（各項目ごとにまとめて書く）
1846	22歳	大坂に出て緒方洪庵の「適塾」で学ぶ。
1850	25歳	帰郷し、村医となる。村田良庵と名乗る。
1856	31歳	江戸に出て、私塾「鳩居堂」を開く。村田蔵六に改名する。
1857	32歳	幕府「講武所」の教授に就任する。
1860	35歳	長州藩士となる。
1863	39歳	萩へ帰国し、長州藩の兵学校教授に就任する。大村益次郎に改名する。
1866	41歳	軍の責任者となり、第二次長州征伐で大きな功績をあげる。
1868	43歳	戊辰戦争で軍務官判事兼江戸府判事となり、上野戦争で功名をあげる。
1869	45歳	明治政府の軍務官副知事に就任する。 京都で暗殺される。

記入上の注意　1：数字はアラビア数字で、文字はくずさず正確に書く。　2：※印のところは、該当するものを○で囲む。

大村益次郎

長州藩の天才軍略家から日本の近代兵制の創始者へ

Omura Masujiro

●桂小五郎がヘッドハンティングした江戸の人気講師

幕末・維新に活躍した志士のうち、大村益次郎ほど明晰な頭脳と異色のキャリアをもつ者はいないだろう。大村は1824年（文政7年）、周防国（現山口県）で村医を営む家の長男として生まれた。

18歳から医学や蘭学、儒学や算術などを学んだのち、22歳ごろから約5年間、大坂の緒方洪庵が主宰する適塾で勉強した。在籍中に長崎でオランダ語を修め、戻った適塾で塾頭まで進んだ。同門には、のちに慶應義塾大学を創設する福沢諭吉や、のちに幕府陸軍の教育担当を務める大鳥圭介がいる。そのような秀才たちが集まるエリート集団の頂点に立つほど、大村は頭脳明晰だったということだ。

開業医の父の跡を継いだが、医院の評判はよくなかった。大村が無口で無愛想だったからだ。夏に患者から「先生、今日も暑いですねぇ」と時候のあいさつをされると、「夏は暑くて当たり前です」と真顔で答えたというから、「やや変人」の部類に入れてもいいかもしれない。それでも、時代が大村の知識と頭脳を求めていた。蘭学や兵学の知識を求めるニーズが高まり、それに存分に応えられる人材が必要とされていたのだ。

まず、蘭学者を求める宇和島藩に取り立てられ、西洋兵学や蘭学の講義をもった。1856年（安政3年）には、江戸で私塾「鳩居堂」を開き、蘭学・兵学・医学を教え始める。入門者のなかに長州藩の久坂玄瑞もいた。大村の高名が伝わり、幕府から武芸訓練機関「講武所」の教授に任命された。「大村先生は海外から届いたばかりの洋書の難文をすらすらと翻訳した」と、同僚が驚くほどのレベルだったという。

そんな大村の才能にほれこみ、「長州藩士になって西洋兵法を教えてくれないか」と誘った男がいた。長州藩の桂小五郎だ。こうして大村は、医師、人気講師を経て、長州藩の軍事担当者に就任することになる。

●長州藩の軍制改革を進めた「火吹きダルマ」

長州藩士となった大村は、兵学校教授として士官の養成にあたった。藩から軍制改革の責任者に抜擢されると、西洋式軍制を導入。農・町人の志願者を訓練する制度をつくり、武器も整備した。幕軍の襲撃を想定し、高杉晋作が組織した「奇兵隊」のような諸隊を再編成して藩の統制下に組み入れた。諸隊の指揮官に戦術を伝え、幕軍の攻撃に備えた。

ところで、いくら桂小五郎が抜擢したとはいえ、畑違いのところから来た大村がいきなり軍事部門のトップに立ったら、生え抜きの藩士は反発するのでは、とも思う。藩内では確かに彼に対する差別や反発はあったらしい。しかし、当時の長州藩は改革派と保守派に分裂しており、人材も不足していた。内部抗争をしているときではなかったのだ。

幕府が諸藩に命じて長州藩に兵を進めた1866年（慶応2年）の第二次長州征伐では、石州口方面の戦いで実戦指揮を担当し、相手の自滅を誘う巧みな戦術で幕軍を撃破した。部下が注意しても弾の飛び交う場に立ち、「鉄砲の弾ちゅうものは、めったに当たるものではありません。恐れても、隠れても、運が悪ければ命中する」と平然と答えたという。

そんな大村につけられたニックネームは「火吹きダルマ」。ダルマのような容貌で、火を吹くように激しく話すタイプだったから、このように呼ばれたのだろうか。クスっと笑える絶妙なネーミングではないか。

大村や高杉の活躍で長州藩は幕軍に勝利し、幕府の権威は地に落ちた。大政奉還後は薩長藩が官軍となり、戊辰戦争に突入した。大村はここでも天才的な指揮を発揮する。幕臣の勝海舟から江戸の治安維持の権限を譲られ、上野に立てこもる旧幕府軍の残党をわずか1日で鎮圧したのだ。これには西郷隆盛も驚き、絶賛したという。

明治政府で陸海軍のすべてを掌握する兵部大輔についた大村は徴兵制を制定し、志願兵制からなる職業軍人をつくりあげることを構想した。そのために兵学校を設置し、陸軍をフランス式、海軍をイギリス式にする計画を立てていた。また、兵器や火薬は国内で生産するなどの近代兵制を整えていった。

●怜悧な物言いが敵をつくることも

そんな矢先、大村は彼の改革に不満を抱く元長州藩士に襲われ、絶命した。臨終の際に「西国から敵が攻めてくるから気をつけろ。新制の大砲を用意しておけ」と告げていることから、大村が薩摩や佐賀など西南雄藩の動向を警戒していたことがわかる。

私生活は芸者遊びも愛人を囲うこともなくとても質素だった。26歳で結婚したが、子供はおらず、唯一の趣味は骨董品集め。といっても高価なものは買わなかった。

戦争では負け知らずの天才軍略家は、医学や兵法を記した洋書を翻訳する学者や、動物を解剖して身体のしくみを解明する科学者の顔ももっていた。こういう見地から発せられる論理的な物言いはときに冷淡に見え、敵をつくることも多かったという。

桂小五郎や高杉晋作のような華はなく、志士のなかでは地味な存在だ。現代なら「軍事おたく」と呼ばれそうだが、司馬遼太郎の歴史小説『花神』では主人公として描かれ、NHKの大河ドラマにもなった。つねに先を見通していた大村も、100年後に自分を主役にした小説や番組がつくられるとは思いもしなかったことだろう。

容姿

身長180センチ。威圧感があります。若いころからオデコは広く、口はいつも「へ」の字に結んでおりました。気難しい顔ですが、これが私の顔なのです。

性格

有言実行タイプ。負けず嫌い。でも、九州男児らしく陽気で明るい性格です。

幼少期の様子

スポーツは苦手でしたが、勉強は得意でしたよ。でも、おかしいと思ったことには反抗しましたね。

金運 これまでに一度も金に困ったことはありません。	交遊関係 板垣退助、副島種臣、伊藤博文、井上馨ほか多数。
トラウマ そんなもの、ありません。	趣味 メロン栽培、早稲田大学野球部の試合観戦。
家庭環境 上士の家柄だったので、何不自由なく育ちました。	仕事ぶり 繊細で大胆。案件はいつも同時進行。老いてもエネルギッシュです。
恋愛関係 たくさん恋愛しましたぞ。私にも青春がありました。	家族 実子は最初の妻・美登との間に1女あるだけ。養子1男。2番目の妻・綾子との間には子供はいません。
人生の目標 高齢まで働くこと。早稲田大学を世界一の大学にすること。	死因 胆石症。

特技・趣味・得意科目等

日本最初の鉄道が新橋・横浜間に建設された際、軌間を1メートル67センチに決めたのは私です。これが現在のJR在来線の軌間です。

本人希望記入欄

総理退任時の年齢78歳6カ月は歴代総理大臣のなかで最高年齢だそうです。

履歴書

ふりがな　おおくま　しげのぶ

氏　名　**大隈 重信**

生年月日	没年月日	※
1838年2月16日	1922年1月10日（満83歳）	㊚・女

出身
佐賀城下会所小路（現佐賀市水ケ江）

立場	あだ名
佐賀藩士、早稲田大学創始者、第8代内閣総理大臣	築地の梁山泊、総長、大隈翁

概要
佐賀藩士の長男として生まれ、藩校を退学して尊皇派として活動しました。明治政府で要職につくも辞任し、早稲田大学を創設して、初代総長になりました。政界に復帰してから第8代内閣総理大臣に就任するなど、高齢になっても現役の政治家として活躍しました。

年	歳	学歴・職歴（各項目ごとにまとめて書く）
1855	17歳	藩校「弘道館」退学。
1865	27歳	藩校英学塾「到遠館」の教頭格となる。
1867	29歳	徳川慶喜に「大政奉還」を進言する計画を立て京都へ行くも、捕まって送還される。
1868	30歳	明治政府の事務方につく。
1873	35歳	参議兼大蔵卿に就任する。
1881	43歳	参議を辞任する。
1882	44歳	東京専門学校（現早稲田大学）を開設する。
1888	50歳	外務大臣に就任する。
1898	60歳	第8代内閣総理大臣に就任する。
1907	69歳	早稲田大学総長に就任する。
1914	76歳	第2次大隈内閣で総理大臣となる。
1922	83歳	胆石症で死去。

記入上の注意　1：数字はアラビア数字で、文字はくずさず正確に書く。　2：※印のところは、該当するものを○で囲む。

日本で最初の政党内閣を組閣した民衆政治家

大隈重信

Okuma Shigenobu

●佐賀藩を脱藩して「大政奉還」を唱える

早稲田大学の創始者で初代総長として知られる大隈重信は、1838年（天保9年）、佐賀藩士の家に長男として生まれた。武士の子息がかならず通うことになっている藩校で改革を訴え、17歳のとき、退学処分にあっている。「藩校に反抗した」とはダジャレではなく事実で、藩校の儒教教育に「自由な発想を奪って一つの型にはめるべきではない」として反発し、革新派の学生組織のリーダーとなった。これが騒動に発展し、退学を命じられたのだ。

のちに復学を許されたが、藩校に戻らず蘭学校へ入学。その後、長崎におもむき、米国人の宣教師のもとで英語を学び、『新約聖書』や「アメリカ独立宣言」にふれ、自由と権利の意味を知ったという。

幕末には尊皇派として活動し、1867年（慶応3年）、将軍・徳川慶喜に「大政奉還」

を上申しようと計画し、脱藩して京都へ向かった。しかし幕府が名もなき脱藩浪士の話に耳を傾けるはずもなく、反対に危険人物として捕まり、佐賀へ送還された。大隈はこの騒ぎで藩から1カ月の謹慎処分を受けることとなった。このころの大隈青年のエネルギーは、どうやら空回りしていたようだ。

しかし、佐賀藩の鍋島藩主が大隈の意見を聞いて幕府に進言しておれば、大政奉還を実現した名誉は佐賀藩のものになっていたのに、佐賀藩主は何をしていたのだろう。それが静観していたのだ。大政奉還後も大隈は藩主に会って熱心に上京を促しているが、静観主義の藩主はまったく動かなかった。このため佐賀藩は、戊辰戦争で先陣を切るチャンスを失い、新政府の重要なポストに多くの役人を送り込むことができなかったのだ。

●日本で最初の政党内閣「隈板内閣」誕生

大隈は新政府で徴士参与兼外国事務局判事に登用された。彼の名前が政府の要人に知られるようになったのは「キリスト教徒処分問題」だった。

維新前に幕府はキリスト教を野蛮な宗教と見なして教徒を投獄していた。これに対し欧米列強が「信者を釈放しろ」と強硬な抗議をしてきた。新政府は対応に困り、英語ができてキリスト教の知識のある大隈を英国公使パークスとの交渉担当に命じたのだ。

交渉会議で威圧的な態度を取るパークスに対し、大隈は「国際法に基づいて考えるなら、諸外国が日本の法に文句をつけるのは違法であり、内政干渉だ」と突っぱねた。さらに「現在の日本でいきなりキリスト教を開放すれば混乱が起こる」として説得した。論争は結局、ものわかれに終わったが、大隈の交渉能力は新政府から高く評価された。

上京後、築地に構えた豪邸は「築地の梁山泊」と呼ばれ、伊藤博文や井上馨、山県有朋など次代を担う者たちが集まった。木戸孝允や大久保利通などが現存中は、彼らの動向に注意を払っていたという。

政治家としての大隈は、ふてぶてしくしたたかだ。伊藤博文をはじめとする薩長藩と対立し、参議を罷免される。第一次伊藤内閣で外務大臣に就任したが、ふたたび薩摩勢と対立後、辞職した。しかし1898年（明治31年）、板垣退助らと新党を結成して薩長藩閥以外では初となる内閣総理大臣に就任し、日本初の政党内閣を組閣した。「隈板内閣」とバカにされた内閣は短命に終わり、いったん政界を引退する。

しかしその後、政界に復帰し、1914年（大正3年）76歳のとき、第二次大隈内閣を組閣した。この年齢での総理に対して、敬意をこめて「怪物」と呼んでもよいだろう。

●豪邸を構え、贅沢な生活を満喫した大隈翁

政治の世界では伊藤博文がライバルだったが、教育の世界では福沢諭吉がライバルだった。「犬猿の仲」とされていた二人が対面した際、慶応義塾大学を創設した福沢から「あ

なたも学校をおやりになってはどうですか」と切り出され、大隈は1882年（明治15年）、東京専門学校（現早稲田大学）を設立したという逸話がある。

じつは日本で最初に始球式を行なったのが大隈だ。1908年（明治41年）、アメリカの大リーグ選抜チームと早稲田大学野球部の試合でのこと。大隈の投球はストライクゾーンを大きく外れたが、早稲田大学のトップバッターは創始者で総長の投球をボールにしてはいけないと考え、わざと空振りしてストライクにした。以降、トップバッターは始球式の投球をボール球であれ、絶好球であれ、空振りすることが慣例となったという。

大隈は成功者にありがちな贅沢な生活をした。この点では「隈板内閣」で手を結んだ板垣退助とは正反対だ。移り住んだ早稲田の大隈邸には温室が設けられ、珍しい蘭が栽培された。のちに大好物のメロンの栽培まで始めた。大隈邸の台所は「上流社会の模範」とまでいわれ、毎日のように訪れる20〜70人もの客人に豪華な食事をふるまったという。

豪快なエピソードもある。1889年（明治22年）、国粋主義者が投げた手榴弾によって片足を失ったとき、大隈は「足がなくなったから、血のめぐりも少しはよくなるだろう」と苦笑したというのだ。この明るさもまた国民の人気を集めた要因だろう。

大隈は当時としては珍しく83歳まで生きた。江戸、明治、大正と三つの時代を駆け抜けた偉人のために、日比谷公園で「国民葬」が催された。約30万人の一般市民が参列したというから、国民的な人気があったことがうかがえる。

容姿

若いころはつぶらな瞳の青年でしたが、維新後に政治の世界に入ると、ややが人相が悪くなったような気がしています。

性格

何をするにも用心深く慎重です。「暗い」「陰気」と呼ばれることも多いです。

幼少期の様子

将来は槍術で身を立てようと考え、槍の稽古をしていました。

金運 お金への執着心は強く、それを邸宅や庭に惜しみなく使いました。土地だけで相当な資産です。	交遊関係 交際範囲は狭く、高杉晋作、伊藤博文、井上馨など長州閥がほとんどです。
トラウマ 出自。	趣味 土地購入、邸宅建造、庭づくり。
家庭環境 あまり語りたくありません。	仕事ぶり 用心に用心を重ね、慎重に進めます。
恋愛関係 松下村塾時代に伊藤博文と奪い合いになった彼女は、伊藤の最初の奥さんになりました。それ以降、もっぱら芸妓専門です。	家族 29歳のときに結婚した友子との間に子供はなく、1893年に他界しました。それ以降、私はずっと独身。
人生の目標 日本陸軍を世界一強い軍隊にすること。	死因 病死と届けてありますが、病名は覚えていません。

特技・趣味・得意科目等

和歌、漢詩、書、造園づくりは得意です。ちなみに松下村塾では、私は「棒」と呼ばれました。ええ、何の役にも立たないという意味みたいです。

本人希望記入欄

いろんな仕事を慎重に、用心深く成し遂げましたが、どうして私は人気がないのでしょうか？

履歴書

ふりがな	やまがた　ありとも
氏　名	山県 有朋
生年月日	1838年6月14日
没年月日	1922年2月1日(満83歳)
※	㊚・女
出身	長門国阿武郡川島村(現山口県萩市川島)
立場	長州藩士、第3代内閣総理大臣、元帥陸軍大将
あだ名	国軍の父

概要

長州藩の足軽以下の身分ながら、吉田松陰「松下村塾」で学び、高杉晋作の「奇兵隊」に入隊。長州征伐と戊辰戦争でそこそこの功績を残しました。明治政府では軍制改革を担い、徴兵制を導入。第3代内閣総理大臣にまでなり、また現役軍人としても活躍しました。

年	歳	学歴・職歴(各項目ごとにまとめて書く)
1858	20歳	吉田松陰主宰「松下村塾」に入塾する。
1863	25歳	「奇兵隊」に参加する。
1867	29歳	「戊辰戦争」で会津討伐総督の参謀として活躍する。
1869	31歳	明治政府で軍制改革を担当。徴兵制を導入する。
1873	35歳	陸軍卿に就任する。
1877	39歳	「西南戦争」で指揮をとる。
1883	45歳	内務卿に就任する。
1889	51歳	第3代内閣総理大臣に就任する。
1894	56歳	「日清戦争」で第一軍司令官として指揮をとる。
1900	62歳	治安警察法を制定する。
1922	83歳	死亡。

記入上の注意　1:数字はアラビア数字で、文字はくずさず正確に書く。　2:※印のところは、該当するものを○で囲む。

山県有朋

軍人官僚として日本陸軍の基礎を築いた「国軍の父」

Yamagata Aritomo

●高杉晋作創設の「奇兵隊」に参加して出世

明治時代に政治家と軍人の両面で活躍した山県有朋は、1838年（天保9年）、長州藩の最も低い身分の家に生まれた。高杉晋作より一つ年上で伊藤博文より3つ年上だが、伊藤と同じ時期に吉田松陰の「松下村塾」に入塾している。

山県が出世の糸口をつかんだのは、高杉晋作が創設した「奇兵隊」に参加してからだ。奇兵隊と藩の正規軍が小競り合いを起こしたため、高杉は結成わずか3カ月ほどで奇兵隊総督をクビになっている。そのため山県が奇兵隊軍監（副将）に就任したのだ。

山県はとても用心深く慎重な人物だった。高杉が「俗論派を倒せ！」と叫んで下関で決起したとき、弟分の伊藤は真っ先にかけつけたが、奇兵隊を率いる立場になっていた山県は「時期尚早だよ」と反対し、挙兵しなかった。高杉が正規軍の軍艦を奪取したニュースが広まり、井上馨ほか領民による義勇軍が集結してから、ようやく山県は奇兵隊を派遣している。山県はクーデターの様子をじっとうかがっていたのだ。1866年（慶応2年）の幕府による第二次長州征伐の際は、天才軍略家・大村益次郎の指揮のもと、奇兵隊を率いて長州軍の勝利に貢献。「戊辰戦争」では総督府参謀となり、長岡城攻略に成功するなど活躍するが、やはり慎重な戦いぶりから逃げ腰という批判を受けている。

しかし、こういう見方もできる。「自分には高杉ほどのカリスマ性もなければ、西郷隆盛や大村ほどの指揮能力もない」と自覚していたからこそ、慎重に行動したのではないだろうか。じつはこういうタイプは「棚からぼた餅」的な恩恵を受けることが多く、また注意を怠らないので長生きする確率が高い。ただし多くの人から愛されるかどうかはまた別の話だ。歴史がそれを教えてくれる。

●大村益次郎の跡を継ぎ、国の軍制改革に着手

明治政府で軍制改革を進めていた大村益次郎が1869年（明治2年）、刺客に襲われ死亡した。長州藩で彼の部下であった山県が陸軍大輔に就任し、大村が構想していた徴兵制を西郷隆盛の協力を得て導入する。これがのちの日本陸軍につながっていくことから、山県は「国軍の父」と称されるようになる。

その後、陸軍大輔を辞任するが、山県以外に近代的な軍隊を組織できる人材がいなかったため、陸軍卿として復職。1877年（明治10）に起こった西南戦争では、みずから制

定した徴兵制によって編成された軍隊を率い、実質的な総司令官を務めた。山県は西郷を尊敬していたので、当初はこの任務をためらったという。

山県は１８８９年（明治22年）、内閣総理大臣に就任した。すぐさま軍備拡張を推し進めた。また、治安警察法を制定し、政治・労働運動を弾圧していった。

ところで軍事の専門家の山県がどうして総理大臣になれたのだろう。その答えは、偶然にいろんな条件が重なったということだろうか。「維新の三傑」木戸孝允、西郷隆盛、大久保利通が相次いで亡くなった後、盟友・伊藤博文が初代総理大臣に就任した。また、人気者の板垣退助は新政党の準備中、伊藤のライバルの大隈重信はその年、辞職している。伊藤の次の総理として、同じ長州閥の山県が総理のイスに座ることになったのだろう。

山県は総理辞任後も、明治維新に貢献した元老として陸軍省と内務省を中心に巨大な派閥を結成した。とりわけ陸軍のボスとして長州閥を築き、権力への執着心をむきだしにした。後輩を重要なポストにつけ、巧みにコントロールしたのだ。

驚いたのは、１８９４年（明治27年）勃発した日清戦争の際、すでに56歳になっていたにもかかわらず、みずから戦地におもむき、指揮したことだ。それほど軍の指揮が好きだったのかはわからないが、この元老の身体には「軍人精神」という血が流れていたのだろう。なお、軍人として前線に立った首相経験者は後にも先にも山県だけだ。

●「別邸・庭園マニア」だった孤独な権力者

山県は政治権力のみならず、邸宅や金銭に対する執着心も並はずれていた。最も有名なのが、現在の東京都文京区に1万8000坪の土地を購入し、そこに本邸を建築したことだ。彼はこの豪邸を「椿山荘」と命名した。

東京ドームの面積が約1万4148坪なので、山県は東京ドームの約1・3倍の広さの庭園を個人で所有していたことになる。ちなみに庭園は現在一般公開されており、敷地内に名門ホテル「フォーシーズンズホテル椿山荘東京」が立っている。もちろん、山県が本邸につけた名前が受け継がれている。

ほかに東京に別宅が2軒、大磯に別邸が1軒、小田原に別宅が1軒あり、栃木県に農場も所有していた。大磯の別邸の面積は約5000坪というから、別邸だけでも東京ドームの3分の1の広さがあったことになる。ちなみに、晩年の山県は小田原の別宅で過ごしたことから、「小田原の大御所」と呼ばれた。

このように明治・大正時代に強大な権力を手にした山県だが、その素顔は孤独な権力者だったようだ。山県の葬儀は維新の元勲として国葬となったが、陰湿な印象と自由民権運動の弾圧などから国民の人気は低かった。それを証明するかのように、参列者のほとんどが軍閥の関係者という寂しい葬儀だった。

容姿
眉が太く唇は厚い、いわゆる「濃い顔」です。仕事中の眼光は鋭いですが、笑ったらチャーミングですよ。

性格
正義感が強く、困っている人がいたら手助けします。時間の使い方がじょうずで、ムダな時間をつくりません。そういう意味ではせっかちかもしれません。

幼少期の様子
幼いころから利発でした。7歳になると片道90分かけ、隣村の漢方医・島村先生の塾に通って黙々と勉強しました。

金運 実家は大庄屋なのでお金はありますが、脱藩してからは困窮しました。長州藩から活動費をもらったり、龍馬に支援してもらったりしました。	交遊関係 坂本龍馬、武市半平太、岡田以蔵、板垣退助など地元組のほか、桂小五郎、高杉晋作、久坂玄瑞、小松帯刀ら長州藩メンバーとは親しいです。
トラウマ ありません。	趣味 人と人を対面させること。長距離の移動。
家庭環境 母は父の後妻として中岡の家に嫁いできました。そして私が生まれたのですが、父と先妻の間には子供ができなかったようです。	仕事ぶり 一人でもコツコツと仕事を進めます。
恋愛関係 京都の芸者と親しくしていましたが、私はなにぶん多忙なので進展しませんでした。	家族 妻・兼との間に子供はいません。ほかに実子はいませんからゼロです。
人生の目標 身分差別のない社会をつくること。	死因 刺殺（失血多量でした）。

特技・趣味・得意科目等
実家は庄屋ですが、名字・帯刀を許された郷士身分なので、私はもともと武士なのです。子供のころ、20メートルもの高さのある崖から川に飛び込んだことがあります。大人たちは私の度胸に「末おそろしい」といって驚いていました。

本人希望記入欄
両親と妻には「黙って脱藩してすまなかった」と伝えてください。

履歴書

ふりがな　なかおか　しんたろう		
氏名　中岡 慎太郎		
生年月日 1838年5月6日	没年月日 1867年12月12日（満29歳）	※ 男・女
出身 土佐国安芸郡北川郷柏木村（現高知県安芸郡北川村柏木）		
立場 土佐脱藩浪士、陸援隊隊長	あだ名 とくにないですが、石川清之助という変名があります。	

概要

土佐の大庄屋の家に長男として生まれ、「土佐勤王党」に加盟しました。しかし尊王攘夷運動に対する弾圧が始まったので土佐藩を脱藩し、長州藩に亡命。以降、自由な立場で倒幕運動を展開し、坂本龍馬と共に「薩長同盟」を成し遂げました。

年	歳	学歴・職歴（各項目ごとにまとめて書く）
1855	17歳	武市半平太の道場に入門し、剣術を学ぶ。
1861	23歳	武市が結成した「土佐勤王党」に加盟する。
1863	25歳	土佐藩を脱藩し、長州藩に逃れる。
1864	26歳	脱藩志士を率いて長州藩軍として「禁門の変」を戦い、負傷する。
1866	28歳	「薩長同盟」を成し遂げる。
1867	29歳	土佐・板垣退助と薩摩・西郷隆盛を会わせ、「薩土密約」を締結させる。「陸援隊」を結成する。 京都の近江屋で坂本龍馬と会合中に暗殺される。

記入上の注意　1：数字はアラビア数字で、文字はくずさず正確に書く。　2：※印のところは、該当するものを○で囲む。

中岡慎太郎

龍馬と共に「薩長同盟」を成立させた立役者

Nakaoka Shintaro

●土佐藩を脱藩して薩長を結ぶ活動に奔走

坂本龍馬の盟友として知られる中岡慎太郎は、1838年（天保9年）、土佐国（現高知県）の大庄屋の長男として生まれた。龍馬より三つ年下だ。

幼いころから勉学に励み、その習得ぶりは目覚ましかったという。17歳ごろ、武市半平太の剣術道場に入門。龍馬と出会ったのは、このころだとされている。その後、武市が結成した政治結社「土佐勤王党」に参加する。しかし土佐勤王党に対する弾圧が始まったため、身の危険を感じた中岡は脱藩して長州藩に逃れた。

じつはこのとき中岡には妻がいた。妻と父に「所用で高知へ出かける」と告げて実家を出たのが、家族との今生の別れとなった。これ以降、中岡は討幕運動に身を投じる。

中岡は1865年（慶応元年）、「これから国を盛んにするのは、かならず長州と薩摩である」と『時勢論』に記している。さらに「討幕のため『戦』の一字あるのみ」と語ったように、彼がもくろんでいたのは武力討幕だ。そのためには犬猿の仲となっていた長州と薩摩の両藩の協力が不可欠だった。中岡は脱藩浪士という自由な立場を利用して知り合った、薩摩の西郷隆盛と長州の桂小五郎を説得して回った。

これに同郷の坂本龍馬が加わった。彼も「薩長同盟」を考えていたのだ。龍馬は公議政体を考える平和主義者なので、武力討幕派の中岡とは思想が異なるが、二人は連携して西郷と桂を対面させ、1866年（慶応2年）、薩長同盟の成立を成し遂げた。

と、ここで熱狂的な龍馬ファンからこんなクレームが入るかもしれない。「あのぉ〜、薩長同盟が成立したのは中岡さんでなく龍馬さんの手柄ですよ」。確かにドラマや小説では龍馬が両者を説得したように描かれている。それでも、中岡が利益に敏感な龍馬なら一生懸命にやってくれると確信し、手を組んだから成功したと考えることもできる。

●土佐藩を討幕派にするため板垣と西郷を結ぶ

「薩長同盟」設立以降の中岡の行動力は超人的だ。1863年（文久3年）の「八月十八日の政変」で京都を追われて九州太宰府に幽閉中の公家・三条実美（攘夷派）と、京都岩倉村に謹慎中の公家・岩倉具視（公武合体派）の手を組ませ、岩倉を討幕派へと改心させた。これがのちの「討幕の密勅」につながる。

次の大仕事は、土佐藩を討幕派に傾かせることだ。中岡は土佐藩屈指の討幕派である板垣退助を西郷に紹介し、武力討幕の軍事同盟「薩土密約」を結ばせた。じつは板垣はかつて獄中の武市半平太を取り調べた担当者だったが、藩の方針に違和感を覚えていた。中岡はそんな板垣に声をかけ、武力討幕派の仲間に誘ったのだ。板垣は土佐に帰り、ひそかに同志を集め、諸兵の訓練に入った。

同時に中岡は、長州藩の「奇兵隊」を参考にして、浪士からなる軍隊「陸援隊」を京都で結成した。みずからが隊長となり、討幕挙兵に備えたのだ。龍馬率いる「海援隊」が通商貿易で得た利益と、岩倉具視ら討幕派の公家からの援助に頼って運営された。

しかし、陸援隊が挙兵することはなかった。「討幕の密勅」がくだった日に徳川慶喜が「大政奉還」を表明したからだ。盟友の龍馬が土佐藩の後藤象二郎に話した案が土佐藩から幕府へ提案され、幕府がそれを承諾した。さらに、薩土密約は薩摩・土佐両藩の思惑の違いから解消された。中岡にとってはおもしろくない展開だったことだろう。

その1カ月後、二人は京都で暗殺され、両者の歴史的な役割は終わりを告げる。時代を鋭く予見したがために命を絶たれたといえるかもしれない。

●少し先に起こることをつねに見通していた

中岡は大政奉還や議会政治、憲法制定など8つの項目を盛り込んだ龍馬の私案「船中八策」に違和感を覚えていた。同志にあてた手紙に次のようにつづっている。

「議論や周旋（仲介、世話）も結構だが、所詮は武器を取って立つ覚悟がなければ空論に終わる。薩長の意気をもってすれば近日かならず開戦になる情勢だから、前土佐藩主・山内容堂公もそのお覚悟がなければ、むしろ周旋は中止すべきだ」。中岡が予想したように、薩長は戊辰戦争で官軍となり、旧幕府を武力で降伏させた。土佐藩も板垣退助が軍を率いて官軍に合流した。どうやら中岡は時代を少し先まで見通せる男だったようだ。

土佐脱藩浪士で「陸援隊」の幹部を務めた田中光顕は中岡を次のように語っている。「頭が切れ、弁舌さわやかであった。交渉事で障害になる人物が現われると慎太郎が行けば、1時間以内に、意のままに説き伏せて帰った」。なるほど確かにたいした説得力だ。「幕末〈説得力〉選手権」が開かれたら、10傑には入るだろう。

いっぽう、板垣退助は中岡をこう評している。「中岡慎太郎という男は立派に、西郷、木戸と肩並べて参議になるだけの人格を備えていた」。西郷、木戸クラスとは幕末・維新の最高位に位置する人物だが、人格者の板垣さんが話したのなら説得力がある。

龍馬が「世界の海援隊でもやりますかい」と豪語する陽気なビジネスマンだとすれば、中岡は「そういう時代をつくるには、まず新政府を樹立しなければならない」と説く政治家タイプ。キャラクターは異なるが、幕末最強のコンビだったのではないだろうか。

容姿

顔は男らしい濃い顔、体は筋肉質でゴツゴツしています。ヘアスタイルはつねに短髪です。

性格

義理人情や武士道を重んじるタイプでしょう。軍隊も政治も人が大事だと考えています。敬愛する西郷隆盛さんを見習いながらも、私は地味ながらコツコツ働くのが好きです。

幼少期の様子

勉強より体を動かすほうが好きでした。剣術は習っていましたが、腕を上げたのは10代後半に示現流門下の道場で修行して以降です。

金運

私利私欲に走るタイプではありませんが、けっこう酒代に使いました。

交遊関係

西郷隆盛、大久保利通、榎本武揚、伊藤博文、山県有朋、陸奥宗光、西郷従道などですかね。

トラウマ

ありません。

趣味

大砲を撃つこと。酒。

家庭環境

下級武士だったので貧困でした。父と母は家のやりくりが大変そうでした。

仕事ぶり

地味な仕事をコツコツやり続けることが得意です。気に入った相手とはとことんつきあいます。

恋愛関係

色恋の話はないです。それより酒です。

家族

最初の妻・清との間に1男おり、後妻の滝子との間には子供はおりません。

人生の目標

うまい酒を飲むこと。

死因

脳出血。

特技・趣味・得意科目等

榎本武揚の助命嘆願のために頭をそったことがあります。こういう行為は現代なら「パフォーマンス」っていうんですかね。

本人希望記入欄

敬愛していた郷土の先輩であり、上司でもあった西郷隆盛さんを自分が死に追いやったことを思うと、今日も酒が飲みたくなりました。

履歴書

ふりがな　くろだ　きよたか

氏名　**黒田 清隆**

生年月日	没年月日	※
1840年11月9日	1900年8月23日（満59歳）	㊚・女

出身　薩摩国鹿児島郡新屋敷通町
（現鹿児島県鹿児島市新屋敷町）

立場	あだ名
薩摩藩士、第2代内閣総理大臣	とくにないです。陰で「酔っぱらい大将」なんて呼ばれているのかも。

概要

薩摩藩士の家に生まれました。戦争での大きな手柄は戊辰戦争における「箱館戦争」です。明治に入ると開拓使として北海道で働いた後、「西南戦争」でも大きな功績をあげました。伊藤博文の次に内閣総理大臣になったのが私です。

年	歳	学歴・職歴（各項目ごとにまとめて書く）
1863	22歳	「薩英戦争」に砲隊で参加後、江戸で砲術を学ぶ。
1868	27歳	「戊辰戦争」が始まり、いくつかの戦線で功績をあげる。
1869	28歳	「箱館戦争」の総指揮をとる。
1870	29歳	開拓次官に就任する。
1873	32歳	朝鮮と交渉する全権弁理大臣として「日朝修好条規」を締結する。
1877	36歳	「西南戦争」で征討参軍として参加し、功績をあげる。
1887	46歳	第一次伊藤内閣の農商務大臣に就任する。
1888	47歳	内閣総理大臣に就任する。
1892	51歳	逓信大臣に就任する。
1900	59歳	脳出血で死亡。

記入上の注意　1：数字はアラビア数字で、文字はくずさず正確に書く。　2：※印のところは、該当するものを○で囲む。

戦争で功を立て総理にまでのぼりつめた薩摩閥の重鎮

黒田清隆

Kuroda Kiyotaka

●旧幕府軍との最後の戦い「箱館戦争」で総指揮

のちに第2代内閣総理大臣を務める黒田清隆は、1840年（天保11年）、薩摩藩の下級武士の家に長男として生まれた。10代で藩の砲隊に入り、1863年（文久3年）の薩英戦争で初めて実戦に参加する。その後、西郷隆盛の使者として東奔西走した。

新政府軍（官軍）と旧幕府軍が戦った戊辰戦争では、「鳥羽・伏見の戦い」をふりだしに転戦した。激戦となった「北越戦争」では長岡城の攻略に成功。やがて旧幕府軍との最後の戦い「箱館戦争」で西郷から陸軍参謀に命じられる。これが黒田の人生を変えた。

旧幕府海軍副総裁の榎本武揚が旧幕臣や残党兵を連れ、箱館・五稜郭を占領した。彼らはそこで「蝦夷共和国」建国宣言を行ない、榎本が総裁となる新政権を樹立した。

黒田は全軍に箱館総攻撃の号令をかけた。官軍の猛攻撃を受け、旧幕府軍の兵は次から次へと脱走していった。勝利を確信した黒田は榎本のもとへ使者を派遣し、降伏を勧めたが、榎本は「徹底的に戦う」と返事。自身が訳した『万国海律全書』を使者に託して告げた。「これは私がオランダ留学中に苦労して訳した日本にない本なので、戦火に失われるのは惜しい。これを長く国の宝としてほしい。黒田参謀にお渡しください」

それは海事に関する国際法と外交に関する本だった。榎本の非凡な才能と、自分のことより国家を大切にする彼の気持ちに感銘を受けた黒田は西郷にこう伝えた。「榎本を殺してはなりませぬ。これからの日本のためになくてはならない人物です」

黒田は数日後、『万国海律全書』の返礼として、礼状と清酒5樽、マグロ5本を五稜郭に届けた。その後、籠城していた幹部はぞくぞくと投降。榎本もついに降伏した。こうして1年3カ月続いた戊辰戦争は終わり、黒田と榎本は美談を残した。

●「西南戦争」勝利直前に参軍を辞任

戦後、黒田は榎本や大鳥圭介など五稜郭で生き残ったリーダーたちの助命を岩倉具視に願い出た。優秀な人材が失われることを防ぎたいと考えたからだ。新政府では木戸孝允や伊藤博文など長州出身者が「榎本らは死罪だ」と強硬に主張した。だが黒田は西郷や福沢諭吉を動かし、最終的に榎本以下の幹部は死罪を免れた。

しかし、どうして長州藩出身者はそれほどまでに旧幕臣を死罪にしたがったのだろう。えっ、長州征伐で仲間をたくさん殺されたからだって？　それもあるが、榎本は北海道に

独立国家を築こうと企てた国賊だから最も罪が重い、と長州閥は考えたのでないだろうか。
北海道を平定した功績により黒田は1870年（明治3年）、開拓次官に就任。4年後には屯田兵を創設し、明治政府の参議兼開拓長官についた。そして特赦で出獄した榎本武揚を開拓使として採用し、鉱山検査を命じた。榎本の再就職先が新政府で、しかも上司は黒田。さらに仕事場は北海道。榎本は強い因果を感じたことだろう。
開拓長官・黒田は教育にも力を注いだ。「青年よ、大志を抱け」の名言で知られるクラーク博士を札幌農学校（現北海道大学）初代教頭として招いたのが黒田だ。
1877年（明治10年）の「西南戦争」では征討参軍についた。このとき、黒田は生涯の師と仰ぐ西郷を討つことに強いストレスを感じていた。熊本城を包囲した西郷軍の背後を突き、熊本城入城後、黒田は参軍を辞任する。これ以上軍を率いると自分が西郷の息の根を止めることになると考えたからだろう。終戦後、西郷を死に追い立てたという自責の念を深め、「もう故郷（鹿児島）には帰れない」と嘆いて酒に溺れていったという。

●酒癖が悪く醜聞も多い第2代内閣総理大臣

黒田は酒癖が悪く、酒にまつわるトラブルが多い。開拓長官時代には、酒を飲みながら商船の大砲（当時は海賊を追っ払うために商船に大砲が備わっていた）で岩礁を射撃しようとして誤射し、住民を殺してしまったことがある。

最大の醜聞は妻殺しの疑惑だ。1878年（明治11年）、黒田の妻が病死したとき、彼が酔っぱらって撲殺したといううわさが流れた。伊藤博文と大隈重信は「法に照らして処罰せよ」と追及したが、大久保利通は「黒田は殺していない」と断言。その真相は藪のなかだ。

そんな黒田だが、大久保が同年、暗殺されると、おのずと薩摩閥の最高実力者の地位についた。「えっ、妻殺しの疑惑で失脚したのでは！」という驚きは当然のことだが、薩長閥のバランスを保つためにも、黒田には薩摩閥の重鎮でいてもらう必要があったようだ。「維新三傑」なき後、伊藤博文や山県有朋などの長州閥と、黒田や西郷隆盛の実弟である西郷従道などの薩摩閥が重要ポストを担うようになる。そして1887年（明治20年）、黒田は第一次伊藤内閣の農商務相、翌年、第2代内閣総理大臣に就任する。

と、ここで、ふたたび黒田の「酒乱列伝」を紹介しておこう。1889年（明治22年）、条約改正案に反対した井上馨を逆恨みして、酒に酔ったまま井上邸に忍び込むという前代未聞の事件を起こしたのだ。やがて同郷の人びとは黒田から少しずつ距離を置いていった。

黒田が死去したとき、葬儀委員長を務めたのは榎本だった。五稜郭で敵味方に分かれ、命の奪い合いをしていた両者が親友となり、先に逝った者の葬儀を残った者が仕切る。これもまた幕末・維新が生んだ因果なドラマといえよう。

容姿

南国の男性らしく濃い顔です。若いころは筋肉質の体育会系タイプで、壮年期は「コワモテおやじ」のような雰囲気になりました。

性格

繊細さと大胆さをあわせもっています。私情を抑えてメリットを優先する沈着冷静さもあります。

幼少期の様子

やんちゃでした。板垣退助とよく遊び、よくケンカしましたね。

金運

維新に貢献したという名目で収入がグンと増えましたが、会社をつぶしてチャラになりました。

交遊関係

板垣退助、坂本龍馬、岩崎弥太郎、山内容堂、西郷隆盛、中岡慎太郎、小松帯刀などです。

トラウマ

とくになし。

趣味

ルイ・ヴィトンのトランクを見せびらかすことかな。

家庭環境

父を早くに亡くしているので、家庭のぬくもりを知りません。

仕事ぶり

情熱的に挑みます。

恋愛関係

最初の妻・磯子が病死した後、芸者の雪子と知り合い、維新の翌年、結婚しました。

家族

先妻・磯子との間に1男・2女、後妻の雪子との間に2男・3女をもうけました。

人生の目標

「大政奉還」を成し遂げて以降、目標が見つかりません。

死因

心臓疾患。

特技・趣味・得意科目等

私の長女の早苗は、「土佐商会」を任せている岩崎弥太郎の弟・弥之助の妻になったので、後藤家と岩崎家は親類になりました。これで岩崎が出世してくれたらいうことなし。

本人希望記入欄

「坂本龍馬のアイデアを拝借して大政奉還を成し遂げた男」と非難されるけど、龍馬だっていろんな人の意見を聞いて自分のものにしたはず。

履歴書

ふりがな　ごとう　しょうじろう

氏名　**後藤 象二郎**

生年月日	没年月日	※
1838年4月13日	1897年8月4日(満59歳)	㊚・女

出身
高知城下片町(現高知県高知市与力町)

立場	あだ名
土佐藩士、 農商務大臣ほか	とくにありません。

概要
土佐藩士の家に生まれましたが、幼いころに父を亡くし、叔父・吉田東洋に育てられました。その叔父の暗殺後、勤王党の幹部を逮捕。その後、坂本龍馬のアイデアを借用し、幕府に「大政奉還」を提案しました。

年	歳	学歴・職歴(各項目ごとにまとめて書く)
1862	24歳	叔父・吉田東洋の暗殺を受けて藩の役職を解かれる。
1863	25歳	江戸に出て、英語や航海術を学ぶ。
1864	26歳	土佐藩に復帰し、大監察や参政の職につく。
1865	27歳	「土佐勤王党」盟主・武市半平太に切腹を命じる。
1867	29歳	坂本龍馬の「船中八策」をアレンジした「大政奉還」を将軍・徳川慶喜に提案する。
1869	31歳	明治政府で大阪府知事や参与などの要職につく。
1874	36歳	板垣退助と愛国公党を結成し、民撰議院の設立を建白する。 商社を設立するが、2年後に破綻する。
1881	43歳	板垣退助と「自由党」を結成し、副党首格となる。
1889	51歳	黒田内閣で逓信大臣に就任する。
1895	57歳	収賄事件の責任をとって辞職。
1897	59歳	心臓疾患で死亡。

記入上の注意　1:数字はアラビア数字で、文字はくずさず正確に書く。　2:※印のところは、該当するものを○で囲む。

後藤象二郎

龍馬の秘策「大政奉還」を実現させた土佐の豪傑

Goto Shojiro

●叔父・吉田東洋の暗殺をきっかけに失脚

後藤象二郎は1838年（天保9年）、土佐藩士の長男として高知城下に生まれた。隣町で育った板垣退助とは子供のころから友人だ。

開国・公武合体を唱えていた叔父・吉田東洋に取り立てられるが、吉田は「土佐勤王党」の刺客に暗殺された。これを機に吉田派は失脚し、土佐勤王党が藩政を握る。後藤も失脚し、江戸に出て航海術や蘭学を学んだ。

やがて土佐藩前藩主・山内容堂が藩の改革に乗り出し、後藤も藩政に復帰し、今度は土佐勤王党を弾圧する。このころの後藤は公武合体論を唱える佐幕派で、尊王攘夷を進める土佐勤王党は叔父の敵であり、宿敵だった。

後藤は土佐勤王党の盟主・武市半平太を捕らえて切腹を命じ、土佐勤王党を解体させた。後藤は長い間、吉田東洋暗殺の直前に脱藩した坂本龍馬を暗殺に関わった犯人だと思い込んでいたが、後藤が龍馬と会うのはこれより先のことになる。

藩の実力者となった後藤は長崎に貿易機関「土佐商会」を設立し、子供のころからの知り合いであった岩崎弥太郎に運営を任せる。やがて後藤は幕府の権威が低下していることを肌で感じ、「これから先、土佐藩がなおも雄藩として生き残る方法は何か」と模索するようになる。

●坂本龍馬と和解し、新しい国をつくる秘策を授かる

後藤は脱藩浪士の坂本龍馬の活躍を耳にし、会談を申し入れた。これが長崎で行なわれた「清風亭会談」だ。先にも述べたように後藤は龍馬を叔父・吉田東洋の暗殺に関わった人物だと考えていた。龍馬からすれば、後藤は友人の武市半平太に切腹を命じた人物。普通に考えれば会談はうまくいくはずがない。

ところが、後藤は過去の因縁にふれず、土佐藩や日本の未来を語り始めた。「後藤さんはなかなかに見識のあるお人であった。うらみつらみを棄てて、大局から日本のいく末を思う点はわしと同じじゃ」と龍馬は感心し、すぐに和解した。龍馬は亀山社中の赤字を解消するために土佐藩の経済援助がほしいと考えていた矢先だった。後藤は土佐商会から亀山社中に援助することを申し入れた。こうして土佐藩の外部組織「海援隊」が誕生する。

後藤は龍馬が練った「船中八策」を目にし、さぞかし興奮したことだろう。それは今後、

土佐藩が薩長を出し抜き、国政の主導権を握ることのできる秘策だったからだ。後藤がこれを前藩主・山内容堂に進言し、「大政奉還」へとつながっていく。

ところで、後藤は龍馬の名前を出さずに山内容堂に進言したため、龍馬の手柄を横取りしたようにも見えるのだが、実際のところはどうなのだろう。「後藤さん、やっぱり自分の手柄にしたかったのか？」と質問したくなる。

それでも、後藤が「これは脱藩浪士の坂本龍馬のプランですが……」と切り出したら、階級意識が強く気分屋の山内は、最初から相手にしなかったかもしれない。それを踏まえたうえで「腹心の部下である自分の案であればボスは受け入れてくれるはず」と分析し、自分のプランとして提出したのではないだろうか。それにボスの山内容堂はまったく一貫性がなく、いつものらりくらりしているから、後藤は細心の注意を払ったはず。

仮に後藤がそれを手柄にして出世を果たしたとしても、そんなことをとがめる龍馬ではないだろう。いや、龍馬ならこういうかもしれない。「後藤さんが出世した暁には、海援隊の資本金、増資してほしいぜよ」

●日本で初めてルイ・ヴィトンを愛用した男

明治政府では、大阪府知事や参与など要職を歴任したが、「征韓論」に敗れて辞職。その後、板垣退助や江藤新平らと共に愛国公党を結成し、自由民権運動に加わった。

いったん実業界に転身するも経営破綻。1881年（明治14年）今度は板垣と共に自由党を結成。第二次伊藤内閣では農商務大臣を務めるが、収賄事件の責任を取って辞職した。

と、明治以降の後藤の仕事には、「いったい何をしたいの？」とツッコミを入れたくなるところが多い。後藤象二郎の生涯最大の偉業は「大政奉還」を成し遂げたことで、維新後は大きな目標を見つけられなかったのかもしれない。

ところで、後藤には、歴史の教科書には載らないが、パリのルイ・ヴィトンの帳簿には残っている「偉業」がある。じつは彼は日本で初めて、フランスの高級ブランド、ルイ・ヴィトンのバッグを愛用した人物なのだ。

立憲政治視察のため板垣退助と共に渡欧した1883年（明治16年）にパリのルイ・ヴィトンで総革張りの110センチの大型トランクを買い求めたことが顧客名簿に残されているという。板垣退助も一緒に購入したという説があるが、彼が遊説先でトランクを抱えて歩いていたという記録は残っていない。

じつはこの渡欧の時期は自由民権運動を進めているときで、しかも経費は政府から支給されたものだったため、「後藤は政府の買収に応じた」と活動家から非難を受けている。

おいおい、一貫性がないぞ、後藤象二郎！　えっ、かつてのボス山内容堂を手本にしたのではないかって？　この場では答えにくいが、その可能性は高いだろう。

容姿 180センチほどの長身で威風堂々としています。医者になろうと決めたとき、いったん頭をそりましたが、尊王攘夷活動を始めたころには髪はのび、マゲを結っていました。	
性格 理論派であり、同時にロマンチストでもあります。度胸は抜群。目的のためなら手段は選ばないのは若いからでしょうか。行動力とリーダーシップは優れていると思います。	
幼少期の様子 勉強したことはスラスラと頭に入り、なんでも理解できました。「英才」と呼ばれたものです。	
金運 お金を使う機会も貯める期間もありませんでした。あっという間の青春でした。	交遊関係 吉田松陰、桂小五郎、高杉晋作、伊藤博文、山県有朋、井上馨など。土佐藩の武市半平太、中岡慎太郎も面識があります。
トラウマ 医者の家に生まれたこと。	趣味 歌
家庭環境 幼いころは楽しい家庭でしたが、14歳のときに母、兄、父を相次いで亡くし、私一人になってしまいました。	仕事ぶり 迅速な行動がモットーです。
恋愛関係 一部では「京都に愛人がいるのではないか」と疑われていますが、否定も肯定もしません。	家族 妻・文がいますが、子供はいません。
人生の目標 さて、私は何をしたかったのか、今となっては夢うつつ。	死因 自害。

特技・趣味・得意科目等 自作の歌を詠むときの声がいい、と多くの人からほめられています。私の声、どこかに残っていませんかね。

本人希望記入欄 のちに西郷隆盛さんが私のことを高く評価してくれたそうですが、西郷さんが「西南戦争」で戦わざるを得なくなったときの心情、私には理解できますよ。

履歴書

ふりがな　くさか　げんずい		
氏名　久坂 玄瑞		
生年月日 1840年5月?日	没年月日 1864年8月20日(満24歳)	※ 男(○)・女
出身 長門国萩平安古本町(現山口県萩市)		
立場 長州藩士	あだ名 坊主	

概要

藩医の三男として生まれ、吉田松陰の「松下村塾」で学び、尊王攘夷思想に感化されました。松陰の死罪がきっかけで、医師の道をあきらめて尊王攘夷活動にのめりこむようになりました。その後、長州藩の若手攘夷派として活動しました。

年	歳	学歴・職歴(各項目ごとにまとめて書く)
1856	16歳	九州に遊学に出る。ここで吉田松陰の名前を知る。
1857	17歳	吉田松陰と出会い、「松下村塾」に入る。松陰の妹・文と結婚する。
1858	18歳	京都・江戸に遊学する。
1862	22歳	藩の公武合体論者・長井雅楽を失脚させ、藩政を尊王攘夷に傾ける。 高杉晋作、伊藤博文らと英国公使館焼き討ちを行なう。
1863	23歳	下関で光明寺党を結成し、外国艦船砲撃を実行する。
1864	24歳	京都へ挙兵し、会津軍、薩摩軍と戦い、敗北(「禁門の変」)。自刃する。

記入上の注意　1:数字はアラビア数字で、文字はくずさず正確に書く。　2:※印のところは、該当するものを○で囲む。

早過ぎる死を選んだ尊王攘夷運動のリーダー

久坂玄瑞

Kusaka Genzui

●吉田松陰に「天下の英才」と呼ばれた少年

のちに長州藩の尊王攘夷派の中心人物となる久坂玄瑞は、１８４０年（天保11年）に長州藩医の三男として生まれた。幼いころから秀才として名をはせ、15歳の若さで久坂家の当主となる。本来なら医学の道へ進むところだが、尊王攘夷論の行動派として知られる吉田松陰の「松下村塾」で学ぶようになり、彼の人生は大きく方向転換した。

同じころ、一つ年上の高杉晋作も同塾で学んでおり、優秀な二人は「双璧」と呼ばれた。吉田は久坂を「天下の英才」と呼び、自分の妹・文子を17歳の久坂に嫁がせた。ライバルであり親友でもある高杉は「玄瑞の才に自分は及ばない。彼ほどの人物は生涯出てこないだろう」と、やはり絶賛している。

やがて革命の必要性を訴えた吉田が１８５８年（安政５）の「安政の大獄」により投獄され、処刑される。久坂はこれをきっかけに尊王攘夷のために身を捧げようと決意し、実行に移す。

まず、藩内の公武合体論を唱える藩士を失脚させ、藩論を尊王攘夷へ傾けた。また、朝廷の尊王攘夷派と結び、公武合体派の岩倉具視を排斥。高杉と組んで英国公使館の焼き討ちや下関での外国艦隊への砲撃などテロ活動を続けた。こうして久坂は短い間に尊王攘夷派の過激派リーダーとして知られるようになる。

と、ここまでは高杉や井上馨、伊藤博文とよく似た行動パターンだが、久坂からは「はかなさ」やセンチメンタリズムを感じる。彼の生きざまが短命だった反抗的なロックシンガーや俳優、天才詩人などを彷彿《ほうふつ》とさせるからだろうか。

●長州藩内で起こった慎重派と強硬派の対立

京都で過激な尊王攘夷派を擁する長州藩を、幕府は黙って見逃すわけにはいかなかった。1863年（文久3年）、公武合体派の薩摩藩が会津藩と手を組み、京都から長州藩を追い払う「八月十八日の政変」が起こった。

これにより長州藩主の毛利敬親は謹慎を命じられ、尊王攘夷派の志士たちは一気に窮地に追い込まれた。久坂は長州藩の失地回復のために奔走した。来島又兵衛や真木和泉など尊王攘夷派の急進的リーダーが「京都へ挙兵し、長州の無実を訴えよう」と唱えたが、桂小五郎と久坂は制止した。

しかし、悪いことは立て続けに起こるものだ。京都に火を放ち、その間に天皇を連れ去ろうというクーデターをもくろんで京都に潜伏していた長州藩士たちの居場所が、新撰組に知られてしまう。隠れ家の池田屋に乗り込まれ、多くの同志が死亡。こうしてクーデターは未遂に終わった。

藩内では強硬派と慎重派の間で激しい議論が起こったが、「京都へ乗り込もう」とする強硬派案が強くなっていった。だが久坂が朝廷に求めたのは長州藩への処分の撤回だった。そのため当初は朝廷の退去命令に従おうとした。だが、行動派を止めることができず、やむなく実力行使の道を選ぶことになる。久坂は強硬派の先頭に立ってしまったのだ。

久坂がどうして桂や高杉と行動を共にし、挙兵を断念しなかったのか。彼は英雄になりたかったのか、それとも死に場所を探していたのか。それに関してはのちほど西郷隆盛の意見を聞くとして、次の舞台は京都へ移る。久坂が挙兵した京都御所だ。

●25歳にして「禁門の変」で散った過激派リーダー

1864年（元治元年）、久坂ら強硬派は御所へと兵を向けた。これを食い止めるべく出撃したのは、会津藩と薩摩藩の精鋭を中心とする幕府軍2万〜3万（7万〜8万という説もある）。対する長州軍は約2000〜3000。蛤御門を攻めた長州勢は会津藩勢を圧倒し、戦いは優勢に展開した。しかし、薩摩藩の援軍が加わると形勢は逆転。長州勢は総崩れとなった。薩摩軍の指揮をしていたのが西郷隆盛だ。

敗北を悟った久坂は自刃を決意し、わずか24歳という若さでその生涯を閉じた。この挙兵は「禁門の変」と呼ばれ、朝廷に矢を放った長州藩はこれ以降、朝敵扱いとなる。ここに古い体質の尊王攘夷派は敗北し、京都から分散していった。

「久坂さんがこの明治の御代まで生きておられれば、この西郷などは参議などと申して大きな顔をしておられません」と、西郷隆盛は維新後、木戸孝允に話したという。おいおい、西郷さんよ、過激派リーダーの久坂にどうしてこれほど高い評価を与えるの？

おそらく久坂の情熱的で純粋な志が日本人好みの生き方に思えるのだろう。えっ、西郷さんの意見は違うって？　ナニナニ、久坂は行動派を止めようとしたができなかった。しかし、無謀な戦で死に向かう友人を傍観していられなかった。武士は自分を犠牲にして訴えなくてはいけないことがある、と西郷さんは主張したいのね。やはり情と義を重んじる西郷さんだけのことはある。

さて、吉田松陰に愛された才能はこのように若くして散ったが、長州藩はその後、久坂の親友・高杉など吉田松陰門下生の大活躍があり、討幕派が主導権を握っていった。幕府が消滅したのは、久坂が亡くなってから3年後の冬のことだった。皮肉なことに、久坂を追いつめた西郷隆盛の薩摩藩と手を結んで初めて達成できたことだった。

容姿
汚れた着物に何日も洗わない頭髪。痩せこけた頬。容姿の説明なら、これくらいで十分でしょう。
性格
基本的に純粋で素朴ですが、明らかに誤っているものには徹底的に糾弾し、行動で示します。自身の思想が一番大事でそれを証明するために戦います。
幼少期の様子
勉強が楽しくて仕方なかったです。大人から「天下の英才」と呼ばれてきましたが、特別に気にすることもなく、今日に至ります。

金運	交遊関係
もともと金を貯めようという発想がないのです。	桂小五郎、久坂玄瑞、高杉晋作、伊藤博文、山県有朋ほか門下生。
トラウマ	趣味
意味がわからん。	読書、執筆。趣味が仕事であり、私の生き方です。
家庭環境	仕事ぶり
母・滝、兄・梅太郎、妹・芳子、弟・敏三郎たちと暮らしております。みんな私のことを心配しているようです。	口調は激しくて毒舌だが、これは真剣だからです。学問の情熱のため寸暇を惜しんで弟子に語り続けます。
恋愛関係	家族
興味がない。	独身です。
人生の目標	死因
自身の思想の体系化。	斬刑。

特技・趣味・得意科目等
どこでも講義。牢獄「野山獄」に投獄されたときは、周りの囚人に孟子の講義をしてやったぞ。勉強になったことだろう。

本人希望記入欄
死んで己の志が永遠になるのなら死んでもかまわない。

履歴書

ふりがな　よしだ しょういん 氏名　吉田 松陰		
生年月日 1830年9月20日	没年月日 1859年11月21日（満29歳）	※ ㊚・女
出身 萩城下松本村（現山口県萩市）		
立場　「松下村塾」主宰、思想家、教育者	あだ名　二十一回猛士	

写真提供：国立国会図書館
デジタル化資料

概要

萩で私塾「松下村塾」を開いている教育者です。老中の暗殺計画をくわだてたことが幕府の耳に入り、江戸へ送られました。私が正直に計画を話したところ、死刑の判決が出ました。それでも、「理論だけではなく実行が大事」と、これまで門下生にいい続けてきたので本望です。

年	歳	学歴・職歴（各項目ごとにまとめて書く）
1850	20歳	九州へ遊学。その後、江戸で佐久間象山に師事する。
1851	21歳	通行手形なしで多藩に行くという脱藩行為を行なう。
1852	22歳	脱藩の罪で士籍を奪われる。
1853	23歳	長崎に寄港していたロシアの軍艦で密航しようとするが、失敗。
1854	24歳	伊豆下田港に停泊中のポーハタン号へ近づき、密航を訴えるが拒否され、幕府に自首する。
1855	25歳	生家で軟禁状態となり、講義を開始する。「松下村塾」を開塾。
1858	28歳	老中首座の暗殺を計画する。これが幕府に伝わり、捕らえられる。
1859	29歳	斬刑により死亡。

記入上の注意　1：数字はアラビア数字で、文字はくずさず正確に書く。　2：※印のところは、該当するものを○で囲む。

幕末・維新の志士に多大な影響を与えた精神的指導者

吉田松陰

Yoshida Shouin

●日本初の密航未遂者となった若き思想家

吉田松陰ほど幕末・維新の志士たちに大きな影響を与えた思想家・教育者はいないだろう。1830年（天保元年）に長州藩士の次男として生まれた吉田は、厳格な教育者の叔父のもとでスパルタ教育を受けて成長した。

11歳のとき、藩主・毛利敬親に講義した内容があまりにも見事だったため、居並ぶ重臣たちが驚いたという。19歳で家学の師範、兵学家として独立した。その後、江戸で当時最高の洋学者といわれた佐久間象山に師事した。

1853年（嘉永6年）、ペリー艦隊が浦賀に来航すると、師の佐久間象山と黒船を視察し、日本を守るためには西洋の進んだ学問と技術を学ぶことが必要だと痛感した。翌年、ペリー艦隊が再航したとき、乗組員に密航を訴えて拒否される。吉田松陰は、おそらく日本初の密航未遂者だろう。しかし、この後吉田は密航を自首して投獄される。そして萩へ送られて幽閉生活を送ることになる。

それにしても吉田松陰先生、あまりにもまっすぐな性格ではないか。えっ、動機は何であれ、犯した罪は償わねばならぬって？　そうか、ふだん口にしているように、「理論だけでなく実行に移すのが大事」という実学にこだわる生き方を貫くということか。

それはさておき、実家で軟禁状態となった吉田は叔父が主宰していた塾の名を継ぎ、「松下村塾」を開塾する。塾には上士も下士も差別もなかった。みんなで餅をついたり、野菜を栽培したりしながら意見を交わし、「生きた学問」を続けた。ここから高杉晋作、久坂玄瑞、伊藤博文、山県有朋などの志士が巣立っていったのだ。また、年長の桂小五郎は開塾より前に吉田から兵学を学び、「事をなすの才あり」と評されていた。吉田は桂とは師弟関係であるが、同時に友人でもあった。

●反体制の危険人物として斬首刑

吉田はこんな思想をもっていた。国家は天皇が支配し、そのもとで万民は平等であるという「一君万民」を唱え、下級武士、農民、商人までもが協力して立ちあがることが大事だという主張だ。また、満州や台湾など隣国を領有すべきであるとも考えていた。

それは当時としては過激すぎる思想で、革命なくして実現できないものだった。久坂や高杉、伊藤などは、吉田のこの考えを血肉にして成長したのだ。

その後、吉田は急速にさらに過激な思想を示すようになっていく。1858年（安政5年）には、「安政の大獄」を指揮した老中・間部詮勝の暗殺計画を立て、みずから長州藩へ「武器弾薬を貸してほしい」と協力を申し入れている。

この時期に江戸にいた高杉や桂は吉田の計画に反対した。江戸から萩へ帰った桂が「先生、今は時を待つべきではないですか」と説得したが、反対になじられた。

狂気を帯びてきた吉田のうわさは幕府まで届いていた。反体制の危険人物と目をつけられ、幕府の命令で江戸へ送られることになる。江戸の評定所で吉田は自身の計画を話し、革命の必要性と思想を説明した。ここは「えっ、どうしてそこで思想を語るわけ？」と激しいツッコミを入れたくなるところだ。吉田はおそらく「これはただの計画なので、刑が科せられても軽いだろう」と考えていたのではないか。

●過激派になった「松下村塾」門下生たち

ところが、判決は死刑だった。1859年（安政6年）、吉田は斬首刑となった。享年29歳。門下生たちは大きなショックを受けた。このとき、桂小五郎は伊藤博文を引き連れ、江戸で斬首となった吉田の埋葬を担っている。しかしそこは「安政の大獄」で死罪となった者が葬られる罪人墓地だった。この話を聞いた多くの志士が悔しさをエネルギーに変えて自分のなかに溜めこみ、吉田から尊王攘夷の志を受け継いだのだろう。

吉田から尊王攘夷思想を受け継いだ門下生のうち、とりわけ久坂、高杉、伊藤は過激派グループといえよう。師・吉田松陰のお株を奪うようなこんなエピソードがある。

「安政の大獄」で難にあった人びとが大赦を受けて名誉回復がなされたころ、高杉晋作は伊藤博文を引き連れ、罪人墓地へ向かった。吉田の遺骨を掘り出し、改葬のため郊外へ運び出すためだ。墓地を出る途中にある橋の中央は「将軍以外は渡ってはならない」とされている橋だった。そこに差しかかると、高杉は師の棺桶を背負った従者にわざわざ中央を歩かせたというのだ。

橋の番人が「控えよ」と制止すると、高杉はこう怒鳴った。「勅命によって松陰先生のご遺骸を運んでおるのだ。文句があるのか」。高杉はそのまま堂々と橋を渡ったという。

高杉さん、あんたは実行することの大切さを体現しているよ。じつは吉田は高杉と久坂をわざと競わせ、たがいに向上させようとした。現代の言葉でいえば「競争原理の導入」だ。非凡な才能があるのに剣術に夢中になり、学業に本腰を入れない高杉を発奮させるため、あえて久坂ばかりほめたという。それに反発した高杉は久坂と切磋琢磨したいと奮起するようになった。吉田の狙いどおりになったようだ。

吉田はさらに二人の違いを次のように記している。「玄瑞の才は気に基づいたものであり、晋作の識は気から発したものである」。こんなに深く、そしてあたたかく門下生を見守ってくれる先生は、やはり吉田松陰だけだ。

容姿

背はそんなに高くないです。痩せています。目がギラギラしているときとどんよりしているときがあるのだそうです。自分ではわかりませんが。

性格

冷酷なのか、異常人格なのか、学がないのでわかりません。差別に対するうっぷんもありますし、自分の存在を認めてほしいという気持ちもあります。

幼少期の様子

足軽の子は誰も遊んでくれないので、一人で棒を振り回して剣術の訓練をしていました。

金運 あはっー、金など貯まったことないぜ。貯める方法も知らんぜよ。	**交遊関係** 武市半平太、坂本龍馬、中岡慎太郎ほか「土佐勤王党」の同志です。
トラウマ 出身。	**趣味** なし。
家庭環境 両親と弟の貧しい暮らし。	**仕事ぶり** 狙った獲物はきっちり始末します。
恋愛関係 そんなもんあるか。	**家族** 独身です。
人生の目標 みんなから「以蔵、すげー」っていってもらえる仕事をすること。	**死因** 斬首。

特技・趣味・得意科目等

勝海舟先生からもらったリボルバーが私の弟の子孫の家の代々の家宝になっていること、知ってる？　坂本龍馬記念館で何度か公開しているみたいよ。

本人希望記入欄

私の写真が出まわっているというのはウソ。写真も絵もないから、勝手にイメージしてくれ。

履歴書

ふりがな　おかだ　いぞう		
氏名　岡田 以蔵		
生年月日 1838年2月14日	没年月日 1865年7月3日(満27歳)	※ 男・女
出身 土佐国香美郡岩村(現高知県南国市)		
立場 土佐藩郷士	あだ名 人斬り以蔵、天誅の名人	

※似顔絵はイメージです。

概要
土佐藩郷士の足軽の家に生まれました。学がないもので、剣で生きていこうと考えていたとき、武市半平太先生が親しくしてくれました。それで武市先生にほめられたくて、武市先生が「邪魔だ」と思っている人を斬って斬って斬りまくりました。

年	歳	学歴・職歴(各項目ごとにまとめて書く)
1856	18歳	武市半平太に連れられ、江戸に出て道場「士学館」で剣術を学ぶ。
1860	22歳	武市に連れられ、中国地方・九州地方で武術修行を行なう。
1861	23歳	「土佐勤王党」に加盟する。武市と一緒に京都へ向かう。以降、暗殺をくり返す。
1863	25歳	土佐藩を脱藩し、京都に潜伏する。
1864	26歳	京都で捕らえられ、土佐へ送還される。
1865	27歳	斬首され、死亡。

記入上の注意　1:数字はアラビア数字で、文字はくずさず正確に書く。　2:※印のところは、該当するものを○で囲む。

「天誅」を続けた悲しきテロリストの末路

岡田以蔵

Okada Izo

●武市半平太がつくりあげた殺人マシーン

「人斬り以蔵」の異名で京都を震撼させた岡田以蔵は、1838年（天保9年）、土佐藩郷士のなかでも最下級身分にあたる足軽の家に生まれた。名をあげるには剣の道しかなかったが、土佐藩の身分差別は厳しいため通うべき道場がなかった。仕方なく子供のころから我流で木刀を振るっていた。

そんな岡田の剣の才能を見抜いたのが武市半平太だ。もともと武市は人格者で、身分で差別するタイプではなかった。武市は自身の道場へ岡田を入門させた。

剣術の達人でカリスマ的存在の武市に認められ、岡田は喜んで武市に従った。武市が尊王攘夷を掲げて「土佐勤王党」を結成すると、すぐに参加した。思想的に賛同したからではなく尊敬する武市に従うためにだ。

やがて武市の命を受けた勤王党党員が土佐藩参政の吉田東洋を暗殺した。以降、藩の実権を握った土佐勤王党が京都でも尊王攘夷活動を始める。岡田は最初に、吉田東洋暗殺事件の犯人を捜す下横目（下級警官）を暗殺した。武市に害を及ぼす危険があったからだ。

それからというもの、岡田は武市が危険視して名前をあげた人物を「天誅」と称して次つぎと殺害していった。明晰な武市は岡田に暗殺を命じることはなかった。あくまでも岡田の独断の犯行であった。

しかしその実態は、武市によってコントロールされる殺人マシーンに、いや、テロリストだ。では、そのテロリスト自身は暗殺をどのように感じていたのだろうか？　彼は無学な自分でも剣で武市の役に立てることに喜びを感じていたのではないだろうか。

なるほど、武市はその心理を巧みに利用したということか。剣の達人は相手の心を読むことも得意なのだ。

●龍馬と再会し、勝海舟と出会って生まれた変化

京都にいた岡田はあるとき、土佐藩を脱藩した坂本龍馬の依頼で勝海舟のボディーガードを引き受けることになった。開国主義の勝は暗殺候補にあがっていたが、ほかならぬ龍馬の頼みということで引き受けた。

勝が刺客の襲撃を受けると、彼を守って刺客を斬った。すると勝は「岡田君、見事な腕だが、無益な殺生はやめたほうがいい」とたしなめた。岡田は「私がいなければ、先生は

殺されていたでしょう」と言葉を返したという。

勝の護衛の任務が終わって以降、岡田は暗殺に手を染めることはなかった。龍馬と再会し、「俺はこのままじゃダメだ」と反省したからなのかもしれない。いや、暗殺をしないことは、武市に対する抗議の意志表明だったのか。

1863年(文久3年)の八月十八日の変以降、尊王攘夷派は失速。土佐藩では吉田東洋暗殺ほか京都での一連の暗殺の疑いで、武市を含む土佐勤王党の同志がことごとく捕らえられた。岡田は無宿となって強盗を働き、京都町奉行所に捕らえられ、土佐へ送られた。獄中では武市を罪人として処罰し、勤王党を一掃するために、厳しい取り調べが行なわれていた。ほかの同志は拷問に耐え、最後まで白状しなかった。しかし岡田の忠誠を信用できなかった武市は、同志を使って岡田の食事に毒を入れて口封じをはかった。

尊敬していた武市の裏切りを知り、激怒した岡田は自分が天誅に関与した事件と同志の名前を自白した。これによって悲しきテロリストの末路は斬首刑と決まり、「陰の指令塔」であった武市は切腹を命じられた。

●毒殺と自白、何がホントで何が嘘?

岡田以蔵の自白の経緯と武市が毒薬で口封じをしようとしたについては諸説あり、じつはどれが本当でどれがウソなのかわからない。たとえばこういう説がある。「岡田は拷問にとても弱く、すぐに自白した」。つまり、人斬り以蔵は自分の痛みには敏感だったということか。仮にそうであれば、武市が一刻も早く毒を盛りたかった理由になる。

毒薬については「毒殺が決行されたという記載は獄中書簡から確認できなかった」という説がある。この場合、先に記した「岡田は武市の裏切りを知り、憤慨してすべてを白状した」というのはウソになる。

こんな珍説も紹介しておこう。「岡田は毒を飲んだが、もともと特異体質なので毒は効かなかった」。これではまるでエイリアンではないか。

「武市の弟は拷問に耐えきれず、兄に毒薬の手配を頼み、それを入手して自害した」というエピソードもある。さらに、その話を耳にした岡田の弟が武市の屋敷を訪れ、武市の妻・富子にお見舞いをしたという話もある。弟と富子、どちらも辛かったことだろう。

自白した岡田に向かって獄中の党員が「仲間を巻き添えにせずに死になさい」と話したら、岡田は自分の行為を恥じたようだったというエピソードもあるが、これなどは岡田の複雑な心境を物語っているようだ。

最後にもう一つ。岡田は斬首をいい渡された際、「武市さんによろしくお伝えください」と牢番に伝言を頼んだ。それを聞いた武市は岡田の厚顔無恥ぶりにあきれた、というエピソードも残っている。岡田はとぼけていたのか、それとも天然なのか。あるいは何かとても深い意味があったのだろうか。

容姿

きりっとした太い眉と広い額が目印。ときおり足を引きずっているときもある。

性格

おだやかで誠実な性格。人のために働くことが喜びなので、嫌な顔はしません。でも、契約事項のチェックなど厳しいところもありますよ。

幼少期の様子

向学心が旺盛で体を壊すくらい勉強をしてしまいました。病弱でしたが、剣術の練習も続けました。継続は力なりです。

金運

そこそこの資産を蓄えました。まじめにコツコツ働いた結果です。

交遊関係

島津久光、西郷隆盛、大久保利通、坂本龍馬、徳川慶喜、中岡慎太郎、後藤象二郎など、とにかくたくさんいすぎます。

トラウマ

ありません。

趣味

京都散策。情報収集も兼ねています。

家庭環境

兄弟が6人います。私は3番目です。ああ、自宅が大きな家でよかったです。

仕事ぶり

モーレツに働いているのにそれを見せない配慮をしています。

恋愛関係

京都・祇園の名妓として知られた三木琴と親しくなり、責任を感じて私が引き受け、京都の小松邸の接待掛についてもらいました。

家族

正妻・千賀との間には子供はありません。愛人・琴との間に1男1女があり、男の子は千賀が育ててくれました。

人生の目標

バリアフリーの社会をつくること

死因

病死(病名は伏せられています)。

特技・趣味・得意科目等

私が病床に伏したとき、琴がこういったんです。「私が死んだら帯刀公の傍らに埋めてほしい」と。彼女の墓は願いどおり鹿児島の小松家墓地に建てられています。

本人希望記入欄

坂本龍馬さんの新政府の人事構想には、西郷さん、大久保さん、桂(木戸)さんらを抑えて、私の名前が載っていたなんて驚きです。「幻の総理」とかいわれて照れますよ。

履歴書

ふりがな　こ　まつ　たてわき 氏　名　**小松 帯刀**		
生年月日 1835年12月3日	没年月日 1870年8月16日（満34歳）	※ ㊚・女
出身 薩摩国鹿児島城下山下町（現鹿児島市原良町）		
立場　薩摩藩家老、明治政府総裁局顧問ほか	あだ名　とくにありません。	

概要

薩摩藩士の家に生まれ、27歳のとき、藩の権力者・島津久光の側近に抜擢され、どんどん出世しました。仕事も重要なものばかりでした。「薩長同盟」の根回しと締結の立ち会い、「大政奉還」の約束事を徳川慶喜に守ってもらうなど、幕末のイベントの要所要所に私は関わっていたのです。

年	歳	学歴・職歴（各項目ごとにまとめて書く）
1861	26歳	御側役となる。
1862	27歳	薩摩藩家老に就任する。
1864	29歳	グラバー商会に依頼し、船2隻をイギリスから購入する。
1865	30歳	グラバーの協力を得て、英国使節団・留学生19人をイギリスへ送る。
1866	31歳	長州藩・桂小五郎と面談し、「薩長同盟」を結ぶ。
1867	32歳	京都で薩摩藩の西郷隆盛と「薩土密約」を結ぶ。洋式造船所・長崎小菅修船所着工。
1869	33歳	依頼退職。版籍奉還ではみずから率先して領地を返上する。
1870	34歳	病死。

記入上の注意　1：数字はアラビア数字で、文字はくずさず正確に書く。　2：※印のところは、該当するものを○で囲む。

西郷や大久保、龍馬らが頼りにした薩摩藩の若き家老

小松帯刀

Komatu Tatewaki

●京都政局に欠かせないキーパーソン

彼のように多くの人から信頼される家老がいたから、薩摩藩は天下の雄藩になったのだろう。小松帯刀のことだ。１８３５年（天保6年）、薩摩藩士の三男として生まれた小松帯刀は、幼いころから学問の才覚を発揮し、体をこわすほど勉強に没頭した。

27歳のとき、薩摩藩の実力者・島津久光の側近に抜擢され、出世コースに乗った。大久保利通と共に藩政改革に取り組み、久光が上洛する際には随行した。献身的な働きが認められ、その後家老職に抜擢された。

これ以降、小松帯刀は超人的な働きをする。薩英戦争後には蒸気機械鉄工所の設置を手がけ、大久保と共に洋学校「開成所」の開校にも携わった。京都では、朝廷や幕府、諸藩との交渉役を務めた。「禁門の変」の際には、薩摩藩兵を引率し、指揮官の西郷を支えた。

また、第一次長州征伐では西郷と共に長州藩の部隊を回り、降伏を呼びかけた。

幕臣の勝海舟の紹介で出会った坂本龍馬とはすぐに仲よくなり、貿易会社「亀山社中」の構想に共鳴して支援を申し出た。龍馬の身柄を引き受けると共に、メンバーの「月々3両2分」の生活費の給付にも協力したという。

「薩長同盟」の密約の場所は、京都の小松の屋敷が使われた。また、桂小五郎が上洛した際には小松の屋敷に滞在している。薩摩藩士のみならず、龍馬や桂小五郎も小松を信頼し、頼りにしていたのだろう。

京都で活動中の西郷は長州にいる大久保に次のような書簡を送っている。「帯刀殿のことについては、いま帰国されては当方ではとんと困り入る次第」。西郷は小松が薩摩藩の外交活動に不可欠であることをよく知っていた。小松は京都政局のキーパーソンだったのだ。

●徳川慶喜に膝詰めで談判する

公家も将軍・徳川慶喜も小松を頼りにしていたようだ。公家の近衛忠房は、島津久光・茂久父子にこんな書簡を出している。「何とぞ国許の用事を急ぎ済ませて、小松を折り返し帰京させてほしい」

「禁門の変」で禁裏守衛総督として全軍の指揮をとった慶喜と、薩摩藩の代表として現場にいた小松は緊密に連携し、小松から慶喜へ適切な助言を行なっていたという。

小松帯刀の大きな功績としてあげられるのが「大政奉還」だ。徳川家が政権を朝廷に返上するといっても、それが形式だけに終わる可能性もあった。小松は二条城に登城して、「征夷大将軍を辞めること」や「太宰府に幽閉されている三条実美などを帰京させ名誉回復すること」など5カ条を慶喜と膝詰めで談判し、受諾させた。慶喜は相手が小松だから熱心に耳を傾け、納得したのかもしれない。

実直さと柔軟さで誰からも頼りにされた小松。坂本龍馬の新政府の人事構想では、西郷、大久保、桂を抑え、小松の名が筆頭に挙げられていたという。

ところで、寺田屋事件で九死に一生を得た坂本龍馬は、西郷隆盛に勧められ、1866年（慶応2年）に妻・お龍と共に鹿児島の塩浸温泉で傷を癒やしながら霧島で遊んだとされている。じつはこの新婚旅行で龍馬夫婦は小松帯刀の別邸にも宿泊していたのだ。いったいどれほど小松の世話になればいいのだ、坂本龍馬！　いや、ここは龍馬の話題ではなく小松のエピソードを書かねば。

龍馬夫婦のこの旅行が「日本初の新婚旅行」というのが定説だが、小松はこれより10年も早い1856年（安政3年）に新婚旅行を経験していた。新婚時代の小松夫婦が向かったのは、霧島の栄之屋温泉だった。ただし、このときは小松の妻・千賀の父親も同行していたので、家族旅行だったのかもしれない。

第4章
そのほかの志士たち

容姿	
一万円札の肖像画で有名です。	
性格 努力を好む勤勉な性格で、好奇心も旺盛です。	
幼少期の様子 神仏を信ぜず、神社にいたずらをしていました。当時は読書が苦手だったのです。	
金運 成人後は塾運営のほか、幕府で通訳の仕事をしたり、ベストセラーを生み出したりしていたので、割と裕福だったかな。	交遊関係 勝海舟とは不仲でしたが、多くの有力者と懇意にしていました。大隈重信は葬儀の際に涙を浮かべて献花にやってきました。
トラウマ 身分制度。	趣味 読書、著述、居合の稽古。
家庭環境 兄とは非常に仲がよく、蘭学を学び始めたのも兄の勧めでした。	仕事ぶり 政治家になることも勧められたが、教育者としての立場を貫きました。
恋愛関係 妻以外の女性とはほとんど縁がなかったです。	家族 中津藩士の娘、錦と結婚し、9人の子供をもうけました。
人生の目標 「身分などにしばられない新しい思想を説くこと」	死因 脳出血による病死。

特技・趣味・得意科目等
現代の教育者では考えられないことですが、幼少時からお酒を飲んでいました。ときには朝から飲むこともあり、若いころは収入のほとんどを酒代につぎ込んでいました。

本人希望記入欄
人は努力次第で高みを目指せます。

履歴書

ふりがな	ふくざわ　ゆきち
氏名	福沢 諭吉

生年月日	没年月日	※
1835年1月10日	1901年2月3日（満66歳）	㊚・女

出身
摂津国大坂堂島浜（現・大阪府大阪市福島区福島）

立場	あだ名
教育者、慶應義塾創設者	先生

概要
中津藩（現大分県中津市）が大坂に置いていた蔵屋敷で、下級藩士の百助と妻の於順の間に生まれました。幼いころは勉強が嫌いで、14歳ごろから本を読むようになりました。本当にバチが当たるのかと、神社にいたずらをするなど、ヤンチャな少年でした。

年	歳	学歴・職歴（各項目ごとにまとめて書く）
1836	1歳	生まれてすぐに父を亡くし、親子ともに中津藩へ帰国する。
1854	19歳	蘭学を学ぶため長崎へ向かう。
1858	23歳	適塾で塾頭になった後、中津藩の命により江戸で蘭学塾を開く。独学で英語を学び始める。
1860	25歳	幕府の遣米使節に同行し、咸臨丸で渡米する。
1861	26歳	幕府の遣欧使節に通訳として同行し、パリやロンドンなど、ヨーロッパ各地を訪問する。
1864	29歳	幕府の外国方翻訳局に出仕。
1866	31歳	当時の欧米の様子を書いた『西洋事情』を出版。ベストセラーとなる。
1868	33歳	塾を芝に移転させ、「慶應義塾」と名付ける。
1872	37歳	『学問のすゝめ』を出版。350万部を売り上げる。
1890	55歳	慶應義塾に大学部を発足させる。
1901	66歳	脳出血で死去。

記入上の注意　1：数字はアラビア数字で、文字はくずさず正確に書く。　2：※印のところは、該当するものを○で囲む。

勉学に打ち込み、新時代の思想を世に広める

福沢諭吉

Fukuzawa Yukichi

●身分制度に関係なく勉強すれば上へいける

「天は人の上に人を造らず」の言葉で有名な『学問のすゝめ』を執筆した福沢諭吉。彼が少年時代を過ごした中津藩は、身分制度の非常に厳しい土地だった。下級武士の子として生まれた諭吉は、そこでつらい思いをすることが多かったという。また、父は優れた漢学者だったが、身分が低いために出世できなかった。こうした背景もあって、諭吉は身分制度に疑問を抱いていたようだ。のちに「身分制度は親の敵」とまで語っている。

また、少年時代の諭吉は神仏の存在がどうしても信じられず、神社の御札を踏んづけてみたり、稲荷神社の御神体をただの石ころと取り換えてみたりした。とんでもない悪ガキだが、これは本当にバチが当たるのかどうか試していたらしい。

このように好奇心は旺盛な少年だったが、勉強は嫌いだったようだ。本格的に勉強を始めたのは、14歳ごろ。現在でいう小学生時代はまったく勉強していなかったわけだから、

かなり遅いスタートといえる。勉強を始めた理由も、「近所で勉強していないのは僕だけだ」という世間体を気にしてのことだった。

しぶしぶ始めた勉強だが、諭吉は身分に関係なく、努力次第で成績を伸ばすことができる勉強のおもしろさに目覚めていく。塾から帰ってきた後も、家の土蔵で勉強し、もち前の好奇心からみるみる吸収していった。自分を馬鹿にしていた身分の高い子供を追い抜いていく様子は、さぞ快感だったに違いない。諭吉のどや顔が思い浮かぶ。

1854年（安政元年）、諭吉19歳のころ。兄が長崎に行くことになった。中津藩を離れたがっていた諭吉も、それについていく。長崎でしばらくオランダ語を学んだ諭吉は、その後、緒方洪庵が大坂で蘭学塾「適塾」を開いたことを聞いて入門する。適塾は日本屈指の蘭学塾だったが、そこでも諭吉は寝る間を惜しんで勉強に打ち込んだ。そして先輩たちを次つぎと追い抜き、23歳の若さで塾頭にまでのぼり詰めた。

さらに1858年（安政5年）、諭吉の実力を認めた中津藩の命令により、江戸で蘭学塾を開くことになる。「やっぱり、身分に関係なくのし上がれる勉強って楽しい！」自分の身分に劣等感を抱いていた諭吉は、舞い上がっていたことだろう。

●英語がわからないショックから独学で習得して渡米

江戸で開いた塾が軌道に乗り始めたある日、好奇心旺盛な諭吉は横浜見物に出かけた。

当時の横浜は日米修好通商条約の締結によって、外国人居留地となっており、大勢の外国人であふれていた。諭吉はそこで、自分が学んできたオランダ語を試してやろう、と思っていたのだろう。しかし横浜の外国人はみんな英語を話していたため、オランダ語がいっさい通用しない。街のいたるところにある英語の看板も読むことができない。「なんてこった……」大きなショックを受けた諭吉は、まだまだ勉強が足りないと自覚する。そして英語辞書を手に、独学で英語を学び始めたのだ。

1860年（万延元年）、幕府の使節団がアメリカへ派遣されることになり、諭吉は「私も行く！」と名乗りをあげた。こうして諭吉は、咸臨丸《かんりんまる》という幕府の軍艦で渡米する。ちなみに咸臨丸の艦長、勝海舟とは仲が悪かったとされている。のちに勝が江戸城を明け渡したときも、「いっときの兵禍は免れたものの、万世の士気を傷つけた」と批判している。武士の美徳は、やせ我慢。無理をしてでも平気な振りをしなければならない。確かに戦争を免れた功績は大きいが、それによって日本の立国に必要な美徳を失わせた、という意味だ。ウィーハブ大和魂！　覚えた英語でそんなことをいっていたかも。

さて、渡米した諭吉だが、文化の違いなどでいろいろな衝撃を受けたようだ。「世界は広い。まだまだ知らないことが多すぎる」と感じたのか、その後も使節団の通訳として、ヨーロッパ各国を巡った。

●武士ではなく教育者の道を歩む

ちょうどそのころ、日本では下関戦争など、過激な尊王攘夷運動が起きていた。諸外国を回っていた諭吉も、そんな志士たちから命を狙われることになる。なるべく夜には外出しないようにしていた諭吉だが、ある日、とうとう志士たちと出くわしてしまった。

あまり知られていないことだが、じつは諭吉は居合の達人でもある。幼いころから立見新流の稽古を積んでおり、免許皆伝の腕前をもっていた。諭吉の死因は、居合をやりすぎたためといわれるほどだから、そこらの浪人が襲ってきたところで、負けることはない。

もちろんこのときも諭吉は腰の刀に手をかけて……と思いきや、すかさず逃げた。諭吉にとって剣は殺傷の道具ではなく、あくまで自分を律するためのもの。健康のために居合をたしなんでいた節もあるので、筋トレ専用の道具にしていたともいえるだろう。

教育者として生きる道を選んだ諭吉は、生涯人を斬ったことがなかったそうだ。そんな諭吉は江戸幕府が倒れた翌年、塾を江戸の芝（現在の東京都港区）に移転し、年号をとって「慶應義塾」と名付ける。そして「人間は身分や貧富の差なく平等」など、新しい時代の思想を説いた『学問のすゝめ』を出版した。これは多くの読者を獲得し、350万部の大ベストセラーとなった。新政府から出仕の要請があっても断り、在野の教育者として生きる道を選んだという。

容姿 やや面長ですが、凛々しい顔立ち。	
性格 時代の流れに乗りたいものの、いざというときに決断ができません。非常に短気でプライドも高いです。	
幼少期の様子 のちに自分が土佐藩の藩主になるとは想像もしていませんでした。	
金運 有力な外様大名だったので裕福。晩年は豪遊しすぎたため、やや傾きました。	交遊関係 吉田東洋には厚い信頼を置いていました。福井藩主の松平春嶽、宇和島藩主の伊達宗城、薩摩藩主の島津斉彬、木戸孝允など。
トラウマ 不明。	趣味 飲酒、女遊び、詩を読むこと。
家庭環境 別段、仲が悪かったということもないです。	仕事ぶり 藩政改革が高く評価され、幕末の四賢候の一人に数えられていました。
恋愛関係 正室のほかに、大勢の妾を囲っていました。	家族 妻は三条実美の父・三条実万の養女・正子。子供は長男の豊尹、光子、八重子。
人生の目標 「徳川家を存続させつつ、時代の流れに乗る」	死因 飲酒が原因の脳溢血。

特技・趣味・得意科目等

酒と女に溺れた晩年は、遊びすぎたために家計が苦しくなりました。周囲から控えるようにいわれても「昔から大名が倒産したことはない」と、はねのけました。

本人希望記入欄

もう飲まなきゃやってられませんよ。

履歴書

ふりがな　やまうち　ようどう

氏名

山内 容堂

生年月日
1827年11月27日

没年月日
1872年7月26日（満44歳）

※
男・女（男に○）

出身
土佐国（現・高知県）

立場
第15代土佐藩主

あだ名
鯨海酔侯（自称）

概要

山内家の分家で、山内南家の当主・山内豊著の長男として生まれました。母は側室の平石瀬代。幼名は輝衛でのちに豊信。本来藩主の子は江戸屋敷で育てられるのですが、序列が一番下だったため高知城下で育ちました。

年	歳	学歴・職歴（各項目ごとにまとめて書く）
1848	21歳	土佐藩の藩主になる。
1853	26歳	吉田東洋に仕置役というポジションを与え、藩政改革に乗り出す。
1859	32歳	次期将軍の跡取り問題で、幕府の大老、井伊直弼と対立。謹慎処分を受ける。謹慎中に「容堂」を号する。
1862	35歳	吉田東洋が土佐勤王党に暗殺される。
1863	36歳	謹慎を解かれた後、土佐勤王党の弾圧に乗り出す。首領の武市半平太を切腹に処する。
1867	40歳	後藤象二郎から坂本龍馬の「船中八策」を聞き、幕府に大政奉還を申し立てる。同年、将軍慶喜が大政奉還をする。
1868	41歳	鳥羽・伏見の戦いでは、土佐藩兵に参戦を禁じる命令を出す。
1869	42歳	新政府で内国事務総裁に就任するが、かつての身分の低い者たちと一緒に仕事をするのが耐え切れず、辞職する。
1872	44歳	病没。

記入上の注意　1：数字はアラビア数字で、文字はくずさず正確に書く。　2：※印のところは、該当するものを○で囲む。

酔えば勤王、覚めれば佐幕といわれた土佐藩主

山内容堂

Yamauchi Yodo

●すぐキレる殿様が名前に込めた意味

関ヶ原の戦いで活躍した山内一豊《やまうちかずとよ》から、代々土佐藩を治めてきた山内家。その分家に生まれた山内容堂の序列は、一番下だった。しかし13代藩主、14代藩主が相次いで病死。山内家は断絶の危機に瀕したため、1848年（嘉永元年）、容堂が15代藩主に就任した。

当時の名前は山内豊信《やまうちとよのぶ》。棚からぼた餅というか、まさか藩主になれるとは思っていなかった本人は、「祝宴じゃ！」と侍女たちを呼んで、大宴会を開いたに違いない。豊信は大の酒好きで、女好き。のちに自分のことを「鯨海酔侯《げいかいすいこう》」と呼んでいる。ようするに「私はクジラが棲む土佐湾を支配しながら酔っぱらっちゃう殿様だぜ！」と名乗ったわけだ。ずいぶんと陽気な印象を受ける。

もちろん、ただの酔っぱらいというわけではない。土佐藩の改革を行なうなど、きちんと藩主の仕事もまっとうしている。その相棒として起用したのが、革新派の中心人物、土

佐藩士の吉田東洋だった。吉田は財政改革や海防の強化などを次つぎと提案する。そのため豊信としても「この男、めちゃくちゃ頼りになる」と厚い信頼を置いていた。

吉田と二人三脚で次つぎと改革を推し進める豊信は、福井藩主の松平春嶽《まつだいらしゅんがく》、宇和島藩主の伊達宗城《だてむねなり》、薩摩藩主の島津斉彬《しまづなりあきら》たちと交流をもち、やがて彼らと合わせて「幕末の四賢侯」と称された。さらに豊信は、ペリー来航以来、弱体化していた幕府に対しても、積極的に改革を提案した。幕府将軍の後継問題もその一つだ。豊信は次期将軍に一橋慶喜を推していたのだが、大老の井伊直弼は徳川慶福（のちの家茂）を推す。この対立が原因で豊信は、1858年（安政5年）から始まる安政の大獄により、謹慎処分を受けてしまう。豊信も「ああ、それで結構ですよ」と逆ギレをしてみせた。そして藩主の座も前藩主の弟に譲り渡した。

豊信は非常にキレやすい性格で、損をすることも多かったという。そんな自分を戒めるためにも、謹慎中に「忍堂」と名乗ろうとした。しかし「忍ぶだけではなく、相手を受け容れる心をもたないと」といわれたこともあって、「容堂」と名乗るようになった。

●土佐勤王党を弾圧するが、佐幕派ともいえない

もうキレるのはやめよう。容堂がそう思いながら江戸で謹慎していたころ。土佐藩では武市半平太の率いる土佐勤王党が、藩内でクーデターを起こしていた。彼らは尊王攘夷を

掲げており、幕府にくみする吉田東洋を暗殺してしまったのだ。

　謹慎が解けて土佐に戻ってきた容堂は、吉田の暗殺を聞いてさっそくブチギレる。「相手を受け容れる心をもつから、容堂なんじゃないの?」そう思った方もいるだろう。しかし相棒が殺されてしまった容堂に、そんな理屈は通用しない。土佐勤王党の党員を次つぎと捕縛し、首謀者の半平太には切腹を命じた。ちなみに坂本龍馬は吉田の暗殺直前に脱藩していたため、弾圧を逃れることができた。

　こうして土佐勤王党をたたきのめした容堂だが、単純に佐幕派というわけでもない。幕府にも朝廷にもいい顔をしていた。時代は薩摩藩や長州藩など、天皇を擁立して改革をはかる尊王に傾いていたので、それに乗りたいという気持ちもあった。しかし土佐藩は、幕府から20万石も与えられているので恩義もある。だからどうすればいいか迷っていたのだろう。また、酒を飲んでいるときは情に流されて、意見をコロコロと変えていた。「酔えば勤王、覚めれば佐幕」と揶揄《やゆ》されていたほどだ。こんな人は現代にもたくさんいる。

●維新後は新政府の重職に就くがなじめず

　そんな容堂はやがて、土佐藩士の後藤象二郎から坂本龍馬の「船中八策」を手渡された。これなら恩義ある徳川家を残したまま、時代の流れに沿って朝廷に政権を返上させることができる。そう考えた容堂はその妙案を幕府に告げると、当時の将軍慶喜はすぐさま同意して、1867年（慶応3年）に大政奉還を決定した。

しかしその後、公家の岩倉具視《いわくらともみ》たちが「幕府は政権を朝廷に返すといったけど、そのまま存続していく可能性がある」といい、徳川家の実質上の解体と、新政府の樹立を提案した。これが王政復古の審議だ。その会議に参加していた容堂は、またしても「話が違う！」とブチギレる。大政奉還を断行した慶喜をこの場に呼ばず、勝手に徳川家の解体話を進めるばかりか、岩倉たちが幼い天皇を使って権力を奪おうとしていると主張したのだ。

このときの容堂は、酒を飲んだ状態で会議に参加していたという話がある。だから酔った勢いでいってしまったのかもしれない。もちろん岩倉からは「なんと無礼な！」と怒られた。

結局、会議は倒幕の方向で進められ、王政復古の大号令が発布される。これにより、新政府軍と旧幕府軍の戦争が始まってしまう。その前哨戦となる鳥羽・伏見の戦いで容堂は、土佐藩士たちに参戦を禁じた。幕府を擁護する発言をしておきながら、幕府側につくわけでもなく、かといって新政府側につくわけでもない。なんとも煮え切らない人だ。

維新後の容堂は新政府の重職についたが、かつて身分の低かった者たちと一緒に仕事をすることに耐え切れず辞職する。ここでも「相手を受け容れる」ことができなかったのだ。そして新しい時代になじめないまま、東京で妾を十数人も囲い、「もう騒げ騒げ！」と酒と女に溺れる晩年を過ごした。

容姿

オールバックでくせ毛。少々タレ目で、写真に写るときは両手を懐に入れ、左手を隠すように組むなどすることが多いです。

性格

柔軟な思考をもち、行動力に溢れます。

幼少期の様子

気が弱くていじめられっ子でした。母が亡くなったときは心が荒れていたのか、仁王像に石を投げて、棒でたたいて腕を落とすという、とてつもないイタズラをしたものです。

金運

実家は比較的裕福。脱藩後は金に困っていましたが、うまく立ち回りました。

交遊関係

中岡慎太郎や武市半平太ら同郷の志士たちをはじめ、勝海舟や西郷隆盛など非常に顔が広いと思います。

トラウマ

不明。

趣味

姉の乙女に手紙を書くこと。

家庭環境

兄が一人と、姉が3人。三女の姉、乙女とは非常に仲がよく、頻繁に手紙のやりとりをしていました。幼いころに母は亡くなりました。

仕事ぶり

非常に行動力あふれる性格で、不可能といわれていた薩長同盟を成し遂げたのが最大の功績です。会社運営にも長けています。

恋愛関係

短命の上、各地を奔走していたにもかかわらず、3人の恋人がいました。

家族

姉に似た性格のお龍と結婚。子供をつくる前に殺されたため、直系の子孫はいません。

人生の目標

「日本を開国させ、強い海軍を整備すること」

死因

京都の近江屋で暗殺。

特技・趣味・得意科目等

偽金づくりを提案したことがあります。薩摩藩ではすでに偽金がつくられており、「これを土佐藩でもつくっておかないと、いざというときに資金不足で苦しむ」と藩に申し入れました。戊辰戦争の帰結後にそれが大量に流通し、市場は大混乱に陥りました。

本人希望記入欄

日本を洗濯しちゃるぜよ。

履歴書

ふりがな　さかもと　りょうま 氏名　坂本 龍馬		
生年月日 1836年1月3日	没年月日 1867年12月10日（満31歳）	※ 男・女
出身　土佐国土佐郡上街本町一丁目 （現・高知県高知市上町一丁目）		
立場 脱藩浪人	あだ名　あだ名はとくにないが、才谷梅太郎などの変名は多い。	

概要
土佐藩の郷士、坂本八平と妾の間に次男として生まれました。母が非常に大好きだったためか、母を亡くしてからは、もともと暗かった性格がさらに暗くなったといわれます。寺子屋も辞めましたが、姉の乙女によって学問や剣術を指導してもらいました。昔はいじめられっ子でした。

年	歳	学歴・職歴（各項目ごとにまとめて書く）
1853	17歳	剣術修行のために江戸に出て、北辰一刀流の道場に入門する。ペリーの来航後は、佐久間象山の塾に入門する。
1861	25歳	何度か江戸と土佐を行き来した後、土佐勤王党に加入する。
1862	26歳	土佐勤王党を離脱し、脱藩。勝海舟のもとを訪れて、門下生となる。
1864	28歳	勝とともに計画していた神戸海軍操練所が完成する。池田屋事件、禁門の変に操練所の生徒が参加していたことから、幕府に圧力をかけられて閉鎖。
1865	29歳	勝の使者として薩摩藩へ行き、西郷隆盛と面会する。薩摩藩の援助を受けて「亀山社中」を設立。薩長同盟成立のために奔走する。
1866	30歳	薩長連合の盟約に立ち会う。その直後、寺田屋で幕府の襲撃を受ける。幕府の第二次長州征伐に長州側として戦う。
1867	31歳	亀山社中を海援隊に改めて隊長になる。大政奉還の後、京都の近江屋で中岡慎太郎と会合しているところ、何者かに踏み込まれて暗殺される。

記入上の注意　1：数字はアラビア数字で、文字はくずさず正確に書く。　2：※印のところは、該当するものを○で囲む。

坂本龍馬

薩長同盟を成立させた立役者には多くの謎がある

Sakamoto Ryoma

●土佐での活動に限界を感じて脱藩する

剣術修行のために江戸へ来ていた坂本龍馬は、そこでペリーが引き連れてきた軍艦を見て驚愕したという説がある。実際に見たかはともかく、そのニュースを聞いて「こいつは、どエライことになったぜよ……」と思ったのは確かだろう。

その後、土佐に戻った龍馬は１８６１年（文久元年）に土佐勤王党に参加する。これは旧知の仲だった武市半平太が、尊王攘夷を掲げて結成した組織だ。このころの龍馬は外国の圧倒的な力を見せつけられたためか、尊皇攘夷思想に傾いていたようだ。

土佐勤王党に参加した龍馬だったが、その半年後には脱藩して土佐藩を離れている。「そういえば、脱藩した理由はあんまり知らない」という方も多いと思われるので、補足しておこう。ちょうどそのころ、薩摩藩の島津《しまづ》久光《ひさみつ》が兵を率いて京都に上り、討幕のための同志を集めているといううわさが流れてきた。それに参加するために、土佐勤王党の同志たちはポツポツと脱藩を始めていた。

だから龍馬もその挙兵に参加しようと……したわけではない。龍馬は藩内を尊王攘夷派で固めようする土佐勤王党にいるより、もっと自由に動き回ったほうが、討幕につながると思ったのだ。そして脱藩する同志たちに誘われて、一緒に土佐藩を抜けた。ちなみに土佐藩に流れてきた島津久光の討幕のうわさは、あくまでうわさだった。実際の久光は公武合体派で、兵を率いて京都に上ったのも、幕政改革を訴えるためだったのだ。「幕府を討つんでしょ？ 俺たちもやりますよ！」と多くの勤王志士たちが集まってきたのだが、久光としては「いや、違う違う！」と思いっきり否定しなければならなかった。

脱藩してからそのことを知った龍馬は、「まだ討幕の時期ではないぜよ」と考えて、再び江戸へ向かう。幕府の情勢を探るためでもあった。

●開国を主張する勝海舟と出会い、弟子になる

江戸に戻ってきた龍馬は、かつて自分が通っていた千葉道場の息子、重太郎から、勝海舟の暗殺の話をもちかけられた。重太郎は過激な尊王攘夷派で、開国を推し進める幕府の重臣、勝海舟が気に入らなかったのだ。それを聞いた龍馬も話に乗った。そして勝と対峙した龍馬は、開国の重要性を説かれて勝にほれ込み「弟子にしてほしいぜよ！」とみずから頭を下げる。このシーンはドラマなどでもおなじみだ。

しかし本当に龍馬は勝を殺そうとしていたのだろうか。そもそも勝にしても問答無用で斬りかかられたら、悠長に説得なんてしている場合ではないはずだ。実際に、佐久間象山や井伊直弼は、出会い頭に暗殺されている。

柔軟な発想をもつ龍馬のことだ、「相手の出方次第によっては斬る」という心境で勝に会ったのだろう。だから勝の話をちゃんと最後まで聞いたのだ。そうでなければ、勝は話をする間もなく殺されている。

こうして勝の弟子になった龍馬は、勝とともに神戸に海軍操練所を開いた。ちょうどそのころ、故郷の土佐藩から帰国命令が出るも「無視じゃき」とそれを蹴っている。

●両手を隠した状態で写っている全身像の秘密

海軍操練所が幕府の圧力によって閉鎖されると、龍馬は勝の手引きで薩摩藩にやってきた。そして西郷隆盛と面会して、海外貿易や海軍整備の重要性を説く。その後の1865年(慶応元年)、軍艦や弾薬を用意するため、亀山社中という組織を結成し、長崎で貿易を始めた。このとき龍馬は、薩摩藩名義で武器や弾薬を購入し、それを必要とする長州藩に売る、という回りくどいことをしている。これは対立の続いていた薩摩、長州の溝を埋めるための基盤づくりだったのだ。これをきっかけに、同じく土佐を脱藩した中岡慎太郎と共に、薩長同盟を成立させた。龍馬最大の功績といえる歴史的瞬間だ。

薩長同盟を成立させた後、龍馬は幕府から危険視されて、京都の寺田屋という旅館で襲撃されている。幸い拳銃を乱射して難を逃れたのだが、このとき両手を深く損傷した。とくに左手のけがはひどく、人差し指の神経が切断されてしまったのだ。

ところで一番有名な龍馬の全身写真は、両手を懐に入れた姿勢で写っている。これは懐にある拳銃を握りしめている、などといわれているが、じつはその理由も、このとき損傷した手を見せないようにするため、という説がある。実際、その写真は寺田屋事件の後に撮影されたもの。これが本当だとすれば、どうやら龍馬はなかなかの恥ずかしがり屋というか、後世まで弱みを見せたくないと考えていたらしい。

その後、またしても勝の手引きで脱藩罪を許され、土佐藩士に復帰。亀山社中を解散して新たに海援隊を組織した。これは土佐藩の長崎貿易を担いつつも、さまざまな浪人集団による藩を超越した商社となった。わざわざ改名したのは、「亀山社中」という名前が気に入らなかったためという話もある。海が大好きな龍馬としては、どうしても「海」の字を入れたかったのだろう。「海がないと嫌ぜよ！」と騒いでいる龍馬の姿が目に浮かぶ。

その後、幕府が朝廷に政権を返して新しい国をつくる「船中八策」をまとめた。それを土佐藩主の山内容堂が幕府に提出し、1867年（慶応3年）大政奉還が実現する。

その一カ月後、龍馬と慎太郎が近江屋で会合をしているときに暗殺されるのだが、その犯人が誰なのかはいまだに不明。隠されているのは両手だけではないらしい。

容姿 下膨れで大きな顔。堂々とした体格で、威厳がにじみ出ているといわれます。	
性格 弱みを見せず、みずからの力を誇示しがち。学んだことは検証を重ねてモノにする、堅実で実直な努力型。	
幼少期の様子 父から海の話を聞かされており、海にあこがれを抱いていました。9歳上の兄が海軍に入った以降は、兄からも海の話を聞かされていました。	
金運 父や兄の働きもあって、実家は不自由しませんでした。みずからも海軍内で順調に出世したので、不自由はありませんでした。	交遊関係 他国での友人は少ない。ただ日本行きの際、シーボルトと手紙をやりとりしました。
トラウマ 不明。	趣味 蒸気船の研究、開発。
家庭環境 海軍に入った二人の兄にあこがれていました。家族仲も良好。	仕事ぶり 堅実で、行動力があり、多くの部下たちに慕われていました。蒸気船の研究や、士官教育にも熱心でした。
恋愛関係 20歳のとき、ニューヨークの商家の令嬢、ジェーンと恋に落ちました。のちに彼女と結婚。	家族 妻ジェーンとの間に10人の子をもうけました。
人生の目標 「アメリカの偉大さを世界に知らしめること」	死因 心臓発作。

特技・趣味・得意科目等 必要とあれば、金に糸目はつけません。日本行きの際には、現代の金額に換算して約1億円の金を使い、日本の資料を集めたとされているが、事実は秘密です。アメリカでの知名度はほとんどありません。

本人希望記入欄 開国してください。

履歴書

ふりがな 氏名 マシュー・カルブレイス・ペリー		
生年月日 1794年4月10日	没年月日 1858年3月4日(満63歳)	※ ㊚・女
出身 アメリカ・ロードアイランド州ニューポート		
立場 アメリカ海軍東インド艦隊司令長官	あだ名 熊おやじ、蒸気船海軍の父。	

概要

アメリカ海軍、私掠船船長のクリストファーと、妻セーラとの間に三男として生まれる。海軍一家で、長男のオリバーは、米英戦争の局面の一つ「エリー湖の戦い」でイギリス艦隊を撃破した通称「エリー湖の英雄」。そんな兄や父の影響を受けて、みずからも海軍を志しました。

年	歳	学歴・職歴(各項目ごとにまとめて書く)
1809	14歳	海軍の士官候補生になる。以降、兵士として各地へ派遣されるようになる。
1833	39歳	ニューヨーク、ブルックリンの海軍工廠(軍隊直属の軍需工場)に配属。
1837	43歳	アメリカ初となる蒸気軍艦「フルトン2世号」を建造。その初代艦長となり、海軍大佐に昇進。「蒸気船海軍の父」として名を挙げる。
1852	58歳	東インド艦隊司令長官に任命され、日本への遠征を命じられる。アメリカを出港。
1853	59歳	江戸湾に入り、浦賀にやってくる。久里浜に上陸し、大統領の親書を日本側に渡す。来春の渡来を表明して、いったん引き揚げる。
1854	60歳	ふたたび日本に来航。日米和親条約を締結。下田、箱館を開港させる。のちに、那覇で琉球王国と琉球修好条約を結ぶ。翌年帰国。
1858	63歳	日本の遠征記を記したのち、3月に死去。

記入上の注意 1:数字はアラビア数字で、文字はくずさず正確に書く。 2:※印のところは、該当するものを○で囲む。

鎖国を終わらせ、幕末動乱期の口火を切った黒船司令官

ペリー

Perry

●父は私掠船の船長、兄はエリー湖の英雄

1853年（嘉永6年）、4隻の黒船が浦賀に到着した。これが幕末の始まりを告げるチャイムとなる。

その黒船を率いていたのが、アメリカ海軍の東インド艦隊司令長官ペリーだ。ペリーの家は全員が海軍の軍人だったが、そのきっかけをつくったのはペリーの父だ。若いころの父は「海は男のロマンだぜ」と海の仕事を求めて、なんと海賊になってしまった。とはいっても、本当の海賊ではない。国の許可を受けて、敵国の船から積荷を略奪する「私掠《しりゃく》船《せん》」という船の船長だった。そんな父を見て育ったペリーの兄弟は、やはりみんな海の仕事にあこがれた。まずは9歳年上の長男オリバーが正規のアメリカ海軍に入隊する。

それを見たペリーも「兄ちゃんカッコいいよ！」と猛烈にあこがれた。海賊だった父は「俺じゃないの？」と思ったことだろう。やがて成長したペリーは、兄に続いて海軍へ入

隊する。「ここから大活躍してやるぜ」と大きな夢を抱いていたはずだ。

しかし実際に多くの実績を挙げたのは、兄のオリバーだった。オリバーはエリー湖での戦いで、イギリスの艦隊を壊滅させるという偉業をやってのけたのだ。ちなみに「ペリー」とはファミリーネームなのだが、日本でその名を聞けば、誰もが「黒船の……」と答えるだろう。しかしアメリカでペリーと聞けば、誰もが「エリー湖の……」と兄オリバーの名を挙げる。黒船のペリーは兄の栄光に隠れていて、本国アメリカではマイナーな人物となっている。アメリカに立っているペリー像も、やっぱりオリバー。これは意外だ。

黒船のペリーは兄のように派手な活躍はしなかったものの、勤勉で実直な性格だった。そのため軍の信頼は厚く、順調に昇進していった。部下への教育も厳しく、声を荒らげて怒ることもあったので、「熊おやじ」というあだ名がつけられたほどだ。イギリス艦隊を壊滅させた兄といい、海賊だった父の血は、しっかり受け継がれていたらしい。

●蒸気船海軍の父と呼ばれた男の日本遠征

ペリーのもう一つのあだ名に「蒸気船海軍の父」というものがある。当時の最先端技術だった蒸気船を、海軍に導入しようと推し進めたからだ。1837年（天保8年）には、アメリカ海軍で最初の蒸気式軍艦「フルトン2世号」を建造している。

しかし当初は、海軍上層部からの評判がよくなかった。その理由はいたってシンプル。

高すぎるから。当たり前だが、蒸気式軍艦の建造は従来のものより費用がかかるのだ。

それに対して行動力のあるペリーは、「待てぃ！」と上層部に対して意見書を提出した。蒸気船の導入は、ほかの国でも進んでいる。費用を惜しんでいては出遅れてしまう。それがペリーの考えだった。こうしてアメリカ海軍にも蒸気船の導入が進められていった。

実際、アメリカは少し出遅れていた。西欧列強はすでに蒸気船を導入して行動範囲を広げており、アジア方面に植民地を増やしていたのだ。

それに対し、アメリカは市場を中国まで広げたいと思っていた。そのためには、太平洋を横断しなければならない。最新式の蒸気船なら速く着くことができるだろうが、物資の補給ができる中継地点もほしい。そこで目をつけたのが、鎖国中の日本だった。

こうして日本に開国してもらおうと決定したアメリカは、蒸気船について熟知しているペリーにその任務を与えた。「デカい仕事がきたな」ペリーは腕まくりをしたことだろう。その任務に失敗は許されない。

ちなみにこのとき、ペリーはシーボルトから「日本に行くなら連れてって」という要請を受けている。シーボルトの項で解説しているが、このときの彼は日本から追放されており、戻るに戻れない状況だったのだ。もちろんペリーは「そんな奴を連れて行くわけにはいかないでしょ」と拒否している。

●武力行使が禁じられていた上で脅迫外交を行なう

そしてペリーは4隻の艦隊を率いて浦賀にやってきた。開国を求めつつ、その返答期限は3日と短く定める。さらに「親書を受け取れる身分の人を連れてこないと、直接将軍のところへ行って手渡すけど」なんてことまでいうのだから、みんな恐怖したことだろう。

しかしこれはあくまで「脅し」で、ペリーに武力を使うつもりはなかった。アメリカを出る前に大統領から、「武力行使は厳禁」と命令されていたからだ。だから開国してもらうためには、多少高圧的でも威嚇するしかなかったのだ。

さらにペリーは、とんでもない工作を行なったという説がある。幕府に対して開国を促す書状と共に、白旗も送ったというのだ。その書状には「私たちと戦争しても、どうせあなた方は負けるでしょ。そのときにはこの旗を使ってね」という内容が記されていたらしい。これはあくまで一説だが、本当だとしたらバカにするにもほどがある。「異人はわれわれを愚弄している！」とキレる人が出てきてもおかしくない。尊王攘夷派の誕生だ。

ともかくペリーは1854年（嘉永7年）、日米和親条約を結ぶことに成功する。喜んで帰国したペリーだが、アメリカではあまり相手にしてもらえなかった。このころのアメリカは、南北戦争が起きるかどうかの瀬戸際にあったからだ。しかしいくらペリーがすねたとしても、日本はここから動乱の時代へと進んでいく。すでに賽は投げられていたのだ。

容姿 見た目はそれほど美しくないといわれます。新島と結婚後は、西洋の帽子や靴を身につけておきながら和服姿を好みました。	
性格 けっして周りに流されず、いつも前向きで気丈。	
幼少期の様子 60キロもある4斗俵を上げ下げしたという怪力エピソードが語られます。	
金運 生家はそれほど裕福ではありませんでした。結婚後はそこそこ。	交遊関係 会津戦争中、多くの会津藩兵や籠城中の女子供に好かれていました。看護婦として従軍しているときも多くの兵に慕われました。
トラウマ 不明。	趣味 不明。
家庭環境 極めて良好。	仕事ぶり 看護婦として従軍するなど、戦争で傷ついた人のために積極的に動き回りました。
恋愛関係 新島とは相思相愛です。	家族 新島との間に子供はできませんでした。
人生の目標 「つねに前向きに生きること」	死因 急性胆のう炎による病死。

特技・趣味・得意科目等

生涯前向きと見られていますが、会津戦争に敗北したときは自殺を考えました。会津藩士は新政府軍に連行されて処刑されると聞いていましたが、あえて男装して捕虜になりました。女だとおとがめなしになるから。もちろん変装はすぐにバレて追い返されましたが。

本人希望記入欄

私が主人公の大河ドラマもよろしくお願いします。

履歴書

ふりがな　やまもと　やえ 氏名　山本 八重		
生年月日 1845年12月1日	没年月日 1932年6月14日（満86歳）	※ 男・㊛
出身　会津藩若松米代四ノ丁 （現・福島県会津若松市米代2丁目）		
立場　戦士、女紅場の教員、従軍看護婦	あだ名　幕末のジャンヌ・ダルク、鵺	

概要

会津藩士、山本権八と、その妻の佐久の子として生まれる。幼いころから父や兄の覚馬に兵法を学び、そこらの兵士よりも砲術や銃の知識があり、それらを自在に使いこなすこともできました。

年	歳	学歴・職歴（各項目ごとにまとめて書く）
1866	20歳	但馬・出石藩士の川崎尚之助と結婚する。
1868	22歳	鳥羽・伏見の戦いで兄の覚馬が捕らえられ、弟の三郎は戦死。のちの戊辰戦争（会津戦争）で若松城に籠城し、銃や大砲を操って戦う。ここで父の権八は戦死。夫の尚之助は江戸へ送られて離別。
1871	25歳	覚馬が生きていると聞いて、母の佐久、姪の峰とともに京都へ。
1872	26歳	覚馬が建築に関わった女紅場に就職する。
1875	29歳	新島襄と婚約。新島はキリスト式の学校建設に関わっていたため、周囲から圧力をかけられて女紅場を辞職する。翌年、京都初となる日本人同士のキリスト式の挙式で、新島と結婚する。
1890	44歳	新島、死去。
1895	49歳	日清戦争中、広島で篤志看護婦として従軍する。のちに宝冠章を受賞。
1905	59歳	日露戦争中、大坂で篤志看護婦として従軍する。
1932	86歳	死去。

記入上の注意　1：数字はアラビア数字で、文字はくずさず正確に書く。　2：※印のところは、該当するものを○で囲む。

生涯気丈に生きた初代ハンサムウーマン
山本八重
Yamamoto Yae

●幕末のジャンヌ・ダルク、会津戦争で奮闘する

1868年（慶応4年、明治元年）、会津の若松城（鶴ヶ城）下に籠城を知らせる警報の鐘が鳴り響いた。新政府軍が、幕府に味方する会津藩を討つために攻めてきたのだ。城下の女子供たちは、大挙して若松城に逃げ込む。

そのなかに女のような顔立ちをした男がいた。7連発のスペンサー銃というライフルを担ぎ、弾薬を身につけた男。それは満22歳の男装した山本八重だった。

八重が生まれた山本家は代々、藩に兵学を教える家だった。そうした背景もあって、八重は幼いころから父に銃剣の扱い方を習っていた。とくに影響を受けたのが、17歳年上の兄、覚馬《かくま》からだ。覚馬は江戸で西洋の兵法や砲術、そして西洋の精神を学んでいた。八重は新しい文化を吸収し、それを伝えてくれる覚馬を非常に尊敬していた。

そんな兄は、先の鳥羽・伏見の戦いで薩摩藩に捕らえられ、処刑されたと聞かされていた。さらに弟も戦死していたため、兄弟の仇をとってやると息巻いていたのだろう。このときの八重は、弟が愛用していた着物と袴を着込んでいた。まるで「私が弟だ！　文句あるか！」といわんばかりに。

若松城に入った女たちの役目は、負傷者の看護や食事の用意といった雑用が基本だった。しかし八重は違う。「ここをこうすれば、砲弾を発射できるんですよ」と兵士たちに大砲の使い方を教えたのだ。その知識にみんなとても驚いたという。

また、弾丸が詰められた箱も手際よく射手たちに運んだ。1箱でも大変なのに、八重は2箱や3箱も肩に担いだそうだ。このように八重は昔から力仕事が得意だった。14歳のときには4斗俵（およそ60キロ）を肩の高さまで上げ下げしたという話もある。今の時代なら引っ越し作業も一人でできるだろう。軽々と冷蔵庫をもち上げる姿が想像できる。

八重は裏方に回っていただけではない。夜襲を仕掛ける部隊にも参加した。暗闇の向こうに敵の姿を捉えると、容赦なく銃の引き金を引いて仕留めていったのだ。当時の女性たちはみんな薙刀《なぎなた》を使っていたのに対して、そこらの兵士よりもうまく銃を操る八重は、異例中の異例だった。のちにつけられたあだ名は「幕末のジャンヌ・ダルク」。同じく会津戦争を薙刀で戦った277ページの中野竹子と並んで戦えば、無敵だったかもしれない。

やがて若松城での籠城戦も限界となり、降伏のときがやってくる。この戦争で父は討ち死にし、一緒に若松城に入った夫は他藩の人間ということで、城外追放されていた。孤独になったうえに家族の仇を討てなかった八重は、このとき自殺を考える。

●アメリカ帰りの新島襄《にいじまじょう》からプロポーズを受ける

しかしすぐ死なずに正解だったと思い知らされる。処刑されたと聞いていた兄の覚馬が生きているという報せを受けたからだ。そして1871年（明治4年）、「いやっほう！」という晴れやかな気持ちで、八重は覚馬がいる京都にやってきた。

覚馬は戦争の影響で盲目になっていたが、京都府の顧問という高い役職についていた。そこで三権分立、職業選択の自由、女子教育の重要性など、新しい時代の思想を訴えていたのだ。「さすがは兄さま」八重はますます覚馬を尊敬し、自分も新時代の流れに乗ろうと英語を学び始める。そして翌年、日本最初の女学校、女紅場《にょこうば》（現在の京都府立鴨沂《おうき》高校）が開設されると、そこで教員として働き始めた。

このころ、覚馬はアメリカから帰国した新島襄という男とともに、同志社英学校（同志社大学の前身）の建設に取り掛かっていた。ある日、新島が覚馬の家を訪れたときのこと。八重は井戸の上に渡した戸板に座って裁縫をしていた。当たり前だが、戸板が割れると井戸に落ちる。しかし八重の性格上、そんな些細なことは気にしないらしい。それを見た新島は「ワオ、パワフル」と恋心を抱いたそうだ。なんだかよくわからない理屈だが、ともかく新島は八重に求婚した。八重も会津戦争中に生き別れた夫はすでに病死していたので、快くそれを受け入れた。少しずつ春がやってきたのだ。

●たとえ「鵺《ぬえ》」と呼ばれても平然としていた

新島はアメリカの文化をこよなく愛した男だった。そのため、八重との挙式もキリスト式だった。当時の京都では神道式が当たり前で、多くの人から嫌悪されたという。それでも気丈な性格の八重は、周囲の悪態もまったく気にしなかったそうだ。

「なんだか新しい感じの女がいる」八重の評判は京都中に響き渡った。なにしろアメリカになじんだ夫がいるのだ。男女が肩を並べて歩くことさえ許されない時代に、八重は新島と並んで人力車に乗る。そして西洋婦人がかぶる帽子をかぶり、足袋ではなく靴を履いた。それでも和服を着ていたというのだから、なんとも滑稽な姿だ。

周囲の人もアンバランスな格好をした八重を見て、「鵺」というあだ名をつけた。鵺とは平安時代に京都を荒らし回ったとされる妖怪で、サルの頭にタヌキの体、トラの手足をもっている。「誰が鵺じゃい?」とキレてもいいところだが、八重は平然としていた。新島も「そんな八重さんがラブなんだ」といっていたころだろう。

やがて新島は病気で他界する。最期の言葉は「グッドバイ」。どこまでもアメリカンな男だった。その後、八重は赤十字の正会員になり、日清日露戦争では看護婦として働いた。その生涯は非常にたくましく、のちに初代ハンサムウーマンとまでいわれた。

容姿
面長で鼻筋の通った美しい顔立ちとよくいわれます。

性格
愛する人のためなら、どんな苦労もいといません。

幼少期の様子
不明。

金運 幼少時は貧窮しており、芸者になってからは売れっ子になりました。	交遊関係 芸者時代に多くの志士たちと交流。桂小五郎の妻ということで、長州藩士たちとも仲がよかったです。
トラウマ 不明。	趣味 笛、踊り、三味線などの芸事。
家庭環境 父が処分を受けて家出をしたため、良好とはいえません。兄妹の数はあまり公にしません。	仕事ぶり 芸者時代は大人気で、大勢の指名客がいました。
恋愛関係 芸者時代は非常にモテたが、愛したのは小五郎だけ。	家族 小五郎とは晩年まで仲がよかったですが、子供はできませんでした。
人生の目標 「小五郎とずっと一緒にいること」	死因 胃を患って病死。

特技・趣味・得意科目等
小五郎と離れ離れになっていたある日、私の美貌にひかれた男に襲われそうになったことがあります。そこで私はへし折った三味線を投げつけて、男を追い払いました。

本人希望記入欄
夫婦生活は短かったのですが、とても楽しい毎日でした。

履歴書

ふりがな　きど　まつこ

氏名
木戸 松子

生年月日	没年月日	※
1843年?月?日	1886年4月10日(満43?歳)	男・㊛

出身
若狭国小浜藩(現・福井県小浜市)

立場	あだ名
芸者	幾松

概要
小浜藩の町奉行で祐筆（公文書の記録などを行なう事務官）を務める父・木崎市兵衛と、母のすみの間に生まれる。このころの名前は計。まさか将来、自分が芸者になるとは考えていませんでした。

年	歳	学歴・職歴(各項目ごとにまとめて書く)
1848?	5?歳	小浜藩で起きた百姓一揆により、父の市兵衛が謹慎処分を受ける。
1852?	9?歳	父母に会いたい一心で京都へ向かう。
1855?	12?歳	京都で舞妓になる。やがて幾松と名乗って芸者になる。その後桂小五郎と会って、互いにひかれあう。
1864	21?歳	新撰組が池田屋を襲撃。のちに壬生の屯所に連行されて折檻を受けるが、口を割らなかった。禁門の変以降、物乞いに扮した小五郎に食事を届ける。但馬に行った小五郎の言葉を受けて、対馬へ行く。
1865	22?歳	対馬を出て長州藩へ。長州藩士から小五郎に帰国を促す手紙を受け取って但馬へ行き、小五郎と再会。二人で長州藩へ戻る。
1868	25?歳	小五郎こと木戸孝允と結婚。木戸松子となる。
1869	26?歳	東京で暮らし始める。
1877	34?歳	孝允病没。その後、思い出の深い京都へ転居し、髪を剃って「翠香院」と名乗る。
1886	43?歳	死去。

記入上の注意　1:数字はアラビア数字で、文字はくずさず正確に書く。　2:※印のところは、該当するものを○で囲む。

幕末の動乱をくぐり抜け、愛を貫いた芸者
木戸松子（幾松）
Kido Matsuko (Ikumatu)

●幼いころに数々の不幸にあって、夜の世界へ

坂本龍馬や和宮など、幕末の動乱期に愛する人を見つけた有名人は結構いる。しかしその多くは、戦死や暗殺などで男が倒れてしまうという悲劇で終わっているものだ。そんななか、多くの障害を乗り越えて、見事ハッピーエンドにたどり着くカップルもいた。しかも美男美女のカップルといえば、桂小五郎と木戸松子の名前が挙がるだろう。

松子とは後年の名前で、昔は計《かず》と名乗っていた。計の父は現在の福井県小浜《おばま》市にあたる若狭小浜藩の藩士で、町奉行に勤めていた。けっして裕福というわけではないが、このころは家族全員で、つましくも平和に暮らしていた。

やがて計に最初の悲劇がやってくる。きっかけは、町奉行に対して起こされた百姓一揆だった。これにより計の父も責任を取らされ、謹慎処分を受ける。落胆した父は「探さないでください」という手紙を残したかどうかは知らないが、とにかく家族を残して家出を

してしまった。

この後計は京都へ向かうことになるのだが、その経緯には諸説がある。有力なのは次の説だ。母が子供のなかで幼い計だけを親戚に預け、息子たちを引き連れて夫探しの旅に出てしまう。やがて京都で父を見つけて一緒に暮らし始めたと聞いたから、計もそこへ向かったというものだ。

計は京都で家族と再会し、一緒に暮らし始めたと思われる。そして芸者となるのだが、その経緯もはっきりしない。父が病気にかかって生活が苦しくなったという説もある。家族のために夜の世界に身を落とす。現在でもよく聞く切ない話だ。

●桂小五郎と出会い、数多の窮地を救う

芸者になった計は、そこで幾松という源氏名を授かった。幾松は笛と踊りを得意とし、礼儀作法もしっかりしている。そしてなんといっても美人だった。当然人気が高く、大勢の客が幾松を取り合った。

桂小五郎もその一人だった。国のために奔走していた小五郎にはお金が必要だったのだが、幾松のために大金を注ぎ込んだ。そんなことをしている場合か、とも思うが、やがて幾松は、自分のもとに通いつめて日本の未来を説く小五郎にひかれ、同棲を始めた。

「ということは、芸者を辞めたの?」と聞かれると、答えは「違いますどす」だ。幾松は

小五郎を愛していたからこそ、芸者を辞めなかった。なんと芸者という立場を利用して、新撰組や佐幕派の情報を収集し、小五郎に伝えるというスパイ活動を始めたのだ。

新撰組による池田屋襲撃事件の後、小五郎たち維新志士たちは、幾松の手引きで吉田屋という料亭を密会の場にするが、そこも新撰組に踏み込まれた。このとき幾松は小五郎を地下にかくまい、「何かあったんどすか?」と冷静沈着に新撰組への対応をしている。

こうしたことから、やがて新撰組に「あの芸者、怪しいぞ」と疑われ、壬生の屯所に連行されてしまう。そこで幾松は肌着1枚にされて拷問を受けた。「桂の居場所を知っているだろう?」と尋ねられても、「私の髪はカツラではありませんどす」とはいってないだろうが、とにかくシラを切り続けたのだ。このとき幾松は、刀を突きつけられたりもしたという。それを聞いた小五郎は「すまん、幾松……」と拳を震わせていたに違いない。

1864年(元治元年)、禁門の変(蛤御門の変)が起こる。この戦いで長州藩は敗北し、京都から撤退させられるのだが、同じく長州藩士の小五郎は物乞いに変装して京都に残った。

このとき幾松は握り飯をつくって、隠れ住んでいる小五郎のもとへせっせと届けている。そんなところが見つかれば、幾松にも危険が及ぶはずだ。それでも幾松は小五郎のためにできることをしたかったのだろう。やはり小五郎は「すまん、幾松……」と涙をもらし塩の効きすぎた握り飯で食いつないだに違いない。

このように、こっそりと逢引できる間はまだよかった。やがて小五郎は身の危険を感じて、但馬《たじま》（兵庫県出石町）に移動する。そして自分と逢引していたところを見られていたかもしれないと、幾松にも長崎の対馬《つしま》に潜伏させる。こうして二人は離れ離れになってしまった。「かならず生きて再会し、また幾松の握り飯を食ってやる」小五郎はそう思っていたに違いない。

●帰国を促す手紙をもって、涙の再会を果たす

対馬にやってきた幾松は、不安でたまらなかった。なんだかもう二度と小五郎に会えない気がする。そう考えるといても立ってもいられなくなって、島を飛び出した。そして小五郎の故郷である長州藩に立ち寄る。ちょうどそのころの長州藩は、高杉晋作が実権を握り、尊王、討幕の考えで藩全体を固め始めたときだった。

長州藩士たちも小五郎を探していると知った幾松は、小五郎に帰国を促す手紙を受け取り、会いに行く口実を得た。こうして幾松は但馬に向かい、潜伏中の小五郎と涙の再会を果たしたのだ。「ところでお腹は空いていませんか？」手渡した握り飯は、やはり幾松の涙によって、塩の効きすぎた味となっていたかも。

幕末の動乱を愛の力でくぐり抜けた二人は、維新後正式に結婚した。ここで幾松は松子と改名し、幸せな夫婦生活を送るのだった。

容姿

姉妹そろって美しいとよくいわれました。そのため非常に目立ち、戦闘でも格好の標的とされました。

性格

忠義心に厚く、非常に気が強いです。男勝りな勇気をもっています。

幼少期の様子

読み書きと薙刀の修行に明け暮れていました。

金運 そこそこに裕福でした。	交遊関係 近所づきあいはよかったです。
トラウマ 不明	趣味 薙刀の稽古。自宅でこっそり沐浴。
家庭環境 母と妹とは仲がよかったです。	仕事ぶり 婦女隊をまとめあげて、戦争に参加させました。
恋愛関係 非常にモテました。	家族 母の孝子と、妹の優子は生き延びた後、若松城内で雑用に従事しました。父の平内は詳細不明。
人生の目標 「会津藩のために戦うこと」	死因 銃弾を受けて戦死。

特技・趣味・得意科目等

戦いの前夜、妹の優子を殺そうとしました。優子は私のように戦えず、美しい容姿をしていたので、敵に捕まったら辱めを受けると考えたからです。それは思いとどまりましたが、銃弾を受けて倒れた私の介錯をして首をはねたのがその優子でした。私が敵に辱めを受けるのを恐れたからです。

本人希望記入欄

会津に敵なす連中は、全員薙刀でぶっ飛ばしてやる。

履歴書

ふりがな　なかの　たけこ		
氏名　中野 竹子		
生年月日 1850?年?月?日	没年月日 1868年10月10日(満18?歳)	※ 男・㊛
出身 江戸の藩邸(現・東京都)		
立場 婦女隊のリーダー的存在	あだ名 とくになし	

概要

会津藩江戸詰勘定方、中野平内の娘。母は孝子。薙刀の達人です。

年	歳	学歴・職歴(各項目ごとにまとめて書く)
1857?	7歳	会津藩江戸邸の目付職・赤岡大助の門下に入り、読み書きや薙刀を学ぶ。
?	?歳	家族で会津藩へ戻り、親戚の田母神金吾の書院を借りて住み始める。
1868	18歳?	戊辰戦争の局面の一つ、会津戦争勃発。婦女隊を結成して果敢に戦うも、新政府軍の銃弾に当たって死去。短い生涯を閉じる。

記入上の注意　1:数字はアラビア数字で、文字はくずさず正確に書く。　2:※印のところは、該当するものを○で囲む。

薙刀《なぎなた》をもって戦場を駆け回る勇猛な女戦士
中野竹子
Nakano Takeko

●婦女隊のリーダーは美しくも気が強い乙女

戊辰戦争の一環で、新政府軍が旧幕府軍と現在の福島県で衝突した会津戦争。265ページで紹介した山本八重のほかにも、会津側としてこの戦いに身を投じた女性たちがいた。のちに「婦女隊（娘子隊《じょうしたい》）」と呼ばれる女性部隊もその一つだ。メンバーの数は、諸説があってはっきりしない。いずれにしても6名から数十名の少数部隊だったらしい。

砲撃戦に参加した八重とは違い、婦女隊のメンバーは薙刀による白兵戦に挑んだ。「かよわい女性たちに武器をもたせて敵陣へ突っ込ませるなんて、会津藩は鬼か」そう思われる方も多いだろう。婦女隊は会津藩が正式に結成した部隊ではない。戦争に巻き込まれた女性たちが自発的につくった薙刀グループだ。

その中心人物が中野竹子。婦女隊のリーダー的存在だ。このとき竹子は満18歳（20歳という説もある）。まだまだ若い乙女だった。

竹子は1850年（嘉永3年）ごろ、江戸の藩邸で生まれた。7、8歳のころに会津藩江戸邸の目付職だった赤岡大助の道場に入り、読み書きや薙刀を学ぶ。とくに薙刀の腕前はめきめきと上達し、赤岡家からとても気に入られ、嫁に来てほしいと懇願されたほどだ。どういう心境があったのかは不明だが、竹子はそれを辞退している。「まだまだ修行中の身ですので」という気持ちがあったのかもしれない。

やがて竹子は父の故郷、会津藩へ戻るのだが、そこでも薙刀の稽古を欠かさなかった。このとき、竹子の性格がうかがい知れるエピソードがある。当時の東北地方の銭湯は男女混浴が当たり前だったのだが、竹子はそれを嫌がり、自宅で沐浴していた。すると近所のドスケべな青年たちは「竹子の裸はぜひ見たい」と、こっそりのぞき見しようとしたのだ。竹子は美貌のもち主だったので、気持ちはわからなくもないが。

すると竹子は、すかさず身支度を整えると、薙刀を手に取って「貴様ら、何を見ているッ!」と連中に斬りかかった。本気の目をしていたので、青年たちは慌てて逃げ出したという。とてつもなく気の強い女だ。

●戦争に参加したいと懇願して衝鋒隊に同行

1868年（慶応4年）、敵軍襲撃の警鐘が激しく鳴り響いた。それを聞いた近隣の女性や子供たちは、みんな若松城（鶴ヶ城）内に逃げ込む。竹子も母や妹と共に若松城へ向かったのだが、ときすでに遅く、城門は閉じられた後だった。襲われたときのために薙刀などを準備していたから出遅れたのだと思われる。また、新政府軍の攻撃が予想以上に早かったこともあった。

「どうしましょう姉上」不安な色を見せる妹。ここでも竹子は凛々しく「安心せい」と答えたに違いない。竹子は近所の女子連中と、いざというときの集合場所を決めていた。そして母と妹を連れてそこへ向かい、仲間たちと合流した。

その集合場所で、若松城からやってきた武士と出会う。竹子が彼に城の様子を尋ねると、「照姫さま（会津藩主の養女で、松平容保の義姉）は、すでに坂下《ばんげ》へ立ち退かれた」と聞かされる。坂下というのは、そこから10キロほど離れた宿場町だ。竹子は仲間の女子連中に振り返って「どうせなら照姫さまのところへ行って、私たちでお守りしよう」と提案する。仲間たちもそれにうなずいた。これが婦女隊結成の瞬間だ。

しかし坂下に行ったものの、そこに照姫が来たという形跡はなかった。落胆したのも束の間。会津藩の家老が近くに来ていることを知り、今度はそちらへ向かう。そこで家老に「私たちも戦争に参加させてください」と頼み込んだ。

普通なら「女子どもは帰れ」といわれるところだが、戦況が悪化していたことと、薙刀をもった竹子たちが頼もしく見えたこともあって、衝鋒隊《しょうほうたい》（幕府軍の一部隊）への同行を許可された。忠義心に厚い竹子としては「これで存分に腕を振るえるぞ。ふふふ」と好戦的な笑みを浮かべていたかもしれない。

●おびえる男たちを前に、発破をかける

翌日、衝鋒隊が先に出発してしまったので、竹子たちもそれに遅れまいと早足で追いかけた。遅れてしまった理由は、戦闘は夜からだと思っていたので、途中の百姓家に寄って遊んでいたからだという。辺りの百姓家に残っていた男たちは、みんな戦争を怖がっていた。そこで竹子が「何を恐れている。敵が来たら、この薙刀でぶっ飛ばしてやるわ」といったため、百姓たちは「すごい女たちだ！」と喜んで食べ物を出してくれたそうだ。戦闘の前になんとも無邪気というか、その気の強さには拍手を送りたい。

その日の夕方、とうとう新政府軍との戦闘が始まった。衝鋒隊に混じって、竹子たちも勇ましく敵陣に特攻をかける。とくに竹子はすさまじい強さで、次つぎと敵をなぎ倒していった。「なんという女どもだ……」恐れる敵軍。「さあ、次はどいつだ！　全員薙刀のサビにして……」そのとき、竹子の眉間に一発の銃弾が突き刺さった。同時に、赤い大輪の花がパッと咲く。竹子は声をあげる間もなく、その場に倒れ伏してしまった。

竹子は最期の瞬間まで薙刀を握っていた。そこには竹子の歌を記した短冊が結ばれていたという。「武士《もののふ》の、猛き心にくらぶれば、数にも入らぬ、我が身ながらも」それは戦いにかける竹子の思いが込められた、辞世の句となった。

容姿 昔はすべての髪を巻き上げて束ね、月代は剃らず、鉄扇をもって闊歩するという奇抜な格好をしていました。若気の至りです。	
性格 前向きで気丈。既存の考え方にとらわれない広い視野をもっています。教育熱心。	
幼少期の様子 武人にあこがれていました。	
金運 生家はそれほど裕福ではありませんでした。幕府の要職に就いたころからは、ボチボチです。	交遊関係 佐久間象山のもとで多くの名士たちと出会いました。幕府の要職に就いて、人脈を広げました。新島襄とは非常に仲がよかったです。
トラウマ 不明	趣味 西洋兵法の研究と講義。
家庭環境 極めて良好。	仕事ぶり 熱心に新時代の思想や兵法を説きました。砲術の腕前も確かで、禁門の変で活躍しました。
恋愛関係 会津時代に樋口うらと結婚。京都へ行った後に離婚。目や足が不自由になった後、身の周りの世話をしていた小田時恵と再婚しました。	家族 樋口うらとの間に長女と次女のみね。長女は夭折。小田時恵との間に久栄。みねも久栄も20代で亡くしたので、私が一番の長生きとなりました。
人生の目標 「西洋兵学をはじめ、新時代の思想を日本に広めること」	死因 老衰。

特技・趣味・得意科目等 鳥羽・伏見の戦いが起きたとき、「これは戦っても会津藩の得にならない」と参戦を拒否しました。いっぽう、薩摩長州には「こんなことをしても国内が荒れるだけで、西欧列強から漁夫の利を奪われる」と説き、戦争を回避しようとしました。

本人希望記入欄 教育者はつねに前向きであれ。

履歴書

ふりがな　やまもと　かくま

氏　名　**山本 覚馬**

生年月日	没年月日	※
1828年2月25日	1892年12月28日（満64歳）	(男)・女

出身　会津藩若松米代四ノ丁
（現・福島県会津若松市米代2丁目）

立場	あだ名
教育者、公用人、京都府庁顧問	とくになし

概要

会津藩士・山本権八と、その妻の佐久の子として生まれる。山本家は代々藩士に兵学を教える家柄で、幼いころから父に兵学を学びました。さらにみずから西洋兵学も学び、妹の八重にも教えました。

年	歳	学歴・職歴（各項目ごとにまとめて書く）
1850	22歳	江戸に行って、佐久間象山の私塾「五月塾」に入る。
1856	28歳	会津藩に戻り、藩校の日新館で砲術を始めとした西洋兵学を教える。
1864	36歳	京都守護職の松平容保から命じられて京都に着任。同年の禁門の変では砲兵隊を率いて、長州藩士と戦った。その功績が認められて公用人となる。
1868	40歳	鳥羽・伏見の戦いで、薩摩藩士たちに捕らえられ、薩摩藩邸に幽閉される。
1869	41歳	捕らわれている間、新時代の思想を説いた『管見』を執筆。戊辰戦争後は、京都府庁の顧問に就任。
1872	44歳	京都にやってきた宣教師からキリスト教を学ぶ。
1875	47歳	「同志社英学校（同志社大学の前身）」の設立を支援。
1879	51歳	京都府議会を開設。翌年まで初代議長として就任する。
1882	54歳	京都商工会議所を設立する。
1890	62歳	新島の死去によって、同志社の臨時総長を務め、発展に貢献する。
1892	64歳	死去。

記入上の注意　1：数字はアラビア数字で、文字はくずさず正確に書く。　2：※印のところは、該当するものを○で囲む。

山本覚馬

西洋兵学を学び、新時代の教育者となった八重の兄

Yamamoto Kakuma

●勝海舟らと共に江戸で学んだ西洋砲術

265ページで紹介した山本八重の兄、覚馬。彼も八重と同じく、昔から前向きで豪快な性格。加えて既存のものの考え方にとらわれない、自由な思考のもち主だった。

そのせいだろうか、会津藩にいたころの覚馬は、常軌を逸した派手な身なりをしていた。すべての髪を巻き上げて束ねており、当時の成人男性のほとんどがしていた月代《さかやき》（髪を額から頭頂部にかけて剃り落とした髪型）は剃らなかった。そして腰に大きな刀をぶら下げ、鉄扇を手にもって堂々と闊歩する。人は彼をかぶき者と呼んだ。現代でいうヤンキーのようなものだろうか。

とにかく覚馬は、そんな格好でも変だと思わなかった。のちに妹の八重が和服姿で西洋の帽子をかぶったり、靴を履いたりしていたことを考えると、やはりそれも奇抜な格好を好んだ兄の影響なのかもしれない。

山本家は会津藩士に兵学を教える家柄だったので、覚馬も昔から兵学に興味があった。そして砲術の師匠が江戸に行くことになったので、自分も江戸では兵学がどれだけ進んでいるのか見てやろうと、師匠について行く。

江戸の兵学は覚馬の予想の上をいっていた。自分がまったく知らない洋式の砲術が広まっていたのだ。「これはぜひとも学びたい」そう思った覚馬は、佐久間象山が開いていた私塾「五月塾」へ入門。ここで勝海舟たちと親交を深めながら、洋式砲術を学んだ。

学習欲はまだまだ溢れてくる。今度は洋式砲術の原書を読んでみようと思った。そのため日夜語学の勉強をしたのだが、残念ながら習得することはできなかった。

「ええい、もういい！」原書を投げ出す覚馬。多くの人は、ここで洋式砲術の習得も投げ出してしまうことだろう。しかし覚馬は生まれもっての前向きな性格上、すぐさま簡単な答えを出した。「あ、そっか。本が読めないなら、人に聞けばいいじゃん」

そして原書の内容を耳で聞いたり、翻訳本も手に入れたりして勉強した結果、どんどん知識を吸収し、技術も向上。オランダのゲーベル銃では、300メートルの距離から100発中、85発も命中させられるようになったそうだ。現在よりははるかに劣る精度の銃で、東京タワーのてっぺんを狙うようなもの。これが本当だったら相当すごい。また、覚馬は自分でも銃の開発をしながら、西洋兵学の研究に精力を注いだ。

●松平容保に命じられて京都へ行き、禁門の変で活躍

やがて会津藩に戻ってきた覚馬は、その実績を買われて会津の藩士が通う藩校、日新館に就任した。父親同様、藩士に兵学を教える教育者の立場になったのだ。このころ妹の八重に、西洋兵学の知識や技術を教えたものと思われる。

日新館で覚馬が生徒たちに豪語したのは、「火縄銃はもう時代遅れだぞ」ということだ。そんな覚馬の授業は、すぐさま会津藩士たちの間に広まる。彼らにとっては、自分たちが学んできた兵学を否定されたわけだから、覚馬を徹底的に批判した。天動説を学んできたのに、いきなり地動説を聞かされた学者たちの心境に近いだろうか。覚馬はいう。「それでも時代は回っている」と。

実際に時代は回っていた。覚馬の話を聞いた会津藩主で、京都守護職の松平容保は「おもしろい男がおるな」と彼を気に入り、軍事取調役兼大砲頭取に任命した。それに合わせて、京都在勤を命じる。「それでは見せましょうか、西洋砲術の力を」京都にやってきた覚馬は、さっそく禁門の変（蛤御門の変）で大活躍をしてみせた。習得した砲術を駆使して、京都に攻め込んできた長州勢を壊滅に追い込んだのだ。

その働きが認められて、幕府の業務を取り扱う公用人として抜擢される。こうして交流の幅を広げつつ、京都に滞在する会津藩士たちのために、洋学所を設置。ここでも教育者

としての才覚を発揮して、藩士たちに西洋学の講義を行なった。

そして1868年（慶応4年）、鳥羽・伏見の戦いが勃発する。京都に留まっていた覚馬は、ここで薩摩藩士たちに捕らえられ、薩摩藩邸に幽閉されてしまうのだった。

●失明し、足が不自由になっても、教育に力を注ぐ

幽閉中の覚馬には、誰も手を出すことはなかった。非常に優秀な男として有名だったからだ。ここで覚馬は、新政府にあてた書状『管見』を書き記す。それは三権分立や、二院制議会、教育の必要性など、新時代に向けての思想を説いたものだった。それを見た西郷隆盛たち薩摩藩の首脳陣は、ますます「ただ者じゃないでごわす」と感服したそうだ。

ちなみに覚馬はもともと白内障を患っていたのだが、このころに悪化して、完全に失明してしまう。それでも暗闇のなかに、新時代という光を見出したかったのだろう。

戦争が終わり、自由の身になった覚馬は、京都府の大参事から呼び出されて、京都府庁に出仕することになる。そこで京都の政治を指導する顧問となった。このころには、目だけでなく足の自由まで効かなくなっていたという。

それでも覚馬の歩みは止まらない。アメリカから帰国した新島襄《にいじまじょう》と知り合い、同志社大学の前身となる同志社英学校の設立に協力し、その発展に力を注いだ。かつてかぶき者といわれた男だったが、やはり血筋どおり、晩年まで見事な教育者として過ごした。

容姿
笑顔が似合うほがらかな姿。

性格
若いころから快活で、面倒見のいい性格。責任感も強いです。

幼少期の様子
12歳ごろから父の勧めで、読み書きや和歌を習っていました。

金運 家が豪農だったため裕福でした。	交遊関係 久坂玄瑞ら多くの志士たちから慕われていました。岩倉具視にも信任を置かれ、岩倉家で働いたこともあります。
トラウマ 不明。	趣味 和歌を詠むこと。
家庭環境 父のいうことにはおとなしく従っていました。	仕事ぶり 主婦時代から働き者。京都時代は若い志士の面倒をよく見ていました。
恋愛関係 夫の佐次右衛門とは仲がよかったです。京都でも若い志士たちから慕われ、母親代わりとしてモテました。	家族 佐次右衛門との間に4人の息子と3人の娘。
人生の目標 「母の仕事をまっとうしたあと、幕府を倒して日本を変えること」	死因 老衰。

特技・趣味・得意科目等
戊辰戦争が勃発すると、従軍できない女の身を嘆き、3人の息子を代わりに派遣しました。私が男だったら、老いた身でも無理やり参戦していたと思います。

本人希望記入欄
女は家事をまっとうしてこそ、自分の好きなことができるのです。

履歴書

ふりがな　まつお　たせこ		
氏名　松尾 多勢子		
生年月日 1811年9月22日	没年月日 1894年6月10日（満82歳）	※ 男・㊛
出身 信濃国伊那郡山本村（現・長野県飯田市）		
立場 尊王攘夷運動家、岩倉家の使用人	あだ名 岩倉家の女参事、周旋老嫗	

写真提供：豊丘村役場

概要

山本村の名主の家に生まれる。教育熱心な父・常盈の意向により、従兄弟の歌人・北原因信のもとで読み書きと和歌を習いました。また、因信の妻について花嫁修業もしました。

年	歳	学歴・職歴（各項目ごとにまとめて書く）
1830?	19歳	伴野村の名主・松尾家の佐次右衛門（淳斎）のもとへ嫁ぐ。松尾家の切り盛りのいっさいを担いつつ、四男三女を産み育てる。そのころ平田国学を学ぶ。
1863?	52歳	主婦の仕事をまっとうしたとして夫の許可をとり、単身京都へ向かう。京都で平田派の勤王志士たちと交流をもち、尊王攘夷運動に参加。若い志士の世話をする。
1863?	52歳	岩倉村で幽居中の岩倉具視のもとにスパイとして訪れ、その胸中を聞き出す。その後、京都を駆け回り、情勢を岩倉に伝える連絡係を務める。
1863	52歳	平田派の志士たちが等持院の足利尊氏ら３代の木像の首をはね、賀茂川の河原にさらされる事件（足利三代木像梟首事件）が発生。多勢子も追われるが、のちに京都を脱出して故郷へ戻る。
1868	57歳	ふたたび京都へ。岩倉に誘われて岩倉家の家政を任される。
1869	58歳	新政府の始動を見届けた後、役目を果たしたと故郷へ戻る。
1894	82歳	死去。

記入上の注意　1：数字はアラビア数字で、文字はくずさず正確に書く。　2：※印のところは、該当するものを○で囲む。

尊王攘夷運動に加担したスパイ老婆

松尾多勢子

Matsuo Taseko

●働き者のお母さん、52歳で京都に旅立つ

尊王攘夷運動に参加していたのは、なにも男たちばかりではない。この松尾多勢子も女性の身でありながら、多くの志士たちと一緒に京都で活躍した運動家の一人だ。

多勢子は1811年（文化8年）、信濃国山本村の名主《なぬし》（村の長）竹村家に生まれた。そして19歳のころ、近隣の村の名主・松尾家から縁談の話がやってくる。この時代では当たり前だったお見合い結婚だ。正式に結婚する前、松尾家の人間が「多勢子とはどんな娘なんだろう」とこっそり様子を見に来たことがある。そのとき多勢子は、大きな馬のくつわを「えい、えいっ」と愛らしくも力強く引きながら、田んぼに入っていくところだった。それを見た松尾家の人間は「うちにぴったりの娘だ！」と大喜びしたという。

松尾家は新田開発だけでなく、酒造や養蚕も手がける豪農だった。そこへ嫁いだ多勢子は、松尾家のそんな仕事の切り盛りをすべて担っていた。夫は学問肌で体が弱く、あまり

働けなかったからだ。松尾家の人間が多勢子を見て「うちにぴったり」と喜んだのは、こうした理由もあったのだろう。現在の女性からすれば「家業を押し付けるためかよ！」と憤慨するかもしれない。

しかも子供は7人もいた。松尾家の仕事を取り仕切りながらの子育ては、それはもう大変だったはずだ。この時代にテレビ局が存在していたら、ビッグダディではなく、ビッグマミィとして取り上げられていた気がする。「それって結局のところ、ただの主婦じゃないか。尊王攘夷運動はどうなった？」ここまで読んでそう思われた方もいるだろうが、もう少しだけ待ってほしい。

やがて松尾家の周辺にも、尊王攘夷論が聞こえてくるようになり、多勢子もそれに共感を覚えていた。そして家庭を放り出して決起……しなかった。「まだかよ！」と突っ込むのはご容赦いただきたい。多勢子としても、早く行動を起こしたい気持ちがあったと思われるが、責任感の強さから、主婦の仕事を最優先にした。育児放棄をしてまで遊びに出かける母親が増えてきた昨今、この姿勢は非常に立派だといえる。

そして息子に嫁をとり、娘を嫁がせて主婦の仕事をまっとうした後、ようやく夫を説得して行動を開始する。まず向かったのは京都だ。「ちょっと待って。そのときの多勢子って何歳なの？」答えはなんと52歳。ここから多勢子の第二の人生がスタートするのだ。

●スパイとして岩倉具視の真意を探りに行く

多勢子が行き先を京都に選んだ理由は、もちろん尊王攘夷運動が盛んだったこともある。それに加えて、大好きな和歌道の本家本元が京都だったからだ。多勢子は結婚する前から和歌をたしなみ、結婚後も暇を見つけては詠んでいた。「平安時代の古い歌に詠まれている京の町を実際に見てみたい。そして私もそこに立って歌を詠んでみたい」そんな気持ちがあったのだろう。ミーハーな部分も含めて、非常に女性らしい考えだ。

京都にやってきた多勢子は、そこで尊王攘夷派の志士たちと交流し、仲間の輪をどんどん広げていった。非常に面倒見がよく、お金もたくさんもっていたので、地方から出てきた志士たちからは、まるで母親のように慕われた。そのなかには、久坂玄瑞の姿もあったという。7人の子供を育ててきた多勢子にとって、彼らの世話は朝飯前。文字どおり「ほらほら、朝ごはんだよ」と料理の腕をふるったりしていたのかもしれない。

そんなある日、多勢子にとって最大の仕事が舞い込んできた。同志たちから岩倉具視の偵察を依頼されたのだ。97ページでもふれたが、当時の岩倉は和宮の降嫁によって佐幕派と疑われ、朝廷を追われて京都の岩倉村に隠れ住んでいた。その胸中を探ることが、多勢子に課せられた任務だった。

多勢子は初老の女性であることから、まさか尊王攘夷派の手先だと疑われることもない。

岩倉も近づいてきた多勢子に対して、「歌を詠むことが大好きな、田舎の婆さん」という印象しか受けなかったという。

「ところで岩倉さんは、今の日本をどう思います？」そう尋ねる多勢子に、岩倉は「もちろん幕府を倒して、朝廷が政治を取り戻さなければなりません」と答えた。戻った多勢子は、同志たちにそれを伝えた。以前の彼らは「岩倉を斬りに行く！」と騒いでいたのだが、岩倉も同じ志をもっていたと知る。こうして岩倉は勤王志士たちに受け入れられたのだ。命の恩人として多勢子に感謝しなければならないだろう。

●元気な婆さんについたあだ名は「周旋老媼《しゅうせんろうおう》」

こうしたこともあってか、多勢子は岩倉から絶大な信任を得た。豊富な人脈を駆使しながら京都中を駆け回り、歌詠み婆さんとして仕入れた幕府の最新情報を、隠れ住んでいる岩倉に届けた。命を狙われることもあったが、そんなときは「こっちだ婆さん！」と、長州藩士にかくまってもらったりもした。年齢を感じさせないアグレッシブな婆さんだ。

維新後には岩倉から「ぜひ家に来てください」と請われ、岩倉家の家政を取り仕切る役目をもらった。彼女の人脈を頼りに就職活動をする者も多く、かつての同志たちも岩倉家を訪れては、よき話し相手になっていた。ついたあだ名は「周旋老媼」。周りの世話のために動き回る老婆、という意味だ。

容姿 額が広く、猫背。	
性格 温厚な性格で、あまり怒ることはありません。生徒を叱るときも声を荒らげません。	
幼少期の様子 虚弱体質で、走ったりすることは得意ではありませんでした。	
金運 遊学中は貧しい苦学生。適塾を開いてからはそれなりでしたが、金銭にはもともと無頓着です。	交遊関係 適塾時代には、福沢諭吉や大鳥圭介など、多くの生徒たちと交流をもちました。
トラウマ 天然痘。	趣味 花見、和歌。
家庭環境 兄と姉が一人ずつ。兄はもう一人いましたが、私が生まれたときには亡くなっていました。	仕事ぶり 自分のためでなく、他人のために尽くすことが信条です。見返りは求めません。
恋愛関係 恋愛にかまけている暇はありませんでした。妻の八重は陰から私を支える良妻です。	家族 虚弱体質なのですが、12人ほどの子供をつくっています。
人生の目標 「身分や貧富に関わりなく、患者に奉仕すること」	死因 過労による、持病の結核の悪化。

特技・趣味・得意科目等
診療や講義など多忙な毎日を送りながらも、門下生たちと花見など、宴会をよく行なっていました。そのときには趣味の和歌も披露します。

本人希望記入欄
医者は患者のために勤勉に働かなければなりません。

履歴書

ふりがな おがた こうあん

氏名 **緒方 洪庵**

生年月日	没年月日	※
1810年8月13日	1863年7月25日（満52歳）	㊚・女

出身
備中国足守藩足守（現・岡山県岡山市北区足守）

立場	あだ名
適塾塾長、医師	メース（オランダ語で先生）

概要
足守藩士、佐伯惟因の末子として生まれる。生まれたときから体が弱く、8歳で天然痘にかかりました。このときは九死に一生を得ました。もともとは武士を目指していました。

年	歳	学歴・職歴（各項目ごとにまとめて書く）
1825	15歳	父と大坂に出る。翌年、蘭学医の中天游の私塾「思々斎塾」のもとで蘭学と医学を学ぶ。
1831	21歳	江戸に行き、蘭学医の坪井信道、宇田川玄真のもとで学ぶ。蘭学を研究し、医学書などの翻訳を行なう。
1836	26歳	長崎へ行って、オランダ人医師ニーマンのもとで研究を続ける。
1838	28歳	大坂に戻り、診療のかたわら瓦町に「適々斎塾（適塾）」を開き、多くの人材を育てる。
1845	35歳	門下生が増えすぎたために、適塾をもっと広い場所（過書町）へ移転させる。
1849	39歳	天然痘の予防接種を行なう施設「除痘館」を設立。牛痘種痘法を普及させるために奔走。
1862	52歳	幕府の度重なる要請を受けて江戸へ行き、将軍徳川家茂の従医となる。さらに医学所頭取に任命される。
1863	53歳	死去。

記入上の注意　1：数字はアラビア数字で、文字はくずさず正確に書く。　2：※印のところは、該当するものを○で囲む。

優れた医師、優れた教育者の両面を兼ね備える

緒方洪庵

Ogata Koan

●幼いころに天然痘にかかり、医学の道を志す

かつて世界中を恐怖に陥れた病気、天然痘。全身に豆粒のような発疹ができるのが特徴だ。その発疹は内臓にも表われるので、肺がやられると呼吸障害を起こして死に至る。その確率は50パーセントと非常に高かった。ちなみに現在では根絶されているので、安心してほしい。

しかし幕末期はまだ、死の病気として認識されていた。その恐ろしい病気に戦いを挑んだのが、幕末の医師・緒方洪庵だった。洪庵は8歳のころに天然痘にかかっており、なんとか一命を取り留めている。本来は武士を目指していたのだが、この一件によって「私を苦しめた憎き天然痘をぶっ飛ばしてやろう」と思ったのだろう。ここから医師を目指すようになった。もともと体が弱かったことも理由の一つだ。

やがて足守藩（岡山県）藩士の父が大坂蔵屋敷の留守居役に任命されると、父と一緒に

大坂で暮らすようになる。そこで蘭学医・中天游《なかてんゆう》の私塾「思々斎塾」に入門し、蘭学と医学を学んだ。

思々斎塾を卒業した後の洪庵は、「まだまだ勉強が足りない」と考えて、今度は江戸に向かった。大坂では父が面倒を見てくれていたのだが、江戸では頼る相手がいない。だから洪庵はそこで、マッサージのバイトをしながら生活費を稼いでいた。その合間に蘭学研究をしつつ、医学書などの翻訳を行なう。「お小遣いが足りないから送ってよ」などと甘えたことはいわない。見習うべき学生も多いのではないだろうか。

江戸で蘭学研究をした後は、オランダとの交流が深い長崎へ向かった。そこで洪庵はオランダ人医師のもとを訪ね、2年間研究に費やす。あちこち忙しい遊学の日々だったが、この後ようやく大坂に戻ってきた。そして1838年（天保9年）、大坂の瓦町に「適塾」という私塾を開くのだった。

●3000人が詰めかけた適塾から数々の人材を輩出

じつは適塾とは略称で、正式名称は「適々斎塾」という。「その名前、さっき聞いたような……」と思われる方は、漢字をよく見てほしい。かつて洪庵が学んでいた思々斎塾とは一文字だけ違う。これは別に名前をパクったわけではない。洪庵の号（文化人たちが本名以外につける名前）が「適々斎」だったことが由来だ。

適塾はすぐさま大盛況となった。医学だけでなく、さまざまな西洋の学問を学ぶことができる。身分や年齢に関係なく、誰でも入塾することができる。こうした自由な校風だったからだ。

適塾で学んだ塾生は、名簿に残っている名前だけでも600人以上。全体の総数は3000人ともいわれている。そのなかには、福沢諭吉や大鳥圭介など、幕末から明治にかけて活躍した名士たちの姿もあった。意外なところでは、マンガ家の手塚治虫の曾祖父にあたる、手塚良仙もいる。手塚治虫の『陽だまりの樹』という作品では、良仙が洪庵や諭吉たちと交流している姿が描かれているので、興味のある方はぜひチェックしてほしい。

洪庵は非常に温厚な性格で、ほとんど怒ることがなかったという。勉強をサボっている生徒に対しても「じゃあ、いつやるの？　今でしょ」と笑いながら諭したそうだ。その一方で、あまりにも態度が悪い生徒には、容赦なく退塾を命じることもあった。

また、諭吉が腸チフスにかかったときは、洪庵みずから治療して看病にあたった。ここからもわかるように、洪庵は非常に生徒思いのいい先生だったのだ。諭吉もこのときのことは生涯忘れることなく、感謝していたという。

●牛痘種痘法を浸透させようと、各地を奔走する

適塾を運営するかたわら、洪庵はみずからにとっても憎き敵である天然痘の治療にも力

を注いだ。1849年（嘉永2年）、大坂に「除痘館」という天然痘の予防を専門とした施設を設置する。そこで「牛痘種痘法《ぎゅうとうしゅとうほう》」を開始したのだ。

牛痘とは、牛だけにかかる天然痘に似た病気のことだ。牛痘にかかった牛からウイルスを取り出し、ワクチンとして人間に与えれば、天然痘を予防することができる。そのことに気づいたイギリス人医師エドワード・ジェンナーからもたらされた、当時の最新技術だった。

しかし、これがなかなか浸透しない。牛から採取したウイルスを人間に与える、という部分が当時の人びとには受け入れられなかったのだ。「それって牛になっちゃうんじゃないの？」という迷信まで広がったほどだ。そこで洪庵は無償で人びとに牛痘種痘法を施した。さらにきちんとした牛痘種痘法をしない医師も現われたので、洪庵はこの治療法を免許制にしてもらうために各地を奔走した。

こうした事情もあって、洪庵は非常に多忙な毎日を送ることになる。さらに洪庵のうわさを聞いた幕府から「ぜひ将軍の従医になってほしい」と要請される。最初は断っていた洪庵だったが、「患者のために働く勤勉な医師であること」という信念に基づいて、江戸行きを決意した。医学所の頭取にも任命されるのだが、過労がたたり、持病の結核を悪化させて亡くなってしまう。洪庵は最期まで他人のために尽くそうとした医師の鑑《かがみ》だった。

容姿

シルクハットにステッキが似合う紳士です。

性格

商売人らしく、時流に合わせることができる柔軟な思考をもっています。近代化のために努力は惜しまないです。

幼少期の様子

父の仕事を手伝いながら、『論語』などの本を読み、多くの知識をつけました。

金運 家が豪農だったため、昔から裕福でした。	交遊関係 政財界に広い顔をもっています。
トラウマ 身分制度。	趣味 不明。
家庭環境 父と仲がよく、昔から仕事に付き添っていました。	仕事ぶり 幼少時から働き者。維新後は500社以上の会社の設立に関わるスーパー実業家です。
恋愛関係 19歳のときに結婚しましたが、42歳で妻と死別。その翌年には再婚しました。	家族 最初の妻、千代との間に歌子、琴子、ふみ、篤二の4人が生まれる。後妻、兼子との間に照子、武之助、正雄、愛子、秀雄の5人が生まれました。
人生の目標 「日本を欧米のような近代国家にすること」	死因 老衰。

特技・趣味・得意科目等

数多くの一流企業の設立に関わりましたが、個人的な利益を求めることは嫌いです。設立した企業の役職を長く務めたり、株式を保有して企業を支配したりすることもなく、多くの実業家と違い、財閥をつくりませんでした。

本人希望記入欄

すべては日本の近代化のためにやったことで、私個人の利益は欲しません。

履歴書

ふりがな　しぶさわ　えいいち

氏名　**渋沢 栄一**

生年月日	没年月日	※
1840年3月16日	1931年11月11日(満91歳)	㊚・女

出身
武蔵国榛沢郡血洗島村(現・埼玉県深谷市血洗島)

立場	あだ名
幕臣、大蔵省官僚、実業家	とくになし

概要
藍染の原料となる藍玉を製造、販売する豪農の長男として生まれました。父は市郎右衛門、母はエイ。子供のころから一人で買い付けに出かけていたため、商売の才能が養われていきました。

年	歳	学歴・職歴(各項目ごとにまとめて書く)
1863	23歳	尊王攘夷集団「天朝組」を結成し、過激なテロ計画を企てる。
1864	24歳	従兄弟の説得により計画中止し、天朝組を解散する。京都で一橋慶喜の家臣と出会い、一橋家に仕える。
1866	26歳	慶喜が江戸幕府将軍となり、同時に幕臣に取り立てられる。
1867	27歳	パリで開かれる万国博覧会に参加するため、幕府の遣欧使節団の一員としてヨーロッパへ渡る。そこで欧州文化を見て衝撃を受ける。
1869	29歳	前年に帰国し、新政府の要請により大蔵省へ出仕する。
1870	30歳	大蔵省を辞職。ここから本格的に実業家の道を歩み始める。
1873	33歳	第一国立銀行の創立を指導する。その後、紡績、鉄道、海運など、さまざまな企業の設立に関わり、経営を指導する。
1876	36歳	日本最初の近代的福祉施設、東京市養育院を設立。
1916	76歳	このころから社会福祉事業を中心とした活動を始める。
1931	91歳	死去。

記入上の注意　1:数字はアラビア数字で、文字はくずさず正確に書く。　2:※印のところは、該当するものを○で囲む。

数奇な運命を経て誕生した、日本近代産業の父

渋沢栄一

Shibusawa eiichi

●尊王攘夷組織「天朝組」を結成し、テロを計画

渋沢栄一の家は豪農、つまり有力な農家だった。米や野菜を生産するだけでなく、藍染に必要な藍玉の製造や販売も行なう。そして渋沢は子供のころから自分で原料の仕入れに出かけていたため、商売人としての才能が培われていた。

現在なら、非常に働き者の若者だと褒められるところだ。しかし江戸時代の日本には、厳しい身分制度があった。だから農家出身の渋沢がどれだけ働いたところで、武士たちからは下に見られる毎日。「どうして武士という連中は、ロクに働きもしないくせに、威張っているんだ?」そんな思いが胸中にあった。自分でそろばんを弾きながら稼いでいる渋沢からすれば、武士というだけで給金をもらえる連中からバカにされると、身悶えするほど腹が立ったことだろう。

やがて渋沢は北辰一刀流の道場に入門し、多くの勤皇志士たちと出会う。彼らと交流す

るうちに、「やっぱり今の幕府は腐っている」と考えるようになった。そして武蔵地方の有志を集め、尊王攘夷組織「天朝組」を結成する。

天朝組が建てた計画はこうだ。まず高崎城を乗っ取って武器を奪い、横浜にある外国人居留地を襲撃、焼き討ちにする。そして長州藩と連携して幕府を倒す。ものすごく過激なテロ計画だ。後年の渋沢からすれば、想像もできない姿勢といえる。

しかしそのテロ計画を知った従兄弟に説得されて中止を決断する。「確かに失敗して死んだら終わりだもんね」さすがは商売人というか、損得勘定の計算もうまかったようだ。

もしこの計画が幕府に知られていたら、家族に迷惑がかかる。そう考えた渋沢は1864年（元治元年）に京都へ向かった。行き先を京都にした理由は、尊王攘夷運動が盛んだと聞いたからだ。このときはまだ、幕府を倒す方法がないか模索していたのだろう。

この後渋沢は、江戸幕府の家臣となる。「あれ？　倒幕を目指していたんじゃなかったっけ？」そう思った人も多いだろう。じつはこれには運命のめぐり合わせというか、いろいろな偶然が働いていたのだ。

●まさかの幕臣となり、パリ訪問で衝撃を受ける

渋沢が京都へ来たころ、一橋慶喜《ひとつばしよしのぶ》の家臣と偶然知り合った。子供のころから商売に関わっていたという話を聞いたためか、その家臣は渋沢を気に入った。そして彼に渋沢も誘

われるがまま、一橋家に仕えることになった。まさにミイラ取りがミイラになった図式だろうか。まあ渋沢としても、仕事にありつけるならちょうどよかったのだと思われる。

そして一橋家で家計の改善などに力を注いでいたら、慶喜がまさかの江戸幕府の将軍になってしまった。それと同時に渋沢も幕臣として取り立てられたのだ。倒幕を目指していたのに幕臣になるなんて、なんとも不思議な運命だ。もちろん辞めるという選択肢もあったのだろうが、渋沢は商売人らしく、柔軟な思考をもっていた。幕府の外から変えられないのなら、内側から変えようとしたのだ。

こうして決意を新たに幕臣として働き出した渋沢は、1867年（慶応3年）、パリで開かれる万国博覧会に参加するため、幕府の使節団の一員としてヨーロッパへ渡った。

そこでド肝を抜かれる。ナポレオン三世の統治下だったパリは、ヨーロッパ一の帝都として、完璧に整備されていたのだ。ガス灯で彩られた美しい夜の街、近代的社会や産業、斬新な株式会社制度。それらを見せつけられた渋沢は「日本はめちゃくちゃ遅れている」と、頭をハンマーで殴られたような衝撃を受けた。

●設立に関与した会社500以上のスーパー実業家へ

1868年（慶応4年、明治元年）、ヨーロッパ各国の訪問から帰ってきた渋沢は、幕府が倒れて明治になったことを知る。それでも頭のなかは、「日本をヨーロッパに負けないような国にしなければ」ということでいっぱいだった。

まず渋沢は慶喜が謹慎している静岡藩に向かい、そこで勘定組頭として働き始めた。このとき、フランスで学んだ株式会社制度の組織、商法会所を設立する。現在の銀行と商事会社を兼ねたようなものだ。

するとその手腕が認められて、新政府から大蔵省に入るよう勧められる。しばらくはそこで官僚として手腕を発揮していたのだが、やがて大隈重信たちと対立して辞職する。「もう政府の力はいらん。自分の力で日本をデカくしてやる」そんな思いがあったのだろう。辞職後の渋沢の活躍はめまぐるしいものだった。

まず、大蔵省時代に設立の指導をしていた第一国立銀行の創立に参加。これは、みずほ銀行の前身となった銀行だ。ここで頭取として、経営を行なった。さらに現在の太平洋セメントにあたる秩父セメントや、王子製紙、キリンビール、日本鉄道など、現在でも一流企業として残っている会社を次々と設立させ、その経営指導に努めた。渋沢が設立に関わった会社は、500社を超えるといわれる。ビル・ゲイツもびっくりのスーパー実業家だ。

また、中国や日本人の移民が多いアメリカとの交流にも力を注いだ。かつて攘夷を叫んでいたとは思えないほどの別人ぶりといえる。大正時代の末期にアメリカで日本人移民の排斥運動が起きたときは、両国の子供たちが人形を贈り合うことで友好を深める民間外交も行なった。こうして渋沢は日本の近代化に生涯を捧げ、近代日本産業の父と呼ばれた。

容姿

身長およそ174センチ、体重およそ112キロです。髪は薄く、父がかつらを買ってきたこともあります。

性格

サバサバしていて、弟思いです。

幼少期の様子

昔から活発で、龍馬がいじめられると即座に駆けつけて子供たちを追い払っていました。

金運 実家は比較的裕福でした。	交遊関係 親類縁者との交流が多かったです。
トラウマ 晩年は親類の死がトラウマになりました。	趣味 琴、三味線、謡曲、舞踊、剣術、弓術、馬術など。義太夫節（浄瑠璃の一種）はときに寄席の高座にあがるほどの腕前です。
家庭環境 母の急死などの不幸がありましたが、家族仲はよかったです。	仕事ぶり 家事全般が苦手。龍馬を一人前に育てたということが最大の功績だと思います。
恋愛関係 容姿のせいでモテなかったです。	家族 新甫との間に赦太郎、菊栄の1男1女をもうけました。新甫、赦太郎とは死別。
人生の目標 「龍馬に尽くすこと」	死因 野菜不足による壊血病で病死。

特技・趣味・得意科目等

深夜に谷で銃を発砲しては、その音を聞いて楽しんだりしていました。自分も国を出て龍馬のそばで戦いたいという手紙を龍馬に送ったこともあります。

本人希望記入欄

龍馬に会いたくてしょうがないわ。

履歴書

ふりがな　さかもと　おとめ

氏名　**坂本 乙女**

生年月日	没年月日	※
1832年2月2日	1879年8月31日（満47歳）	男・㊛

出身　土佐国土佐郡上街本町一丁目
（現・高知県高知市上町一丁目）

立場	あだ名
坂本龍馬の姉	坂本のお仁王さま

概要

土佐藩の郷士・坂本八平と妾の間に生まれた三女。弟の龍馬より4歳年上。琴、三味線、謡曲、舞踊など女性らしい芸事を身につけている傍ら、剣術、弓術、馬術といった武芸にも秀でています。とくに得意なのは薙刀術です。

年	歳	学歴・職歴（各項目ごとにまとめて書く）
1846	14歳	母の死去に合わせて、龍馬に剣術や水泳、読み書きや和歌などを教え始める。
1853	21歳	剣術修行のため、江戸へ行った龍馬を見送る。
1856	24歳	龍馬が巣立ったことと、前年父が死去したため、坂本家に残る必要がなくなる。ちょうど縁談があったため、坂本家と同じ町にある尾上家の新甫のもとへ嫁ぐ。1男1女を出産。結婚生活中は、龍馬と何度も手紙のやりとりをしていた。
1867	35歳	新甫と離婚。坂本家へ戻り、龍馬が住んでいた離れを住居にする。同年、龍馬が殺されたという報せを聞いてショックを受ける。
1871	39歳	長男が病死する。同年、元夫の新甫と兄の権平が死去。このころに名前を「独」と改める。
1875	43歳	長女が伯父の家に引き取られる。
1879	47歳	死去。

記入上の注意　1：数字はアラビア数字で、文字はくずさず正確に書く。　2：※印のところは、該当するものを○で囲む。

坂本龍馬を一人前に育ててあげた、豪胆な姉

坂本乙女

Sakamoto Otome

●身長174センチ、体重112キロのお仁王様

坂本龍馬《さかもとりょうま》の姉である坂本乙女は、琴、三味線、謡曲、舞踊など、さまざまな芸事を身につけている才媛だった。それだけを聞けば、おしとやかで上品な女性という印象を受けるだろう。しかし彼女は「乙女」の名前が冗談に聞こえるほど、豪胆な一面をもっていた。たとえば雷が鳴ると頭にハチマキを巻き、太鼓をたたきまくって喜ぶ。山に怪物が出ると聞くと、一人でその山に登り、正体を確かめに行ったこともある。これだけでもただの女じゃないということはうかがえるのだが、さらに驚きのエピソードがある。

ある日、琴の稽古を終えて帰路についていた乙女の前に、一人の大柄な男が立ちふさがった。つかみかかられそうになったのだが、乙女は逆に大男をねじ伏せ、腰ひもで縛り上げてしまった。そのまま役所に連れて行こうとすると、「女に負けたと知られるのは恥だ。何でもいうことを聞くから、見逃してくれ」と大男が懇願してきた。すると乙女は「じゃあ私を背負って、家まで送ってね」と本当に送らせたのだ。もはやオトメというか、オトコの間違いじゃないかと思うような話だ。

そんな乙女は実際に男勝りな体をしていた。身の丈5尺8寸（およそ174センチ）、体重30貫（およそ112キロ）。ついたあだ名は「坂本のお仁王様」。仁王というのは、仏教を守護する金剛力士のこと。寺の門の左右でにらみをきかせているアレだ。

女性につけるあだ名としてはひどすぎるが、この仁王がいたからこそ龍馬は立派に成長した。そしてやがて、日本を新時代へと導く青年となる。坂本のお仁王様は、龍馬にとっても日本にとっても、確かに守護神だったのだ。

●母親代わりとなって、龍馬に武術や勉強を教える

子供のころの龍馬はいじめられっ子だった。そして1846年（弘化3年）に母が亡くなると、ますます殻に閉じこもってしまう。その影響か、寺子屋も辞めてしまった。このころの龍馬は12歳（満10歳）、4つ上の乙女は数え年で16歳。当時の女性としては、そろそろ嫁入りという時期だ。

しかし二人の姉はすでに嫁いだ後で、兄は結婚して妻子がいる。だから兄妹で龍馬を守れるのは自分だけだと考えた乙女は、母の代わりとなって龍馬の養育に専念した。

武芸百般だった乙女は龍馬をたびたび庭へ呼びつけ、みずから木刀や薙刀《なぎなた》を取って個人

レッスンを施した。そして寺子屋を辞めた龍馬の勉強も見てあげた。

乙女が教えたのは、それだけではない。やりたいと思うことは、最後まで徹底してやれ。誰にも負けるな。大胆に行動しろ。そんな精神面こそが、最大の教えだったのだ。のちに薩長同盟などで発揮される龍馬の行動力は、ここで培われたのかもしれない。

まさに仁王の名にふさわしく、乙女の指導はかなり厳しかった。しかし龍馬はそんな姉をとても尊敬していたようだ。のちに龍馬が妻となるお龍と出会ったとき、それを真っ先に伝えたのも乙女だった。ちなみにお龍は、乙女に似て気の強い性格だったらしい。気の強い女が好きなだけかもしれないが、なんとなくシスコンの匂いがする。

●辛い結婚生活と、名を「独」と改めた晩年

龍馬の教育話が目立つ乙女だが、女としての幸せを捨てていたわけではない。満24歳のころに縁談があって結婚している。しかしその生活はけっして円満なものではなかった。まず姑《しゅうとめ》との不仲が挙げられる。乙女が捨てた米のとぎ汁のなかに、「乙女さん、米が3粒も混じってますよ」と小言をいうのだ。そもそも坂本家では女中が家事を行ない、乙女は武芸などの稽古を積んでいたため、家事全般が苦手。それでも、何とか気に入られようと奮闘する。乙女は雨が降りしきるなかでも、米俵を片手に1俵ずつ抱えて庭と蔵を往復した。しかしその歩調が、蔵へ行くときと戻ってくるときで差がなかったことから、「何

という怪力。恐ろしい女じゃ……」と姑はさらに毛嫌いするようになった。

さらに夫の浮気が発覚。さすがにショックを受けた乙女は、その心情を手紙にして龍馬に送っている。「もうやだ。坊主になって山の奥へ入りたい」という内容だったので、龍馬も「ぐはは！　そいつはおもしろいぜよ！」というような茶化した内容で返す。二人は離れ離れになっていても、仲は非常によかったのだ。

極めつけは夫から受ける暴力。いわゆるDVだ。馬乗りになられて顔を殴打されることもあったという。乙女だったら逆に腕ひしぎ十字固めで反撃できるだろうが、それをしなかったのは、夫への愛ゆえだったのか。

それでも結局、乙女は結婚生活に耐え兼ねて家を飛び出している。バツイチになったのだ。坂本家に戻った後は、龍馬が使用していた離れの住居に住み着いた。かわいい弟をずっと身近に感じていたかったのだろう。弟がシスコンなら、姉もブラコンか。

悲惨なことに、そこから乙女には次つぎと不幸が舞い込んできた。まずは龍馬の暗殺だ。その報を聞かされたときは、まるで我が子を失ったように、茫然自失したことだろう。そのころにはすでに父と二人の姉も亡くなっており、4年後には離婚した夫、さらに実際の息子を失った。不幸はまだまだ止まらない。その4年後には、残った娘が遠くに引き取られてしまったのだ。孤独な心境を表わしたのか、乙女は名前を「独《どく》」と改めて、一人静かに余生を過ごした。豪胆な女性だっただけに、その悲しい名は涙を誘う。

容姿
身長は高くて、筋骨もたくましい体つきです。面長で二重まぶた。
性格
自信家で傲慢かな？　性格に難アリといわれることがあります。
幼少期の様子
熱心に勉強するタイプでしたが、手のつけられない暴れん坊でもあったかもしれません。

金運	交遊関係
佐久間家は禄が少なく、あまり裕福ではありませんでした。私塾を開くようになってからはそこそこです。	私塾には多くの門下生がやってきて、とても慕われました。松代藩主からの信頼もあります。
トラウマ	趣味
不明。	洋学研究と発明。
家庭環境	仕事ぶり
両親共に高齢時に生まれたため、かわいがられていました。	勉強に打ち込みながら、さまざまなものを実験、開発しました。門下生への指導も熱心にこなします。
恋愛関係	家族
なぜかあまりモテなかったかもしれません。	勝海舟の妹、順と結婚。妾との間にできた子供に、新撰組隊士の三浦啓之助がいます。
人生の目標	死因
「洋学研究し、そこで得た知識を後世に伝えること」	尊王攘夷派の志士たちによる暗殺。

特技・趣味・得意科目等
坂本龍馬に「自分の子供は大成するから、女を紹介してくれ」と頼んだことがあります。ところが息子である新撰組隊士の三浦啓之助は、大成どころか新撰組を脱走したようです。父親譲りの傲慢な性格に育ったみたいですね。

本人希望記入欄
やはり私は天才かもしれない。

履歴書

ふりがな　さくま　しょうざん		
氏名　**佐久間 象山**		
生年月日 1811年3月22日	没年月日 1864年8月12日（満53歳）	※ 男（○）・女
出身 信濃国松代藩（現・長野県長野市松代町）		
立場　教育者、発明家、西洋砲術家	あだ名　天下の師（自称）、先生	

概要
松代藩藩士・佐久間一学の長男。母はまん。一学50歳、まん31歳という遅い子供でした。佐久間家では男児ができず、ずっと養子続きだったので、私が生まれたときは相当喜ばれたそうです。

年	歳	学歴・職歴（各項目ごとにまとめて書く）
1833	22歳	江戸に行って、儒学の第一人者・佐藤一斎のもとで学ぶ。
1839	28歳	私塾「象山書院」を開く。ここでは儒学を教えていた。
1842	31歳	松代藩藩主が海防掛に就任し、その相談役となる。オランダ語や西洋砲術などの洋学研究に打ち込む。
1849	38歳	洋学研究で得た知識をもとに、カメラなどを開発。電信実験を成功させる。
1851	40歳	私塾「五月塾」を開く。吉田松陰、勝海舟、坂本龍馬、山本覚馬など、のちに名を残す多くの若者がその門をたたく。
1853	42歳	ペリー来航。浦賀の警護に当たる傍ら、吉田松陰に密航を勧める。
1854	43歳	松陰の密航が失敗し、連帯責任で謹慎処分を受ける。
1862	51歳	謹慎処分を解かれる。ここから公武合体、開国を主張し始める。
1864	53歳	京都で公武合体、開国を主張しているとき、尊王攘夷派の志士たちに暗殺される。

記入上の注意　1：数字はアラビア数字で、文字はくずさず正確に書く。　2：※印のところは、該当するものを○で囲む。

幕末、明治と大活躍する多くの志士を育てる

佐久間象山

Sakuma Shozan

●性格がよろしくない自称「天下の師」

現在まで名を残す多くの志士を育てた佐久間象山。彼には「天下の師」という異名があるが、なんとこれはみずから名乗った名前だった。ようするに象山は後年、自分の教え子だった勝海舟《かつかいしゅう》や吉田松陰《よしだしょういん》を指して、「あいつらは俺が育てたんだぜ」と吹聴したわけだ。確かにそのとおりなのだが、自分でいわれてしまうと、何となく安っぽく感じてしまう。ここからもわかるように、象山は自信家で、少々傲慢な面をもっている男だった。

しかし言行一致というか、その才能は本物だった。象山は3歳ごろ、乳母に背負われながら見た碑文の「禁」という漢字を覚えてしまい、自宅に戻ってそれを紙に書いてみせたという。一般的な3歳児は、ひらがなすら覚えられない年だろう。こうした天才エピソードがあるのだから、少々自信家になってもおかしくはない。

そんな象山は子供のころから儒学と和学を学び、どんどん知識を吸収していく。ここで

も「ああ、私はなんて賢い男なんだろう」と思っていたに違いない。象山の烏帽子親《えぼし》（武家の子供が元服するとき、その頭に烏帽子をかぶせて成人になったことを認める仮の親）は、その才能を認めつつも「もう少し性格がよかったらな……」と憂えている。

家督を継いだ後の象山は、生まれ育った松代藩（長野県）の藩主から、息子の家庭教師を命じられた。勉強ができる象山のうわさは藩主の耳にまで届いていたのだ。一度は引き受けた象山だが、すぐにそれを辞退している。象山の父は高齢で、親孝行をしたいから、というのが理由だった。しかし、少しだけやってみたうえで辞退しているところを見ると、もしかして「なんで私が、出来の悪い小僧の教育なんてしなければならないんだ」と思ったのが本当の理由かもしれない。藩主も「あいつは才能があるんだけど、もう少し性格がよかったらな……」と憂えたことだろう。

●儒学の私塾を開いた後、洋学研究にいそしむ

1833年（天保4年）、象山は江戸に出た。儒学の大成者として崇《あが》められている佐藤一斎を訪ねにいったのだ。そこで儒学や漢詩を学び、象山はさらに学力を高めた。「やはり、私は天才かもしれない」。そんな思いはやがて、若い世代に自分の知識を伝えなければという使命感に変わっていく。

そして1839年（天保10年）、江戸で「象山書院」という私塾を開く。自分の名前を

入れているあたりが、いかにも彼らしい。この塾で象山が教えていたのは儒学が中心だった。やがて松代藩の藩主が海防掛《かいぼうがかり》という役職に就く。その名のとおり、海外から日本に上陸しようとする外国船の防御がおもな仕事だ。このとき藩主は相談役として、象山の名を挙げた。こうして象山は、兵学や海外情勢の研究に打ち込むことになる。「まあ一度、藩主様のご子息の教育係を辞めちゃったわけだしな」という負い目もあったかもしれない。

とにかく象山はここからオランダ語を学び始め、オランダの百科事典や科学書、医書、兵法書などを次つぎと読みあさった。そして、その知識はすみやかに吸収されていく。天才象山にとって、勉強はお手の物だった。

象山のすごいところは、この勉強で得た知識をもとに、自分でさまざまなものを実験、開発しているところだ。たとえば自作したカメラで撮影してみた象山自身の写真が、今も長野県の象山記念館に残っている。このほか、ガラスをつくってみたり、地震予知機なんて風変わりなものまでつくってみたりした。

ちなみに大砲の設計もしており、1851年（嘉永4年）にはその演習を行なった。この演習は砲身が爆発して失敗するのだが、象山は平然としていたらしい。彼のことだ。「私の設計は悪くない。つくった業者が悪い」というような心境だったのかもしれない。

●吉田松陰に密航を勧めて謹慎処分、その後暗殺

このころ象山は洋学研究で得た知識を若い世代に伝えるために、新しい私塾を開いた。塾の名は「五月塾」。どういった心境の変化なのか、今度は自分の名前を入れていない。この塾に入って、砲術などの西洋兵学を学んだのが、吉田松陰、勝海舟、坂本龍馬《さかもとりょうま》、山《やま》本覚馬《もとかくま》といった本書でも取り上げている面々だった。

若者たちを指導する傍ら、象山の西洋に対する興味はますます高まっていった。1853年（嘉永6年）、ペリーが黒船を引き連れて浦賀にやってくる。ここで象山は門下生の吉田松陰に、「あの船に乗ってアメリカを見てきたほうがいいぞ」と密航を勧める。教え子に犯罪をそそのかすなんて、なんという恐ろしい先生だろうか。

そして翌年、松陰は本当に密航を企てるのだが、失敗して幕府に捕まってしまう。当然というか、松陰をそそのかした象山も一緒に逮捕された。松陰は素直に尋問に応じたものの、象山はいつもの悪い癖で「なんで悪いの？」と持論を展開。その結果、謹慎処分を受けてしまう。謹慎が解けたのは、なんと8年後だった。

謹慎中に日本のあり方を考えたのか、象山は京都に行って開国と公武合体を主張した。「日本は海外に目を向けなければダメだ。そのためにも幕府と朝廷の協力が絶対に必要なんだ！」そう訴える象山は、尊王攘夷派の標的になる。そして1864年（元治元年）、象山の思想を危険視した志士たちの手によって、暗殺されてしまうのだった。

容姿
漁師らしく筋骨たくましい。鼻が大きく、唇もあつい。
性格
好奇心旺盛です。単身で言葉の通じないアメリカ本土へ行きたいと願い出たくらいですから。
幼少期の様子
働けない家族の代わりに、進んで仕事を引き受ける真面目な少年だったと思います。

金運	交遊関係
働き手が自分しかいなかったため、実家は貧しかったです。	多くのアメリカ人。一緒に咸臨丸で渡米した福沢諭吉とも仲がよかったです。
トラウマ	趣味
遭難。	釣り、英語。
家庭環境	仕事ぶり
父は幼いころに死去。母と兄は病弱だったため、あまり働けない状況でした。	幼いころから仕事熱心。幕府に呼び出されてからも英語の指導や造船指揮など、精力的に働きました。
恋愛関係	家族
幕府剣道指南の娘・鉄と結婚。アメリカでモテたかどうかはよくわかりません。	子孫に明治時代の女流歌人・中濱いとがいます。
人生の目標	死因
「アメリカの文化を日本に伝えること」	老衰。

特技・趣味・得意科目等
絵がうまく描けないタイプです。アメリカで見たものを日本語で表現できないときは、絵で描いて説明しようとしましたが、まったく伝わらなかったようです。また、『ABCの歌』を初めて日本に紹介しました。

本人希望記入欄
遭難したときは本当に死ぬかと思いました。船長にサンキューです。

履歴書

ふりがな　まんじろう

氏名　**ジョン 万次郎**

生年月日	没年月日	※
1827年1月27日	1898年11月12日（満71歳）	㊚・女

出身
土佐国中濱村（現・高知県土佐清水市中浜）

立場	あだ名
漁師、英語教授、通訳	ジョン・マン

概要
漁師の家の次男として生まれました。家は貧しく、病弱だった家族に代わって幼いころから働いていました。寺子屋に通う余裕はなかったため、アメリカに行くまでは読み書きはほとんどできませんでした。

年	歳	学歴・職歴（各項目ごとにまとめて書く）
1841	14歳	漁の最中に嵐に遭遇し、遭難。流れ着いた伊豆諸島の無人島・鳥島でサバイバル生活を余儀なくされる。数カ月後、偶然近くを通りかかったジョン・ホーキンス号に救助されてアメリカへ。船長の養子になる。漁師仲間とはハワイで別れた。
1844	17歳	バーレットアカデミーで語学や航海術を学ぶ。
1850	23歳	日本へ帰ることを決意して出航。
1851	24歳	ハワイを経由して琉球へたどり着く。その後、薩摩藩、長崎で尋問を受ける。
1852	25歳	遭難から11年にして土佐の地を踏む。藩校の教授となる。
1853	26歳	ペリー来航。幕府から要請を受けて江戸へ。軍艦教授所の教授となり、造船の指揮や英語の指導などにあたる。
1860	33歳	幕府の使節団として咸臨丸でふたたび渡米。通訳として活躍する。
1869	42歳	維新後の新政府から、開成学校（現在の東京大学）の英語教授に任命される。
1898	71歳	死去。

記入上の注意　1：数字はアラビア数字で、文字はくずさず正確に書く。　2：※印のところは、該当するものを○で囲む。

漂流先のアメリカで得た最新知識を日本へ伝える

ジョン万次郎（中浜万次郎）

John Manjiro (Nakahama Manjiro)

●ジョン・ハウランド号に救助されて渡米する

1841年（天保12年）、土佐藩の沖で1隻の船が嵐に巻き込まれていた。その船に乗っていたのは、土佐藩中ノ浜に住んでいた漁師の万次郎と、その仲間たち。遭難した万次郎たちは、やがて伊豆諸島の無人島・鳥島へと流れ着く。

鳥島でサバイバル生活を送りながら救助を待っていると、やがて沖に1隻の船を見つけた。「こっちぜよ！　ここに俺たちがいるぜよ！」大手を振って呼びかける万次郎たち。それに気づいたのか、その船は鳥島へ近づいてきた。

これでやっと土佐に帰れる……と思いきや、その船から降りてきた男は開口一番にこういった。「ハウアーユー？」「は、はわゆ？」万次郎たちは意味がわからない。それもそのはず。その船はアメリカの捕鯨船で、ジョン・ハウランド号といった。

相手は日本人ではなかったが、とりあえず人が助けに来てくれたことには変わりない。

万次郎たちはその船に乗せてもらうことにした。もちろん行き先は土佐ではない。なんとハワイだった。

ハワイで降ろされた万次郎たちは、そこで帰国の機会を待つことになる。しかし当時の日本は鎖国中だったので、迎えの船がくる可能性は低い。というかあり得ない。ジョン・ハウランド号で聞かされたアメリカの話に興味をもっていた万次郎は、「だったら俺をアメリカ本土へ連れて行ってほしいぜよ」と願い出た。ジョン・ハウランド号の船長も頭のいい万次郎のことを気に入っていたので、快く承諾してくれた。こうして万次郎は、仲間をハワイに残したまま、単身アメリカ本土へ渡るのだった。このころ万次郎は、船の名前をとって「ジョン・マン」と呼ばれるようになった。

アメリカ本土にやってきた万次郎は、船長の養子になって一緒に生活を始めた。そこでの生活は、万次郎に数々の衝撃を与えたに違いない。なにしろ誰も着物を着ておらず、みんな肉を食べて牛乳を飲んでいるのだ。

なかでも驚いたのが、世界地図を見せてもらったときだという。故郷の土佐藩どころか日本自体が、世界から見ればあまりにも小さい。「米粒くらいしかないぜよ!」

こうして万次郎は、もっと世界を知りたいと思うようになる。土佐藩の実家では寺子屋に通う余裕もなく、読み書きさえほとんどできなかったのだが、やはり誰でも努力次第で学力は向上するもの。万次郎は船長に通わせてもらったバーレットアカデミーという学校で、語学や航海術などを熱心に学び、いつの間にか首席になっていた。

●遭難してから11年ぶりに故郷の土地を踏む

やがて万次郎は、日本にもアメリカの文化を伝えたいと思って、帰国を決意する。中国行きのアメリカ船に乗ってハワイに立ち寄ると、10年ぶりぐらいに仲間の漁師たちと再会する。開口一番はやはり「ハウアーユー?」だったことだろう。見事にアメリカナイズされた万次郎を見て、仲間たちはとても驚いた。その後琉球へたどり着いた万次郎は「カムバック、日本!」と感極まって叫んだはずだ。

しかし喜んでいられたのも束の間。当時の琉球は薩摩藩の支配下だったので、到着後、すぐ薩摩藩に送られた。そこで厳しく「外国との行き来は禁止。わかるか?」など厳しく尋問された。大冒険の末にようやく日本に帰ってきた人間に対して、待遇が悪すぎる。まあ、密出国も同然だったのだから、怒られても仕方ないのだが。

そこに「もっと丁重に扱え」と現われたのが、薩摩藩主・島津《しまづ》斉彬《なりあきら》だった。島津は西洋文化に興味をもっており、万次郎から海外事情を事細かに聞いた。のちに薩摩藩は日本最初の蒸気船を造っているが、万次郎から聞いたアメリカの造船知識を参考にしたのだ。

薩摩から解放されて、やっと土佐に帰れると思いきや、その後長崎に送られて、そこでも同じように厳しく尋問された。こうした経緯を経て土佐に戻ったのは、じつに11年ぶりだった。ただいま土佐、おかえり万次郎。涙の帰国だ。

●ペリー来航について、幕府から相談を受ける

アメリカ帰りの万次郎は、土佐藩でも重宝された。藩校の教授に任命されて、そこで英語などを教え始める。万次郎のうわさはすぐさま土佐中に広まった。

しかし土佐でもあまりゆっくりしていられなかった。1853年（嘉永6年）、ペリーが来航すると、幕府から江戸に来てほしいという要請を受けたのだ。万次郎はそこで旗本の身分が与えられ、中浜姓を名乗ることを許された。

「ペリーは何がしたいと思う？」幕府の重役からそう尋ねられた万次郎は、「日本との友好を求めているだけです。だから港は開港しましょう」と訴えた。もちろんなかには「お前はアメリカの手先になって、幕府に背こうとしている」と批判する人間もいた。「NO！私は日本のために……」「ほら、メリケンかぶれ」そんなやりとりもあったことだろう。ともかく万次郎のこの姿勢が、日本を開国へと導いていった。

万次郎はその後も航海術の本を翻訳したり、捕鯨の指導を行なったりして活躍した。幕府が日米修好通商条約を結ぶと、使節団の通訳として、勝海舟が艦長を務める軍艦「咸臨《かんりん》丸《まる》」に乗ってふたたび渡米する。維新後は開成学校（現在の東京大学）の英語教授に就任するなど、生涯日本とアメリカの橋渡しに貢献した。

容姿	
ひげを蓄えたいわゆる英国紳士。細身。頭頂部は禿げ上がっていますが、もちろん若いころには髪がありました。	
性格	
相手が誰だろうと武器を売る死の商人とされていますが、面倒見のいい性格です。	
幼少期の様子	
漁村で生まれ育ったため、海の向こうを眺めては異国に思いをはせていました。	
金運	交遊関係
日本で武器の販売をする前は、それほど裕福ではありませんでした。一時的に巨利を得るも、会社の倒産後は元に戻ります。	薩摩藩士全般。とくに五代友厚と仲がよかったです。また亀山社中を通して、坂本龍馬とも親交が深かったです。
トラウマ	趣味
不明。	商売方法を考えることです。
家庭環境	仕事ぶり
8人兄妹の五男。男兄弟たちとは一緒に仕事をしていた時期もあるので、比較的仲がいいです。	すばやく物事を決断できるため、チャンスは逃さないです。相手が誰だろうと、需要には応えようとします。
恋愛関係	家族
五代友厚の紹介で出会った日本人女性・ツルと結婚。夫婦仲は良好でした。	妻のツルとの間に富三郎とハナがいます。
人生の目標	死因
「自分の商売を成功させ、日本の近代化に貢献すること」	病死。

特技・趣味・得意科目等
太宰府天満宮にある麒麟像がとても気に入ってます。キリンビールのラベルに大きく描かれた麒麟は、じつは私が提案したものなんですよ。

本人希望記入欄
長崎にあるグラバー邸は、今も残る日本最古の洋館です。みなさん、ぜひお越しください。

履歴書

ふりがな 氏　名　トーマス・ブレイク・グラバー		
生年月日 1838年6月6日	没年月日 1911年12月16日（満73歳）	※ ㊚・女
出身　スコットランド・アバディーンシャー州フレイザーバラ		
立場 武器商人	あだ名 死の商人	

概要

イギリス沿岸警備隊に務める父トーマス・ベリーと母メアリーの間に生まれました。地元のギムナジウム（ヨーロッパの中等教育機関）を卒業後、地元の商会で働き始めました。このころから海外に行って商売をしてみたいと思っていました。

年	歳	学歴・職歴（各項目ごとにまとめて書く）
1859	21歳	商売を始めようと清（中国）の上海にやってくるも、無数の欧米貿易商がひしめいていたため断念。長崎で「グラバー商会」設立。
1863	25歳	八月十八日の政変が起こる。この混乱に乗じて、幕府をはじめ、薩摩藩、長州藩との武器取引を始める。
1865	27歳	幕府打倒を目指す坂本龍馬が、薩摩藩の支援で貿易会社「亀山社中」を設立。坂本龍馬との取引を始める。
1868	30歳	戊辰戦争で新政府軍にアームストロング砲などの新兵器を売りつける。新政府軍が幕府軍を撃破。
1870	32歳	グラバー商会が倒産する。
1881	43歳	三菱財閥に雇われる。
1885	47歳	三菱財閥傘下「麒麟麦酒（現在のキリンホールディングス）」の前身となる「ジャパン・ブルワリー・カンパニー」の設立に参画。
1911	73歳	死去。

記入上の注意　1：数字はアラビア数字で、文字はくずさず正確に書く。　2：※印のところは、該当するものを○で囲む。

維新を影から支配した〝死の商人〟

グラバー

Glover

開国直後に長崎で「グラバー商会」を設立

イギリス、スコットランドの商社で働いていた青年時代のグラバーは、大きな夢を見ていた。その商社で扱っている伝票には、世界各地の都市名が書かれている。そして港からは、海の向こうにある異国を目指して、毎日のように大型船が出航していく。「いつかは私も世界に羽ばたいてみたい」そんな思いを胸に、日々の仕事に追われていた。やがてその思いは抑えきれなくなる。ちょうど清《しん》（中国）がアヘン戦争の影響で開国したという報を受けたので、上海へ行って勝負をかけてみることにしたのだ。

1859年（安政6年）に上海へやってきたグラバーだったが、残念ながら一足遅かった。そこにはすでに、無数の欧米貿易商がしのぎを削っており、貿易初心者の自分が入り込む余地はなかったのだ。「もう少し早く来ていれば……」グラバーは頭を抱えた。とにかく第1ラウンドはグラバーの負けだった。

しかしその後、ビッグチャンスが到来する。清のそばにある日本が鎖国を解いて、長崎などの港を開港したと聞いたのだ。「先手必勝!」とグラバーがいったかどうかは知らないが、第2ラウンドのゴングが鳴った。同時にグラバーは左ジャブを打つかのごとく、すばやい決断で長崎へ向かった。まったく情報のない新天地で商売をするのは賭けだった。

長崎へやってきたグラバーは、ジャーディン・マセソン商会という貿易会社の長崎代理人、マッケンジーのもとで働き始める。その傍ら、日本語の勉強もした。ここでさらなるチャンスが到来する。上司のマッケンジーが清に行くことになったのだ。そこでグラバーは、独立して自分の貿易会社「グラバー商会」を立ち上げた。同時にマセソン商会の長崎代理人となる。

自分で会社を動かせるようになったグラバーは、ここから商才を発揮する。輸出品の日本茶はイギリスでも大人気だったが、日本は湿気が多くてカビやすい。だからイギリスに届くころには品質が落ちている。そこで買い集めた日本茶に熱処理を加える工場をつくり、乾燥させてから輸出するという方法をとったのだ。この戦略は見事に当たり、グラバー商会の評判も急上昇。グラバーはクレバー。そんなダジャレが思い浮かぶ。

●幕府にも、討幕派にも武器を売る

グラバー商会はマセソン商会の長崎代理店として機能していたが、そろそろ独自の取引がしたい。そう思っていた矢先のこと。1863年（文久3年）、会津藩と薩摩藩が尊王攘夷を掲げる長州藩を京都から追い出す「八月十八日の政変」が起こる。これにより、日本の混乱は加速した。

クレバーなグラバーは、その混乱に着目する。幕府の人間に近づいて「武器いるよね？」と声をかけたのだ。こうして幕府に武器や弾薬などを売り始めた。

それだけではない。なんと幕府に敵対する薩摩、長州、土佐といった各藩にも、同じように武器や弾薬を売り始めたのだ。いくらなんでも、これは節操がなさすぎる。「相手が誰だろうと、欲しければ売ってやる。ただし金をもってきてからだ」そんな邪悪な声が聞こえてきそうだ。こうしたことから、グラバーは死の商人と呼ばれた。

しかしこれは単に、グラバーが世話好きだった、という見方もできる。親しかった薩摩藩士・五代友厚《ごだいともあつ》たちからイギリスに行きたいと頼まれたとき、その手引きをしていることからも彼の性格がいいのは明らかだ。このときグラバーは無償で自分の船を提供し、イギリスの家族に連絡を取って優遇するように伝えている。薩摩藩士と仲よくしていたのは、彼らが攘夷思想をなくしつつあったからだ。そんな薩摩藩が幕府を倒せば、日本はもっと近代化すると考えた。だからグラバーは、幕府よりも薩摩藩に肩入れするようになっていった。

1868年（慶応4年）に始まった戊辰戦争では、薩摩藩など新政府軍に売ったアームストロング砲などの新兵器が大活躍。これにより幕府軍は敗北した。のちにグラバーはこう語る。「幕府に反逆した者のなかで、自分が最も大きな反逆人だ」。ごもっともな発言だ。

●キリンビールの前身となる会社の設立に参画

この2年後、グラバー商会は倒産する。「あんなに売り上げていたのに、なんで?」。その答えはいたってシンプル。日本最後の内戦が終結し、武器が売れなくなったからだ。余った武器はそのまま負債となった。さらに大名たちに先行投資していた武器の支払いが滞る。維新後に地位が落ちてしまった彼らに、支払い能力はなかったのだ。死の商人は戦争がないと儲からないのだ。

倒産後のグラバーは貿易業から退き、日本の炭鉱などで働いていた。しかし、さすがは商売人というか、ここで起死回生のアイデアがひらめく。自分の周囲にいた外国の海軍関係者たちがビールを飲んでいるのを見て、日本人にも売れるかもしれないと考えたのだ。そしてビール会社「ジャパン・ブルワリー・カンパニー」の設立に参画する。これがのちに三菱財閥傘下の「麒麟麦酒(現「キリンホールディングス」)として新発足する。武器を売るより、ビールを売ったほうがみんな幸せ。みんなで仲よく酔っ払っちゃおうよ。グラバーはビールでも飲みながら、そんなことを考えていたかもしれない。

容姿 ひげを蓄えた米国紳士。恰幅がいい。写真ではよく、しかめっ面で写っています。	
性格 温厚で生真面目。いつでも愛想がいいというわけではありませんが。	
幼少期の様子 昔から知的で、図書館へはよく通っていました。中学卒業と同時に父や兄の輸入業を手伝い始めました。	
金運 実家は貧しかったです。貿易を始めるころには、比較的裕福でした。	交遊関係 通訳のヒュースケンとは仲がよかったです。また、身の回りの世話役だった芸者のお吉とも親睦が深かったです。
トラウマ 不明。	趣味 散歩。
家庭環境 輸入業の仕事を手伝うほどなので、兄弟仲はよかったです。	仕事ぶり とにかく冷静に物事を考えられる性格なので、堅実な仕事ができます。
恋愛関係 敬虔な聖公会（キリスト教の一派）だったので、生涯独身でした。	家族 生涯独身。
人生の目標 「貿易開拓。日本に自由貿易を認めさせること」	死因 肺炎による病死。

特技・趣味・得意科目等

生涯童貞でした。駐日時代、世話役の芸者お吉と恋愛関係にあるとうわさされ、のちにその話が『唐人お吉』として小説化、映画化されました。もちろんそれはフィクション。また、当時の日本の銭湯は混浴が多く、「下品」と批判させていただきました。

本人希望記入欄

日本人は優れた民族なのに、男女一緒に風呂に入る部分だけが残念でならない。

履歴書

ふりがな

氏　名　**タウンゼント・ハリス**

生年月日	没年月日	※
1804年10月3日	1878年2月25日（満73歳）	㊚・女

出身　アメリカ・ニューヨーク州ワシントン郡サンデーヒル

立場	あだ名
初代駐日領事、駐日公使	とくになし

概要

商人の父ジョナサン・ハリスの六男として生まれました。中学卒業後から図書館に通いつめて、フランス語やイタリア語などを独学で習得しました。こうしたことからのちに移民や貧民を含めた全ニューヨーク市民が無料で学べる学校の創設に関わりました。

年	歳	学歴・職歴（各項目ごとにまとめて書く）
1846	42歳	ニューヨーク市の教育委員会、委員長に就任する。翌年、現在のニューヨーク私立大学の前身となる授業料不要のフリーアカデミーを設立。
1849	45歳	貨物船を購入して貿易業を開始。太平洋からインド洋を回る。
1853	49歳	上海で東インド艦隊を率いていたペリーと出会う。乗船の許可を求めるも、断られている。
1855	51歳	アメリカ大統領に直談判したのち、初代駐日領事に任命される。
1856	52歳	下田に入港し、玉泉寺を領事館とする。幕府に江戸滞在と謁見の要請を始める。
1857	53歳	年末にようやく要請が受理されて、江戸幕府将軍・徳川家定と謁見。
1858	53歳	日米修好通商条約が調印される。翌年、公使に昇進。
1862	58歳	体調不良のために帰国。公使離任。
1878	73歳	死去。

記入上の注意　1：数字はアラビア数字で、文字はくずさず正確に書く。　2：※印のところは、該当するものを○で囲む。

ハリス

日米修好通商条約を締結させた初代駐日領事

Harris

●日本へ行きたい一心で、ピアーズ大統領に直談判

1853年（嘉永6年）にペリーが来航したことによって、日本は200年以上も続いた鎖国体制に終止符を打つ。しかし、もっと具体的に日本とアメリカを結びつけ、本当の意味で開国させたのは、初代駐日領事のタウンゼント・ハリスだった。

ハリスはもともとニューヨークで輸入商を営んでいた。そのころから、海の向こうにある異国に興味をもっていたようだ。やがて輸入商として成功をつかんだハリスは、貿易開拓の旅に出る。目をつけたのは、当時まだ新天地とされていた東洋だった。

太平洋からインド洋まで手を伸ばし、アジア各国を回るハリス。しかし日本はまだ鎖国中だったので、立ち寄ることすらできない。行けないとなれば、ますます気になってしまうもの。「日本とはどんな国なんだろう？」ハリスの興味はどんどん膨らんでいった。

やがて、そんなハリスにチャンスが訪れる。1853年（嘉永6年）、アメリカ東インド艦隊を率いて日本へ向かうペリーと出会ったのだ。「私を日本に連れてって！」と船に乗せてもらうように頼んだが、「あんた軍人じゃないじゃん」と一刀両断されてしまう。

ペリーは1854年（嘉永7年）に日米和親条約を結んで、日本を開国させた。しかしこの条約は、アメリカに水などの物資を補給するためのもので、自由貿易は認められていなかった。日本と取引ができると期待していたアメリカの商人たちは「なんだそりゃ」と大きく落胆する。「じゃなくて、貿易許可を取ってこいよ」とアメリカ政府は非難された。

そこで商人たちと同意見だったハリスが立ち上がる。なんと当時のアメリカ大統領フランクリン・ピアーズに直談判を申し入れて、「私が日本と貿易のできる通商条約を結んできましょう」と説得したのだ。大統領に直接意見をいうなんて、とんでもない行動力だ。この姿勢は、のちに江戸幕府との会合の場でも発揮されている。

さらにペリーからの推薦もあったことから、ハリスは1855年（安政2年）に初代駐日領事官に任命される。ついに念願の日本へ行くことができるようになったのだ。しかしその役目は重い。ペリーにもできなかったことを、自分ができるんだろうか。そんな不安もあったことだろう。

●返事を待っている間、下田の人びとと交流する

翌年ハリスは、日米和親条約によってアメリカ人の居留地に設定された伊豆の下田に

やってくる。そこの玉泉寺という寺を領事館とした。当たり前だが、いきなり寺に押しかけて居座ったわけではない。きちんと幕府の許可をとっている。こうして玉泉寺には星条旗が掲げられた。仏教建築の施設に星条旗なんて、何とも不思議な光景だ。

ハリスにとって最初の課題は、江戸での滞在許可をもらうことだった。なにしろ伊豆は静岡県。江戸までは長い距離がある。幕府の重臣たちと直接交渉するためにも、江戸滞在は必要条件だったのだ。

ハリスは何度もその旨を幕府に伝えたが、なかなか回答をもらえない。時間はたっぷりあった。このときハリスは、野菜を植えたり、家畜を飼って世話をしたりしている。着任当初の話し相手は通訳のヒュースケンだけで、友達がいなかったのだ。ハリスがブタやニワトリに話しかけているところを想像すると、なんだかかわいそうになってくる。

相変わらず幕府からは音沙汰なしなので、温厚で有名なハリスもさすがに「まだかよ!」と家畜のエサを地面にたたきつけたことだろう。そんな彼の心に癒やしを与えたのが、下田に住む人びとだった。ハリスは下田の町を散歩するうちに、周囲の人たちから声をかけてもらえるようになったのだ。

ハリスが残した当時の記録には「日本人はいい人。下田での生活も楽しい」という記述がある。やはり故郷を離れて日本に来ている外国人には、優しくしなければいけない。「幕府の役人たちも大変なんだろう」ハリスは冷静にそう考えるようになって、返事が来るのをひたすら待ち続けた。

●1年以上も待たされたのち、徳川家定と謁見

下田で待たされること、なんと1年以上。ハリスはようやく江戸に出ることを許可された。これがデートの返事待ちなら、誰でもとっくに諦めているところだろう。

1857年（安政4年）、ハリスは第13代将軍の徳川家定《とくがわいえさだ》に謁見し、大統領からの親書を提出。日本との友好関係を希望する旨を述べた。普通なら将軍を前にすると誰でも萎縮してしまうものだが、ハリスは非常に落ち着いていたという。延々と待たされていたわけだから、その間にたっぷりとシミュレーションしていたのかもしれない。

こうしてようやく幕臣たちを交渉のテーブルにつかせたハリスは、その後、14回に渡る交渉をかさねる。そしてとうとう翌年に日米修好通商条約を締結した。これにより日米間の貿易が認められて、日本は本格的に開国したのだ。新たに神戸と横浜が開港され、アメリカ人はこの2港と江戸に住むことが許された。

偉業を成し遂げたハリスは、駐日公使に昇進する。その後3年間勤務したが、体調不良のために帰国。退任の際、日本はハリスの任期延長を求める書状をアメリカ政府に送っている。これだけでも、ハリスがどれだけ信頼されていたかがわかるだろう。武力を使わずに条約を締結させたハリスの功績は、両国にとって非常に大きなものだった。

容姿 蝶ネクタイが似合う米国紳士。目尻の下がった瞳は温和な印象を受けるといわれました。口周りの豊かなヒゲが自慢です。	
性格 準備を入念にする完璧主義者の一面があります。しかし非常に優しく、生徒思いだと思います。	
幼少期の様子 学問好きで研究熱心です。	
金運 実家は開業医なので、比較的裕福でした。	交遊関係 学校の生徒たちと、札幌農学校に同行した黒田清隆。
トラウマ 不明。	趣味 野山での運動。
家庭環境 悪くなかったと思います。	仕事ぶり 教育熱心で生徒思い。札幌農学校では自由な校風を掲げて、実践的な教育を取り入れました。
恋愛関係 高校教師だったハリエット・リチャーズと結婚。	家族 妻ハリエットとの間に、2男6女をもうけました。
人生の目標 「優秀な人材を育成すること」	死因 心臓病による病死。

特技・趣味・得意科目等

マサチューセッツ農科大学を退職後、鉱山経営に乗り出すが失敗して多額の借金を負いました。

本人希望記入欄

少年よ、大志を抱け。

履歴書

ふりがな	
氏　名	ウィリアム・スミス・クラーク
生年月日	1826年7月31日
没年月日	1886年3月9日（満59歳）
※	男・女
出身	アメリカ・マサチューセッツ州アッシュフィールド
立場	マサチューセッツ農科大学学長、札幌農学校初代教頭。
あだ名	クラーク博士

概要

開業医の父アサートンと、母ハリエットの長男として生まれる。アマースト大学卒業後、ドイツのゲッティンゲン大学に留学。最初は化学や鉱物学を研究していたが、のちに植物学の研究を始めました。

年	歳	学歴・職歴（各項目ごとにまとめて書く）
1867	41歳	マサチューセッツ農科大学の学長となり、園芸学や植物学を教えた。まだ学問の専門化が進んでいない時代だったので、そのほかの分野にもわたって講義をする。
1872	46歳	日本で北海道開拓を目指す開拓使が設置される。東京で開拓使仮学校が創立。これがのちに札幌に移転して、札幌農学校となる。
1876	50歳	開拓使長官で、のちの総理大臣・黒田清隆の要請を受けて来日。札幌農学校の初代教頭に赴任する。ここで学生たちに農学や英語を教える。
1877	50歳	誕生日前の4月に帰国。
1886	59歳	死去。

記入上の注意　1：数字はアラビア数字で、文字はくずさず正確に書く。　2：※印のところは、該当するものを○で囲む。

「少年よ、大志を抱け」と告げた北海道開拓の祖

クラーク

Clark

●1年間という約束で、日本行きを決意する

維新後の日本では、広大な土地をもつ北海道の開拓が課題の一つとなっていた。1872年（明治5年）、北海道開拓を目指す開拓使が設置されたが、これがなかなかうまく進まない。当時の日本には、土地の開拓に必要な知識がまだ低かったからだ。

そこでマサチューセッツ農科大学の学長クラークに白羽の矢が立つ。クラークに目をつけたのは、北海道開拓使の長官で、のちに総理大臣となる黒田清隆だった。

黒田はアメリカに滞在していたときから、アメリカの気候は北海道の気候と似ていると感じていた。しかもアメリカには、西部を開拓した歴史がある。そんな国から農学の教師を呼んで、北海道の未来を担う生徒たちを指導してもらえたら心強い。その教師には農学の第一人者であるクラークがぴったりだと考えたのだ。

在米公使を通して黒田の要請を受けたクラークは、さすがに戸惑った。「でも私は大学

の学長だし、日本の若者たちを指導している間、うちの大学はどうするの？」それを考えると、なかなか決断できない。

しかし北海道の状況を聞いたクラークは、少しずつ心を動かされていく。やはり開拓精神に溢れているためか、整備されていない荒野を想像すると胸が高鳴るのだろう。足跡がついていない雪原を見たら、歩いてみたくなるのと同じだ。

こうしてクラークは、北海道行きを決意した。ただし自分の大学の仕事もあるので、1年間という約束で。あまり知られていないことだが、クラークが実際日本にいたのは、たったの1年間足らずだったのだ。

●東京で入念な準備後、黒田清隆と共に北へ

マサチューセッツ農科大学を休職して日本に向かったクラークは、1876年（明治9年）に横浜に上陸した。その後に北海道……ではなく、東京に行く。「なんですぐ北海道に行かないの？」と早まってはいけない。クラークは入念な準備を怠らない完璧主義者の一面があった。ここで通訳に決まった人間と打ち合わせをしたり、シーボルトの弟子だった日本人の植物学者に会ったりして、情報収集をしている。

およそ1カ月後、準備を完璧に整えたクラークは、ようやく目的地の札幌へ向かった。同行者には、自分を推薦してくれた黒田もいた。

ちなみに黒田は自他共に認める酒乱だった。のちに商船に乗ったときは泥酔状態になって、積んであった大砲をぶっぱなしたりしている。おそらく、このときも飲んでいたのだろう。酔っ払いながら「やってやりましょうよ、クラークさん」と肩を組んできたに違いない。クラークはそんな陽気な黒田を気に入り、黒田もクラークに信頼を置いていた。

その一方で、クラークと黒田は学生の教育法をめぐって、激論を交わしたことがある。敬虔なキリスト教徒だったクラークが、日本の学生たちに聖書を教えるかどうかでもめたのだ。この論争には黒田が折れて「じゃあ好きにやってくださいよ」といっている。

●札幌農学校での学校生活から別れの日まで

北海道に到着したクラークは、札幌農学校（現在の北海道大学）の初代教頭として着任した。ここで未来の北海道開拓を担う若者を育てるのが、クラークの仕事だ。

クラークの指導は実践的だった。植物学や農学の講義をするのはもちろん、学校の周辺に農園や家畜小屋などの施設をつくり、生徒たちに世話させた。農学を学ぶ以上、植物や動物と友達になりましょう。そんな精神があったのだろう。

また、給食もパンや牛乳、牛肉を中心とした。牧畜に慣れてもらうためだ。現在の給食なら当たり前のメニューだが、当時の日本人にはまだなじみが薄かった。多くの生徒たちが戸惑ったが、やがて「おいC」と、覚えたての英語でいうようになる。クラークは彼らに英語も教えていたのだ。

宿舎で教科書とにらみ合ってばかりいる生徒には「風が呼んでいるよ」みたいなことをいって外へ連れ出し、新鮮な空気を吸わせることもあった。彼らが吸っていたのは空気ばかりではない。タバコだ。さらに飲酒をしている生徒までいた。クラークはマサチューセッツの大学でも、有能な生徒たちが飲酒と喫煙で堕落していった例を見ていたので、「これはいかん」と黒田に相談しようとした。しかし黒田は大の酒好きなので、説得力がないと思い直す。

そこでクラークが取った行動は、まさに教育者の鑑《かがみ》だった。なんと自分が所蔵していたワインを全部捨てて、「私もやめるから、キミたちもやめろ」といったのだ。なかには高級ワインだってあったかもしれない。クラークの目は涙で充血していたかも。

この事件の後、学校のみんなで山登りをしたことがある。一番元気だったのはクラークで、生徒たちは息切れをしながら、後ろからついていった。「ほら、タバコを吸っているから、そうなるんだぞ」というクラークのどや顔が思い浮かぶ。

楽しい学校生活はあっという間に過ぎるもの。やがて別れの日がやってきた。クラークは涙ぐむ生徒たち一人ひとりと握手を交わし、颯爽と背を向けた。そして彼らにあの名言を告げる。「ボーイズ、ビー、アンビシャス（少年よ、大志を抱け）」これは教え子たちに北海道の未来を託した、別れの言葉だった。

容姿 額が広く、豊かな白ひげが特徴。口周りはもちろん、もみあげもふさふさです。	
性格 気位が高く、短気。	
幼少期の様子 医師の家系に生まれたので、昔から勉強に勤しんでいました。	
金運 実家は開業医なので、比較的裕福でした。	交遊関係 鳴滝塾の生徒たち。幕府の天文方（暦をつくる役人）の高橋景保とは仲がよく、彼を通じて伊能忠敬の日本地図を手に入れました。
トラウマ 不明。	趣味 植物採集。
家庭環境 悪くはありませんでした。	仕事ぶり 日本の動植物を研究するかたわら、医師の仕事と鳴滝塾の生徒の指導も行ないました。
恋愛関係 日本人女性の滝と結婚。日本を追放されて別れた後は、ドイツ人女性ヘレーネと結婚しました。	家族 滝との間に生まれた娘のイネは、日本初の西洋女医となりました。ヘレーネとの間には3男2女をもうけ、長男と次男は外交官となりました。
人生の目標 「日本の研究」	死因 老衰。

特技・趣味・得意科目等

オランダ人と思われがちですが、じつはドイツ人です。発音がおかしいオランダ語を怪しまれたときは、「なまりがあるだけ」といって切り抜けました。これもスパイ容疑をかけられた一因になったのですが……。

本人希望記入欄

スパイっていうか、日本の調査にきただけですよ。それもスパイっていうんですか？

履歴書

ふりがな		
氏　名 フィリップ・フランツ・フォン・シーボルト		
生年月日 1796年2月17日	没年月日 1866年10月18日（満70歳）	※ ㊚・女
出身 ドイツ・ビュルツブルク		
立場 医師、日本研究家	あだ名 とくになし	

概要

ドイツ医学界の名門の家に生まれる。父クリストフ、母アポロニアの間に生まれた次男。大学卒業後、オランダのハーグに行きました。そこで父の教え子で国王の従医だった人間を頼り、オランダ陸軍の軍医になりました。植物がとても大好きです。

年	歳	学歴・職歴（各項目ごとにまとめて書く）
1823	27歳	オランダの植民地だったジャワにいたころ、オランダ政府から日本の調査の要請を受けて、長崎へ渡る。
1824	28歳	教育と研究の活動拠点として、長崎郊外の鳴滝に「鳴滝塾」を開く。教え子にはのちに著名な蘭学者や医学者となる伊東玄朴、高野長英などがいる。
1826	30歳	出島から江戸へ向かう使節団に参加。このとき伊能忠敬の日本地図を手に入れる。第11代将軍・徳川家斉ともみす越しに謁見する。
1828	32歳	帰国する直前、荷物のなかから伊能忠敬の日本地図などが押収される。国外持ち出し禁止のものだったので、厳しく尋問される。
1829	33歳	日本から追放処分を受ける。
1859	63歳	日本からの追放処分が解かれて、30年ぶりに来日。動植物研究に費やす。このとき娘のイネと再会する。
1862	66歳	オランダに帰国する。その後、ドイツへ。
1866	70歳	ドイツのミュンヘンで死去。

記入上の注意　1：数字はアラビア数字で、文字はくずさず正確に書く。　2：※印のところは、該当するものを○で囲む。

日本の動植物の研究をし、スパイ容疑をかけられた医師

シーボルト

Siebold

●オランダ政府の依頼で出島へやってくる

シーボルトがオランダの植民地ジャワで軍医をしていたころ。オランダ政府からこんな指令が与えられた。「日本で医療にあたりながら、風土や国民性を調査してきてほしい」。このときのオランダは財政難にあり、いま一度日本のことを調べて、両国の関係を強化する必要があると考えたのだ。

大学時代に植物学や人類学を学んでいたシーボルトとしては、遠い異国の日本がどんな国なのか興味があった。責任重大とは思いながらも、おもしろそうだと意気込んだのだろう。こうしてシーボルトは1823年（文政6年）、長崎の出島にやってきた。

日本の調査のためにやってきたシーボルトだったが、当時はまだ、外国人が日本国内を自由に歩き回れるわけではなかった。オランダ人居住区だけが活動範囲だ。

「せめて長崎界隈だけでも歩き回れたら」そう思いながら、オランダ商館で医者の仕事を

続けていた。やがて周囲に「今度来たオランダ人の医者は名医だぞ」といううわさがたつ。それによりシーボルトは、薬草採取という名目なら、時間を決めて長崎界隈を視察することが可能になった。真面目に働いている人には、なんらかの見返りがあるものだ。

シーボルトはとくに植物が大好きで、ヨーロッパで見たことがない植物を見ると、非常に興奮したそうだ。もちろんやらしい意味ではない。滞在中に日本人女性の滝と結婚しているが、その子供にはイネと名づけている。白米まで好きだったかどうかはわからない。

●伊能忠敬《いのうただたか》の日本地図をもち出そうとして逮捕

1824年（文政7年）、シーボルトは長崎郊外に「鳴滝塾《なるたきじゅく》」を設立した。蘭学や医学を教える塾だ。ここで塾生たちには卒業論文を書かせて、自分も日本について学んでいる。

1826年（文政9年）には、長崎からオランダの使節団が江戸へ向かうことになった。シーボルトもこれに参加し、道中で多くの植物を採取している。さらに江戸では、測量士の伊能忠敬が測量した日本地図もゲットした。このことがのちに事件へと発展する。

1828年（文政11年）、シーボルトは帰国することになった。しかしその直前、シーボルトの荷物から、日本地図や徳川家の葵の紋が入った着物などが見つかり、押収されてしまったのだ。「ちょっと、返してくださいよ」というシーボルトに対して、役人は「これらは国外もち出し禁止のものだ」と告げる。これには、シーボルトがもち出し禁止ということを知っていたという説と、知らなかったという説がある。

とにかく、この事件によってシーボルトはスパイ容疑がかけられてしまう。まあ、実際に日本には調査と研究に来ているのだから、ある意味スパイといわれても正解なのだが。

●1万点以上のサンプルをもち帰って研究

シーボルトは厳しい取り調べを受けるなかで、「別に他意はない。科学的な研究のために求めただけ」と主張。もち物はいったんすべて押収されたものの、シーボルトの弟子たちの協力もあって、動物の剥製や植物の標本などは船に積み込むことができた。その数は1万点を超えるという。ちなみに日本地図は複写しており、すでに本国へ送っていたという説もある。これが本当なら、まさにスパイそのものだ。

日本を追放される形でオランダに戻ったシーボルトは、もち帰った植物をヨーロッパの庭園に植えて、アジサイやサザンカなどを咲かせることに成功している。アジサイの学名は「Otakisan（お滝さん）」にした。日本に残してきた妻を思ってのことだろう。なかなか愛妻家をうかがわせる一面だ。まあその後、ドイツ人女性と再婚しているのだが。

１８５９年（安政６年）、幕府から国外追放が解かれたこともあって、シーボルトは30年ぶりに再来日する。再会した娘のイネは女医になっていたので、さぞ驚いたことだろう。その後も日本で動植物の研究を続け、１８６２年に帰国。晩年はドイツで暮らした。

参考文献

『「幕末の志士」がよくわかる本』山村竜也 監修（PHP研究所）
『篤姫――NHK大河ドラマ歴史ハンドブック』（NHK出版）
『その時歴史が動いた』NHK取材班 編（KTC中央出版）
『ペリー提督 海洋人の肖像』小島敦夫 著（講談社）
『ペリー日本遠征日記』マシュー・カルブレイス・ペリー 著、金井圓 訳（雄松堂出版）
『一冊でわかる イラストでわかる 図解日本史』（成美堂出版）
『隠されたペリーの「白旗」日米関係のイメージ論的・精神史的研究』三輪公忠 著（上智大学）
『坂本龍馬99の謎』「歴史の真相」研究会 著（宝島社）
『坂本龍馬を愛した8人の女』新人物往来社 編（新人物往来社）
『新選組のすべて』新人物往来社 編（新人物往来社）
『新選組再掘記』釣洋一 著（新人物往来社）
『新撰組顛末記』永倉新八 著（新人物往来社）
『新島八重と夫、襄』早川廣中、本井康博 著（思文閣出版）
『人物日本歴史館 幕末・維新篇 前・後期』児玉幸多 監修（三笠書房）
『【決定版】図説・幕末志士199』（学研）
『大奥の謎を解く』中江克己 著（PHP研究所）
『徳川慶喜の時代 幕末維新の美女紅涙録』楠戸義昭、岩尾光代 著（中央公論社）
『日本を愛した外国人たち』内藤誠、内藤研 著（講談社インターナショナル）
『日本史・剣豪こぼれ話』渡辺誠 著（日本文芸社）
『八重と覚馬 会津の兄妹の幕末明治』河合敦 著（廣済堂出版）
『氷川清話』勝海舟 著、勝部真長 編（角川書店）
『物語 妻たちの会津戦争』宮崎十三八 編（新人物往来社）
『物語 幕末を生きた女101人』「歴史読本」編集部 編（新人物往来社）
『別冊宝島 よみがえる幕末伝説』（宝島社）
『幕末〝志士〟列伝』別冊宝島編集部 編（宝島社）
『幕末暗殺史』森川哲郎 著（三一書房）
『幕末維新ものしり辞典』奈良本辰也 監修（主婦と生活社）
『幕末維新なるほど人物事典』泉秀樹 著（PHP研究所）
『幕末維新の人物事典 日本の歴史を変えた100人』「幕末維新の人物事典」編集委員会 編（PHP研究所）
『歴史群像シリーズ 坂本龍馬』（学習研究社）
『幕末・維新のすべてがわかる本』柴田利雄 監修（ナツメ社）

ほか、多数の書籍およびWebサイトを参考にしています。

さくいん

著者　クリエイティブ・スイート
出版・広告の企画・制作会社。在大阪。取材・執筆活動もこなしており、得意分野は金融、理系、ゲーム分野と多岐にわたる。主な制作物に『本当は怖い 殺人幻獣』『本当は怖い 殺人生物ファイル』『図解でわかる 孫子の兵法』（以上、宝島社）、『愛とゴシップの「平安女流日記」』『知れば知るほど面白い日本の城20』『とんでもなく面白い「古事記」』『こんなに面白かった「百人一首」』（以上、PHP研究所）、『宇宙兄弟presents 宇宙の本！ ～宇宙開発の歴史編～』（学研パブリッシング）など多数。

編集・構成・DTP●クリエイティブ・スイート
執筆●菅野秀晃、倉田楽、菊池昌彦
似顔絵●池田悠高
本文・カバーデザイン●小河原德（C-S）

幕末志士の履歴書

時代劇ではわからない意外なプロフィール

2013年5月25日　第1刷発行
2022年9月22日　第2刷発行

著者／クリエイティブ・スイート
発行人／蓮見清一
発行所／株式会社 宝島社
〒102-8388 東京都千代田区一番町25番地
電話：営業 03-3234-4621　編集 03-3239-0928
https://tkj.jp
印刷・製本／株式会社光邦

ISBN 978-4-8002-1034-0